当代世界经济与政治学术前沿丛书
ACADEMIC FRONTIERS OF CONTEMPORARY WORLD ECONOMICS AND POLITICS

领先市场变迁研究
经济政策史的视角

邓久根 △ 著

RESEARCH ON THE CHANGE OF
LEAD MARKETS
THE PERSPECTIVE OF
ECONOMIC POLICY HISTORY

经济管理出版社
ECONOMY & MANAGEMENT PUBLISHING HOUSE

图书在版编目（CIP）数据

领先市场变迁研究：经济政策史的视角/邓久根著.—北京：经济管理出版社，2019.8
ISBN 978-7-5096-6782-8

Ⅰ.①领… Ⅱ.①邓… Ⅲ.①市场策略—研究 Ⅳ.①F713.50

中国版本图书馆 CIP 数据核字（2019）第 163793 号

组稿编辑：王光艳
责任编辑：许　艳
责任印制：黄章平
责任校对：张晓燕

出版发行：经济管理出版社
　　　　　（北京市海淀区北蜂窝 8 号中雅大厦 A 座 11 层　100038）
网　　址：www.E-mp.com.cn
电　　话：（010）51915602
印　　刷：三河市延风印装有限公司
经　　销：新华书店
开　　本：720mm×1000mm /16
印　　张：16
字　　数：287 千字
版　　次：2019 年 11 月第 1 版　　2019 年 11 月第 1 次印刷
书　　号：ISBN 978-7-5096-6782-8
定　　价：68.00 元

·版权所有　翻印必究·
凡购本社图书，如有印装错误，由本社读者服务部负责调换。
联系地址：北京阜外月坛北小街 2 号
电话：（010）68022974　　邮编：100836

经济学缺乏"经济政策史"这一子学科是不争的事实,同时,新兴主导产业领先市场的角逐是核心国家地位变更和后进国家赶超的主战场,因此,经济政策如何服务于领先市场建设就是经济学研究的重地,这构成了本书研究的核心内容。邓久根教授多年以来从事领先市场的政策史研究,取得了比较丰厚的成果,希望这些成果能够为产业经济学、演化经济学尤其是经济政策史添砖加瓦。

邓久根教授在2013年出版博士论文《历史创新体制与创新型国家建设》(以下简称《历史创新体制》)之后,就对领先市场的理论和实践展开了持续的研究,并作为《历史创新体制》的姊妹篇,以《领先市场变迁研究:经济政策史的视角》(以下简称《领先市场变迁研究》)为名出版。

总体来说,《历史创新体制》可以看作是演化宏观经济学的尝试,是国家赶超的"宏大叙事",书中涵盖了作者毕生研究计划的总纲,强调经济增长的产业特定性,即主导产业对国家经济增长的作用。《领先市场变迁研究》属于演化中观经济学范畴,研究主导产业领先市场的遴选与培育,强调主导产业领先市场的建设和历史检验。作者计划下一步研究演化微观经济学,研究在主导产业领先市场理论指导下如何进行企业建设,强调创新基因如何在一代又一代的企业中得以遗传、变异。三者关系如下:

具体来看,《历史创新体制》注重运用比较与历史创新体系方法,《领先市

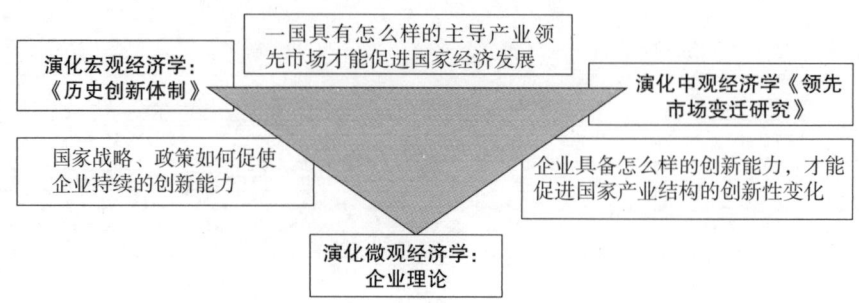

演化经济学（产业与技术部分）三个层级的关系简图

场变迁研究》注重运用领先市场理论；如果说《历史创新体制》侧重对主流经济学进行批判的话，《领先市场变迁研究》则重在对演化经济学进行理论建设；如果说《历史创新体制》侧重"为什么"要选择主导产业的话，《领先市场变迁研究》则偏重于"如何"打造主导产业领先市场。

本书有许多独到的认识需要指出。例如，作者第一次论证德国"关税同盟""铁路建设"与"钢铁产业"三者之间内在的逻辑关系及其对德国产业乃至国家赶超的重大贡献。再如，作者第一次结合"美国学派""美国体系"和"美国制造业体系"进行"三位一体"研究，这对于理解美国经济在多次工业革命中产业领先具有重大意义，是对美国产业政策史的创新性研究。此外，学界忽视英国在第二次产业革命中没有延续领先的原因分析，其实这个教训非常深刻，它的意义不亚于英国工业革命成功的经验，关于这部分我们合作撰文发表在《经济社会体制比较》。

邓久根教授是我指导的博士生，2011年毕业于中国人民大学经济学院。

是为序。

贾根良

2019年9月

目录 CONTENTS

第一章 绪论 ………………………………………………………… 001
  第一节 问题的提出 //001
  第二节 本书的实际意义和理论意义 //002
  第三节 研究内容、方法、思路、重点与主要观点 //004
  第四节 本书的创新与不足 //007

第二章 领先市场：对创新研究的深化与延续 ………………… 009
  第一节 领先市场的理论先导 //009
  第二节 领先市场：文献梳理及理论基础 //014
  第三节 领先市场比较：比较经济学的新突破 //024

第三章 领先市场的政策体系及其评价 ………………………… 026
  第一节 产业政策提升为创新政策：领先市场使然 //026
  第二节 当前的创新政策评价及缺陷 //030
  第三节 领先市场视角的创新政策的评价基准 //033

第四章 英国的领先市场：衣被天下却为衣被所辱 …………… 038
  第一节 老问题与新意蕴：英国领先市场起点的再探讨 //038
  第二节 英国纺织业领先市场的演进 //043
  第三节 纺织业领先市场的具体驱动力 //049
  第四节 英国为何在第二次工业革命中丧失了领先市场 //056

第五章　德国：没有技术革命的领先市场 066

第一节　德国领先市场建设的准备（1835~1850 年）//066

第二节　德国"起飞"阶段在钢铁业的领先市场建设 //072

第三节　工业革命完成阶段领先市场的典范：有机化学工业的发展 //081

第四节　抢占有机化学工业领先市场的政策体系 //086

第六章　美国在多次技术革命中产业领先 097

第一节　领先市场的政策基调：早期两条路线的斗争 //097

第二节　美国学派：领先市场建设的主导思想 //100

第三节　美国体系：领先市场的政策体系探索 //103

第四节　美国制造业体系：领先市场的产业组织化 //108

第五节　美国领先市场的逻辑起点 //113

第六节　美国内战促成领先市场最终形成 //116

第七节　美国领先市场建设：以钢铁业为例 //119

第七章　行驶在别人轨道上的半导体领先市场 128

第一节　"二战"后日本在半导体产业领先市场的形成 //128

第二节　日本丧失 IT 产业的领先市场的原因 //133

第三节　近年来日本产业创新体系的调整 //140

第八章　万顷良田一棵苗：移动通信产业领先者 143

第一节　芬兰诺基亚的领先市场建设历程 //143

第二节　诺基亚产业领先的经济学分析 //145

第三节　诺基亚的领先市场败退分析 //156

第九章　领先市场模型及其策略 163

第一节　产业特定性是领先市场建设的指导思想 //163

第二节　创新研究的核心与领先市场 //167

第三节　领先市场与技术创新的差别 //170

第四节　动态的领先市场发生机制 //172

第五节　领先市场的形成路径 //175

第六节　领先市场模型 //183

第七节　由滞后市场到领先市场：领先市场策略 //186

第十章　领先市场的创新政策体系 190

第一节　领先市场建设的政策的几点认识 //190

第二节　重新定位需求方创新政策 //197

第三节　基于领先市场的创新政策的理念与体系 //200

第四节　政策退出机制 //212

第十一章　变道超车：打造中国特色的领先市场 214

第一节　失海五百年：中国领先市场的丢失 //214

第二节　我国领先市场建设的软肋 //216

第三节　中国领先市场建设的优势 //224

第四节　中国领先市场的政策体系构建 //228

参考文献 237

第一章

绪 论

第一节 问题的提出

创新研究的创始人熊彼特（Joseph Schumpeter）定义的创新是首次商业化。它有三个特点：第一个特点是强调"创造性的毁灭"，即非连续的重大创新——激进创新，亦称产品创新（radical innovation）。如果按照熊彼特这种定义，那么"首次商业化"以后创新就戛然而止了，因为之后就不属于"首次商业化"研究的内容。而当新产品"首次商业化"时，由于技术和市场的不确定性，创新企业获利不强反而可能破产，这种例子在创新史上有不少。蒸汽机在1709年就已经"首次商业化"，虽然瓦特对蒸汽机进行过多次改造，但还是在多年以后的1773年破产了。因为当时缺乏对蒸汽机有足够需求的产业。虽然熊彼特也强调发明不是创新，创新是一个经济学概念，但是熊彼特式创新本质上就是技术创新，因此也就延伸出熊彼特创新理论的第二个特点，熊彼特只是从技术的角度而没有需求（市场）的角度定义创新。它只能包含熊彼特所指的五种新组合的前两种，即"引进新产品"和"引入新技术"，而无法涵盖后三种，即"开辟新的市场""控制原材料新的供应来源""实现工业的新组织"，因为这些活动大多是在"首次商业化"以后的行为。第三个特点是熊彼特认为创新与企业家共同决定了资本主义的兴衰和经济发展的周期。熊彼特将"创新"与"企业家"并列，那么创新的主体是谁？为什么大众将创新的责任全部推给企业家？在这里熊彼特显然给创新政策留下了研究空间。总之，熊彼特的创新概念外延虽然广泛，但是内涵却不够。

新熊彼特学派是创新经济学的新发展。该学派企图突破熊彼特的研究框架。其创始人弗里曼对创新进行了重新定义，认为创新包括与新产品的销售或新工艺、新设备的第一次商业性应用有关的技术、设计、制造、管理以及商业活动。

这一定义将过程创新和创新扩散涵盖进来,并开始关注"首次商业化"以后的经济利润问题。例如,弗里曼和佩蕾丝提出的"技术经济范式"概念已经触碰到了经济领域,但是展开不够。这一学派之所以定义为"新熊彼特学派",是因为它在本质上没有脱离熊彼特的技术创新的藩篱,即重视技术而对市场与管理等经济因素重视不够。

当前,创新研究的最新前沿是创新型国家建设。什么是创新型国家?从公认的指标体系来看,创新型国家有四个基本特征:一是创新综合指数明显高于其他国家,科技进步贡献率在70%以上;二是研究开发投入占国内生产总值的比重大都在2%以上;三是对外技术依存度指标在30%以下;四是这些国家获得的三方专利(美国、欧洲和日本授权的专利)数占到世界总量的97%。[①] 这四个指标无一例外都指向了技术创新。

但是历史事实表明,创新囿于"技术",存在大量的"创新悖论"。许多国家在特定的产业上具有技术和竞争优势,如芬兰在移动通信领域、德国在汽车领域、日本在传真机领域、美国在个人电脑方面具有领先优势。传统观点认为这些国家的产业领先优势来源于技术领先优势。的确,技术领先为产业领先创造了重要条件。但从实际情况看,技术领先并不必然导致产业领先。相反,有些国家并不是技术的原创国,却可能在新兴产业上取得领先地位。为什么会出现这种状况?只是含糊地用"创新具有技术与市场的不确定性"是很难有说服力的。本书利用领先市场理论来扩充解释该现象。同时,笔者认为如果一个人不掌握历史事实,不具备适当的历史感或所谓历史经验,就不可能指望理解任何时代(包括当前)的经济现象。为此本书从经济政策史的角度,运用历史创新体系的方法阐释领先市场的形成与更替。

第二节　本书的实际意义和理论意义

产业发展的经验事实中存在一个悖论:某项技术领先的国家在该产业上未必领先;反之,技术后发国家,却在基于该技术的新兴产业上取得领先。更加宏观

---

① 科技部. 创新型国家具备四大共同特征 [EB/OL]. http://www.gov.cn/fwxx/kp/2006-02/04/content_177579.htm.

地说，近代以来，核心国家各领风骚几十年，先后出现了西班牙、葡萄牙、荷兰、英国、德国、美国等核心国家，对于这种核心国家的更替原因的讨论，文献可谓是汗牛充栋。本书试图运用领先市场理论这一新的视角来揭示这一现象，以期为经济理论添砖加瓦，并对我国的经济实践起到一定引导作用。

一、理论意义

历史是最好的营养剂，历史是最好的教科书。马克思指出，经济学本质上是历史的学科，经济分析离不开历史研究，经济史能为我们提供经济学的根据。在此基础上，习近平总书记进一步指出："历史研究是一切社会科学的基础……历史是人类最好的老师。"[①]

产业创新是历久弥新的研究主题，以往的产业创新研究都简单地归因为市场的作用、技术进步或政府的作用，而运用创新政策对主导产业及其领先国家变换进行的分析是非常缺乏的。本研究运用历史与比较创新体制的研究方法、复杂系统分析方法，探讨技术、市场与制度的共生演化，对领先市场的研究旨在丰富和发展正在成为"燎原之势"的演化经济学的相关理论。

笔者认为技术创新和简单的创新扩散并不必然导致市场领先，需要理论的"再创新"。所以，领先市场属于再创新或创新的延伸研究，主要包括市场创新、技术的渐进创新和组织（制度）创新。因为创新概念的局限，熊彼特和新熊彼特学派中很少谈及，事实上主流经济学很难进入这些领域，只是在管理学中有所涉猎，为此本研究也试图在打通经济学与管理学方面做一些尝试，弥补创新研究的不足。

二、实际意义

由于技术领先并不必然导致市场领先，这是后发国家的重大机会。事实上，领先市场的更替是核心国家变更的根本原因。约瑟夫·熊彼特所说的"资本主义的本质是创新"，在一定时期内有其合理性的。但是不同时期"高级客房"总是满的，所不同的是"高级旅馆"里的成员不同而已。因此，领先市场研究直指全球高端价值链，寻求经济发展新动能以及产业结构调整，为发展中国家获得产业竞争优势提供了一个新的视角。

我国改革开放的伟大成就是有目共睹的，但在产业创新上存在诸多问题，如

---

① 参见习近平 2015 年 8 月 23 日致第二十二届国际历史科学大会的贺信。

无法主导主导产业的领先市场。2008年经济危机预示新的产业周期的到来，当今发达国家在产业追赶时领先市场建设的经验和教训对于我国探寻创新政策的方向、挖掘主导产业的领先源泉、锻造主导产业的国际竞争力以及转变经济发展方式等都具有重大的现实意义。我国的战略性新兴产业业已确定，领先市场建设无疑就是我国创新型国家建设和中华民族伟大复兴等任务能否实现的关键所在。

第三节 研究内容、方法、思路、重点与主要观点

一、主要内容

1. 主导产业的领先市场理论

主要研究内容包括：领先市场定义、形成机理、特征、作用以及领先市场模型的建立以及案例研究的拓展。

2. 主导产业的领先市场演进的纵向历史考察

历史研究表明，发达国家崛起的关键性因素锻造了主导产业的领先市场。本书进行纵向历史比较并总结经验、教训。

（1）英国。衣被天下却为衣被所辱。英国领先市场成也纺织败也纺织。第一次工业革命中英国在纺织业成功的经验及其之后失败的教训都是十分深刻的。深入挖掘英国培育主导产业的技术、贸易和产业政策，同时探讨英国在第二次工业革命的主导产业上失败的原因。

（2）德国。没有技术革命的领先市场。分析有机化学工业作为当时主导产业在德国出现的有利条件和不利条件，之后重点研究德国有机化学工业的制度化创新（国家与产业创新体系），认为德国有机化学工业是主导产业崛起的典型案例。

（3）美国。在多次技术革命中产业领先。首先，重点分析19世纪美国制度如何把这些毫无竞争力的产业打造成国际领先的主导产业，丰富的自然资源为什么没有促成美国资源"诅咒"反而成为主导产业的助燃剂？其次，分析美国在第四次技术革命浪潮中，主导产业独领风骚的原因。

（4）日本。行驶在别人轨道上的半导体产业。分析日本在第五次技术革命

浪潮的主导产业上半途而废的原因。

（5）万顷良田一棵苗：移动通信产业的先知先觉者。

3. 主导产业的领先市场建设是中国摆脱"拉美化"威胁和国富民强的重要途径

分析中国领先市场假设有哪些独特优势和软肋，并提出我国领先市场建设政策的主要思路：调整国家发展战略；打造国家产业价值链；正确对待主导产业中的对外直接投资（FDI）；创新政策由注重供给方政策转向注重需求方政策。

二、基本思路

演化经济学对于产业发展比较研究通常有两种方式：一种以理查德·R. 纳尔逊（Richard. R. Nelson）与大卫·C. 莫厄里（David C. Mowery）为代表。他们在《领先之源：七个行业的分析》中对七个产业不同时期领先国家变迁进行了梳理和研究，其最大的弊端是只是谈到"产业领先"而没有涉及"领先产业"，尤其没有谈及主导产业如何打造为领先市场问题。另一种以哈佛大学弗兰克·道宾（Frank Dobbin）为典型代表。他在《打造产业政策：铁路时代的美国、英国和法国》中，对同一时期、同一产业（铁路）的不同国家的产业政策进行了比较研究，发现美国、英国和法国产业发展方式的差别。道宾的著作的问题在于没有产业周期和产业变迁的概念。本书克服以上缺陷，对领先市场的变迁进行比较研究，即对不同时期不同国家的不同产业的发展进行跨时空跨产业的比较研究。其中，本书所指的"不同时期"存在共性，即都聚焦于当今发达国家赶超时期，"不同产业"也存在共性，都分属当时的主导产业。这种比较研究对发展中国家更具有可比性和现实意义。

所以，本书属于演化经济学产业政策史，以主导产业领先市场为研究对象，以创新政策为视角，以历史与比较创新体制为方法研究领先市场"异地形成"的原因以及当今各国在新一轮主导新兴中的摸索（见图1-1）。

三、研究方法

其一，历史与比较创新体制的研究方法。

大跨度地选取历次技术革命中领先市场培育的"典型化事实"，进行纵向历史创新比较；对新一轮主导产业的摸索进行横向国际创新比较。综合运用报酬递增原理、循环累积与协同演化理论、路径创造、物种异地形成原理、生命周期理

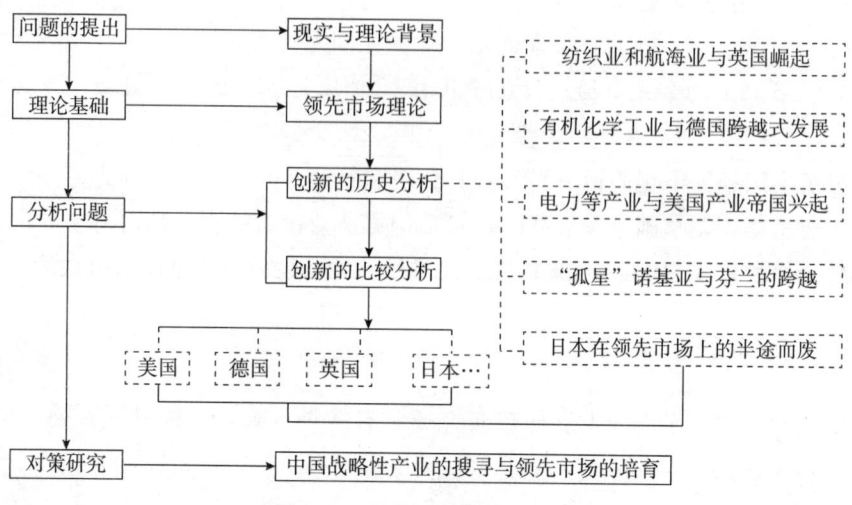

图 1-1 本书研究的技术路线

论等。

其二,复杂系统分析方法。

本书探讨技术、市场与制度的共生演化,需要自始至终遵循复杂系统的分析思路,科学指导本书研究的总体布局,以确保研究体系的严谨性和对现实指导的可操作性。

其三,将经济思想内化于经济史的研究中,经济与历史相结合,做到逻辑与历史的统一。

四、重点难点

1. 领先市场的形成机理分析

通过分析"典型化事实",抽象出领先市场的动态规律性(尤其是创新设计的国际扩散机制及其扩散速度)是本书的重点。主要分析英国主导产业兴衰的原因;德国有机化学工业的崛起;19 世纪美国产业帝国的缔造;第五次技术革命浪潮中日本在主导产业上的半途而废及原因等。

2. 领先市场识别与评估问题

一是某项技术领先市场的评估与识别问题;二是一国能否成为领先市场的评估与识别问题。两个层次都需要时间与实践的检验,这成为本书的难点。

3. 领先市场的条件与环境问题

领先市场的更替是产业的质的飞跃。领先市场的培育需要特定的条件与环境，探寻这种条件与环境需要高度的理论概括。

五、主要观点

其一，领先市场具有创新友好型特点。从宏观角度来讲，领先市场是一国经济发展的不竭的源泉与驱动力；从中观角度来讲，它是主导产业培育的主要工具；从微观角度来讲，它也是提升企业核心竞争力的重要方法。

其二，一国的经济发展只有在特定的产业上实现，企图在成熟的产业上追赶是不可能的，即创新租金只会在高质量生产活动中产生。

其三，领先市场假说是对科学技术推动论与需求拉动理论的综合运用。

其四，在搜寻主导产业，尤其在培育主导产业的领先市场中，政府应当发挥重大作用。

其五，将产业政策提升为创新政策以提升社会能力，同时鉴于供给方创新政策对于领先市场的缺陷。为此，进一步地将创新政策调整为需求方创新政策，主要是创新采购政策等。

第四节 本书的创新与不足

一、本书的创新

1. 方法论创新

本书针对新比较经济学最新研究方法——历史制度分析与比较制度分析的缺陷，提出以历史与比较创新体制的分析方法作为产业演化的主要研究方法。

2. 模型构建的创新

本书基于演化经济学的观点和方法，以主导产业的领先市场作为研究对象，以潜在市场和核心技术两个角度作为分析的切入点，同时将制度穿插其中，创立领先市场模型——由潜在市场和核心技术两个维度构成的"2×2"矩阵模型。这一矩阵安排既突破了新自由主义经济学关于"技术一定"的假设，又克服创新经济学只强调技术而忽视市场作用的弊端，为主导产业的发展提供一份"政策选择的菜单"。同时，构建"领先市场"与"滞后市场"的模型说明产业发展的周期性以及不同国家市场状况的比较。

二、研究展望

其一,实证研究不够。本书运用了大量型态化模型进行研究,实证研究部分虽然采用了大量已有的实证研究的结论,但这是不够的也是今后需要加强的部分。

其二,领先市场理论还属于不成熟理论。本书属于探索性研究,理论提炼能力还有欠缺,领先市场的形成机理总结还不到位。

其三,本书主要基于当今发达国家的赶超时期的历史经验总结,对于发达国家在发达时期的领先市场的经验未涉及,这是本研究需要加强的部分。

第二章

领先市场：对创新研究的深化与延续

历史就是一幅巨型画卷，徐徐展开，你方唱罢我登场，好像"惊雷总在无声处"，因而追赶是一种常态，本质上是领先市场的轮转。本书研究的对象是领先市场，即"主导主导产业的国家"。领先市场研究是对主导产业研究的延伸，同时以往经济学家对于主导产业的研究，暗含的目的就是要占据其领先市场，所以本章先对主导产业做些评述，然后对领先市场理论，包括创新理论、主导产业搜寻和领先市场的打造等方面的研究进行综述。

第一节　领先市场的理论先导

美国经济学家艾伯特·赫希曼（Albert Otto Hirschman）在《经济发展战略》中，最早提出了主导产业这一比喻性概念。此后，华尔特·惠特曼·罗斯托（Walt Whitman Rostow）整合了赫希曼的"不平衡发展理论"以及熊彼特的"创新理论"，并对主导产业进行了至今为止最为权威的、系统的研究。

关于主导产业的概念有必要再辨析一下。学界比较一致的看法是重"主"而不重"导"，权威定义是，主导产业是在产业化的不同阶段出现的、在一国经济中占据主导地位的，能通过其前向关联、后向关联和旁侧关联带动国家经济增长的产业。笔者认为要区别主导产业和支柱产业，应该重"导"而不是重"主"，甚至可以忽视"主"，因为"主"代表着今天，而"导"指向未来；"主"侧重于数量，而"导"趋于重经济质量与结构。因此将主导产业重新定义为：与未来某个特定阶段相联系的，具有高创新率、高成长性的，能迅速导入创新的，对未来产业结构转换具备关键性的导向和推动作用的，扩散性与带动性很强的产业或产业群。因此，作为主导产业不应该只是一个特定的、孤立的、具体的产业,极有可能的是一个产业群或产业体系,即"主导产业群",即若干紧密联系的产业而组成的产业群。同时,该产业群符合时代需求、市场前景广阔、创新能力强,因而应该成为国民经济的"龙头"。另外,一国在未来某阶段,对主导产业进行结构调整,应能诱发出新的质量更高的经济活动或产生出新的经济部门。

一、罗斯托的主导部门综合体

罗斯托的"主导产业"(Leading sectors)概念是依据各产业部门对经济增长贡献的不同而提出的。他指出在某一特定发展时期的产业结构中,主导产业是居于主导地位,会带动一大批产业发展,起着前后波及作用的产业。罗斯托同时提炼出"主导部门综合体"促进经济发展的思路,因为经济增长是几个产业共同作用,而不是由单个产业所能带动的,"主导部门综合体"由主导部门(如机械部门)及与主导部门有较强后向关联、旁侧关联的部门(钢铁、电力、石油、电子、化工、汽车等部门)组成的。

罗斯托认为,主导产业对其他产业乃至整个经济增长有决定性作用,并总结了主导产业的三个特点:扩散效应较强、持续高增长率和依靠科技进步获得新的生产函数,这三者是有机统一、缺一不可的。罗斯托指出,对于主导产业应当着力扶持,加速发展,进而带动其他产业和社会的发展。

罗斯托也指出主导产业的动态概念,在经济发展不同阶段,主导产业会有不同。一国增长总是先由主导产业运用新的技术,通过降低生产成本使市场扩大,企业的利润随之增加,之后扩散效应出现,带动国民经济发展。但当主导产业的技术在有关产业和地区"扩散"之后,它便失去了对经济增长的冲力,使命业已完成,这时就需要新的主导产业来代替,推动新一轮的经济增长。

罗斯托认识到主导产业更替是经济增长的主导力量。[①] 他指出,经济增长与其说是一个量的增加,不如说是一个非总量的概念。现代经济增长的实质是部门增长的过程,经济增长总是由某一个产业部门率先采用先进技术开始的,而这个部门就是主导产业部门。

罗斯托研究了主导产业更替和社会发展六阶段的动态变化问题。他指出主导产业序列不能随便改变,必须经历一个由低级向高级发展的过程,六个阶段的主

---

① 邓伟根. 产业转型——经验、问题与策略[M]. 北京:经济管理出版社,2006:21.

导产业是：①"传统社会阶段"的主导产业是农业；②"为起飞准备阶段"的主导产业有食品、饮料、烟草、水泥等工业部门；③"起飞阶段"的主导产业是非耐用消费品、纺织业；④"向成熟推进阶段"的主导产业是重型工业，如钢铁；⑤"高额群众消费阶段"的主导产业是耐用消费品，如汽车；⑥"追求生活质量阶段"中建筑业和服务业替代工业成为主导产业。从罗斯托六阶段所列举的主导产业来看，他还是将主导产业固化和静态化了，他所指的社会发展的最高阶段的主导产业就是"建筑业和服务业"，显然与事实不符，因为这罗斯托对他所处年代的资本主义国家的发展阶段的"经验"总结，前瞻性不够，即领先市场研究不够。按其理论，后发国家只要按照先发国家这一既定的路线就可以到达高级阶段了。事实上，后发国家不必按照这一产业发展顺序进行，恰恰相反，后发国家可以"跳过"罗斯托的这一产业顺序，发展出新的主导产业并成为其领先市场而崛起。在今天，发展中国家即使将纺织业做成了世界领先，也未必能够使国家"起飞"。同时，罗斯托认为主导部门的更迭序列具有技术的、经济的内在逻辑，呈现出有序的方向性。从这点看来，罗斯托的思维也是单向度的，对技术发展、创新和人的需求等不确定性的认识是很不够的。

类似地，霍利斯·钱纳里（Hollis B. Chenery）用多国模型在工业化阶段理论方面做出了开创性研究。他把制造业分为三种类型：发展初期、中期和后期。发展初期的产业包括纺织、食品、皮革；中期产业主要有木材加工、煤炭、非金属矿、橡胶、石化产品等；后期产业有机械制造、金属制品、出版等。钱纳里的可贵之处在于，他认识到了主导产业的功能发挥是与特定历史阶段紧密联系的，但是他没有认识到，这三种类型的制造业事实上是人类技术探索与产业发展的历史时序，而不是每一个国家都发展中需要按部就班经历的历史顺序。

二、熊彼特的创新"蜂聚"

熊彼特关注工业生产本身的"长波"。[①] 熊彼特认为新型主导产业的出现导致了康德拉季耶夫所说的经济上升期。这些创新通过熊彼特所谓的"创造性毁灭"向现有产业和生产体系发起挑战的方式，促成了生产流程中的诸多改变，也推动了各产业之中所产生的各种目标。新兴主导产业的动态成长推动着整个经济向前发展。

---

① Schumpeter. Business Cycles: A Theoretical, Historical and Statistical Analysis of the Capitalist Process [M]. Cambridge, Mass.: Harvard University Press, 1939.

对熊彼特来说，主导产业就是一种创新集群，它创造出需求量大、以更新更便宜的能源形式来制造的新产品，并且通过更新更便宜的运输方式来分送这些新产品。熊彼特把18世纪80年代至19世纪20年代出现的棉纺织品、铁和水力集群，19世纪40~70年代的钢铁、蒸汽机和铁路集群，19世纪90年代至20世纪20年代的化工产业、电学和市内有轨电车集群，以及20世纪40~70年代的内燃机、石油集群作为主导产业，20世纪80年代晚期开始，信息产业成为了主导产业，将止于何时，尚不得而知。

熊彼特对企业家和创新之间的关系感兴趣。在他看来，大多数经济活动是为提供日常必需品的例行公事。这种活动缔造出一种稳态经济（也叫循环流转）。在这种经济中，人口的增加促成了国内生产总值的巨大膨胀，这种膨胀并未从实质上改变人均国内生产总值。投资只不过是把贬值掩盖起来，或是创造出不改变生产体系或资本与劳动力之比的、服务于人口成长的资本。对于熊彼特来说，强有力的成长只有在企业家创造出新的主导产业并且通过增加利润率为资本主义重新注入活力的时候，才能够实现。

引导新型主导产业投产既需要大量新的投资，同时也能促成大量新的投资。新型主导产业之所以能促成新的投资，是因为它们刚一问世即向现有的经营方式发起挑战。铁路抢了运河的风头，远程货车运输又夺走了铁路的生意，电和石油比煤还要便宜。年资久的公司不得不调整自身以适应这些新兴技术，否则就只能被淘汰出局。主导产业也需要新的投资以使它们自身站稳脚跟，因为主导产业集群本身是各相关创新的综合集成。新的交通系统若是未伴有能源来源就会一无用处，那么新的交通系统和能源来源就都会一文不值。交通系统和能源配送所要用的基础设施在最开始时就必须建立起来。因此，采用新的能源来源且制造新产品的新型生产体系同样也必须建立相应的基础设施。以我们的观点来看，倒不如降低交通和能源成本以加大市场对大宗商品运输这一赚钱行当的开放，从而显著地发挥劳动分工的潜能来得更好。与大举进行固定投资相伴而来的是巨大风险通常需要政府干预以克服亚历山大·格申克龙（Alexander Gerchenkron）式集体行动问题。

所以，主导产业能通过新的、高回报的投资来使经济充满活力。它们猛然注入的大规模投资带来了经济发展的蒸蒸日上，当现有公司实现了重组以及对这些公司的产品需求量增加时，这些投资还会带来现有公司的一体提升。主导产业的增长率呈现出一条清晰的关于创新、爆炸性增长、成熟以及停滞或衰退的"S"形逻辑曲线。

三、弗里曼、佩蕾丝与"技术经济范式"

1982年,意大利多西(G·Dosi)在《技术范式与技术轨迹》中首次把库恩在科学哲学中的"范式"嫁接到技术创新的研究中来,进而提出了"技术范式"的概念,他认为科学进步就是范式的更迭。在此基础上,英国苏塞克斯大学克里斯多夫·弗里曼(Christopher Freeman)教授(科学政策研究所创建人和第一任负责人)及其弟子卡萝塔·佩蕾丝(Carlota Perez)于1986年和1992年将影响经济发展的创新有梯度地分为四种:渐进创新、重大创新、技术体系变革、技术经济范式变革。"渐进创新"是对原有产品或工艺进行改良,常常是市场需求引致的,来自一线的工程师、工人的"干中学",甚至是客户的"用中学"。它一般是出现在主导设计之前的创新。渐进创新虽然大多是小创新,但各种小创新的综合效应不可低估。"重大创新"(亦称为根本创新)伴随着全新的工艺或产品的出现,是企业、大学、研究机构精心研究开发的结果,并不是通过对原有产品的细微改良来实现,市场需求对这类创新的拉动作用不明显,其是科学推动型的,与重大的发明、发现有关。"技术体系变革"是一系列技术上和经济上相关联的激进创新和渐进创新的组合,还常常伴随着组织创新。如炼油技术的发展导致汽车与公路的迅猛增加,进而促使分期付款与安全保险和大城市中心区的陷落等组织和制度的创新。"技术经济范式变革"是指"技术体系"的重大跃迁,它会对整个经济系统产生重大影响。它会导致相关联的产品、工艺、技术、组织和管理创新的结合,包括全部或大部分经济潜在生产率的熟练跃迁和创造非同寻常程度的投资和盈利机会,即它在整个经济中具有渗透效应,直接或间接地几乎影响了经济的每个领域。这样,他们的研究将"技术范式"扩展为"技术经济范式"(techno-economic paradigm),从而将技术范式与经济增长直接联系了起来。

卡萝塔·佩蕾丝在《技术革命与金融资本》中,认为"技术经济范式"的界定得到了普遍认同,并超出了学术领域。她对上述"技术经济范式"变革进行进一步研究,认为技术革命由于影响重大,所以次数不多,人类社会至今只有5次:1770~1830年的蒸汽动力、1830~1890年的铁路、1880~1940年的电力和重型工业、1940~1980年的大批量生产、1980年至今的IT革命。其共同点有:①每次技术革命会出现关键性投入或要素,且这些投入或要素十分廉价而且普遍可获得,如煤炭、钢铁、电力、石油、芯片分别是五次技术革命的关键性投入。②每次技术革命会出现一些新产品和行业,以核心投入和补充性投入为基础产生新产品——支柱产业（部门），以此推动经济增长，如纺织—铁路—重型工业。③每次技术革命会导致组织创新，新技术、新变革会带来尝试性规则，这些规则要证明有用而且能够在老部门有用（技术扩散）。汽车流水线在食品行业同样可用、IT产品在钢铁行业依然管用，即技术经济范式，新的技术经济范式必须要为老部门领导者接收。④每次技术革命尽管用途广，但不会自然被采用，必须要有制度的创造性毁灭。佩蕾丝从以上共同点中整合出主导部门（产业）的概念。主导产业是具有一定规模，能够充分发挥经济技术优势，以技术优势改变生产函数并对经济发展和产业结构演进有强大的促进和带动作用的产业。主导产业在经济起飞或者技术革命时会迅速起飞，它包括佩蕾丝所述的支柱产业、动力部门和相关的基础设施，同时也会产生，如第一次技术革命时期产生的纺织印染业、第三次技术革命时期出现的汽车美容与维修业。它与一般制造业相比具有更强的报酬递增、系统和协同效应，同时能够产生更多的创新租金可以使其他产业分享。

以上研究表明，培养和重视主导产业是一国富强的根本，这些研究为本书奠定了很好的理论基础。但是对于谁将主导主导产业（领先市场）的研究是有欠缺的，虽然他们的研究都暗含领先市场的意蕴。

第二节　领先市场：文献梳理及理论基础

在这里，有必要对与本书研究的主题相近的著作《领先之源——七个行业的分析》做一评述。大卫·莫厄里和理查德·纳尔逊论述了七大产业不同时期的产业领先地位及其领先能力的获得。该著作与本书研究的区别在于：①该书没有对七大产业的阶段性进行定位，即没有告诉读者这七大产业在什么时期是主导产业。反之，该书对七大产业发展的历史进行平铺直叙，缺乏阶段性和产业结构思想，这样对发展中国家有蒙蔽性，好像发展中国家只要对任一产业做到"领先"即可，至于什么产业领先是无关紧要的。事实上，很多国家在有些产业做到了领先，却依然是国家贫弱，如海地的棒球、古巴的蔗糖。②该书没有指出产业的演变与国家经济发展的联系，即没有指出国家赶超会出现在产业发展的哪个节点，在产业生命周期的哪个阶段。如何结合产业历史找到国家走向富强的方案没有提及。我们知道，同一产业在不同的发展阶段对一国经济发展的贡献是不同的。所以《领先之源》描述产业领先国度的变迁，其论证的是主体"产业的领先"而非本书要论述的"领先产业"。因为当某一产业由主导产业转换为夕阳产业时,肯定还会有某些国家处于该产业的"领先"地位,这一领先地位无法促成领先市场,对国家的赶超作用也不大。

一、领先市场定义

"领先市场"的概念是由希培尔(Eric von Hippel)于1986年提出的"领先用户"发展而来的,至今已经30年。领先用户用来描述具有强烈需求的用户,这些需求在未来数月或数年里会变成市场的普遍需求。实践中,领先市场因在产业发展、国家经济增长中起的突出作用而得到越来越多国家的重视,后危机时代领先市场已成为世界关注的焦点,一些发达国家和经济体都把培育领先市场作为重要战略,这是非常值得注意的动向;在方法论上,领先市场研究具有"核心技术"与"潜在市场"相结合的巨大优势。

演化经济学家认为,在历次技术革命(或产业革命)中,主导产业及其领先市场是决定国家兴衰更替的关键因素。对于领先市场的作用,研究中的认识基本一致,如波特(Porter)、贝瑟(Beise)都支持领先市场为创新设计提供了环境,拉动一国的创新并使该国获得相关领域的全球竞争优势;Georghiou(2007)指出领先市场能够使企业避免过度竞争,创造主导全球的创新设计,避免创新成本过高而使利润不足的局面;一国可以通过领先市场获得领先地位。

概念是逻辑的起点,目前关于领先市场的概念没有达成共识,其分析与预测模型也不够成熟。概括而言,对领先市场的定义主要有五种:①首先发明地说,Yip(1992)认为,创新设计通常出现在一个或几个国家,即领先国家,领先市场就是这些领先国家,即创新设计被首先发明的国家。②跨国公司说,Raffée和Kreutzer(1989)认为,领先市场是跨国公司进行全球市场活动、产品开发等的分支机构所在国。③创新地说,Kalish(1995)与Kotabe Helsen(1998)指出,领先市场是创新设计的首先采用国,即首次商业化(创新)国家。④市场说,Albach(1993)将领先市场定义为拥有最具创新能力的用户;Johansson(1994)认为,领先市场最可能出现的地方是拥有最挑剔的用户或最可能采用创新设计的用户所在地。⑤国际扩散地说,领先市场研究的权威Beise(2001)认为,领先市场是首先采用某项技术并使其成功扩散的国家或地区。不同的定义将导致不同的政策导向和市场发展方向,就会使研究有天壤之别。前三种定义导致的倾向是过分注重技术及其创新,大多数技术经济学者和技术创新经济学者比较认同这一类定义,这些定义没有触及市场创新问题,因为技术领先并不会自动导致市场领先。"客户所在地说"则过分注重市场,很容易导致"强者愈强,弱者愈弱"的宿命论,因为从任何一个时间点来看,与后发国家相比,发达国家的市场规模会更大,用户会更加挑剔。这样就使发展中国家永远无法成为领先市场。国际扩散地说将以上两类定义进行了很好的结合。

针对以上领先市场的定义,本书进行一定提炼后认为,从产品性质来看,它针对的不是传统产业,更不是夕阳产业,而是针对当时代的主导产品;从地域来看,它不是技术的发明地(如半导体的发明地不是在日本);从过程来看,领先市场不一定出现在"首次商业化"(即"创新")的时候,如人工合成染料的首次商业化是在1856年,而有机化学工业的领先市场却在德国。综上所述,领先市场可以如下定义:领先市场是领先采用全球性创新设计,制定该行业的标准并主导该行业的全球发展趋势的国家,即主导主导产业的国家或地区。相应地,后来采用相同设计的国家称为"滞后市场"(Lag markets)。

二、领先市场的形成机理

理论上,要对领先市场形成机理做出解释,首先必须解释某国偏好的创新设计为何能够在全球扩散而使其他国家放弃已有设计。一些学者认为,国家间采用创新的差距取决于该国的技术能力。[1] 但是,有的学者认为这种看法忽视了本地需求和市场环境对创新采用的影响,如 Porter(2002)用需求优势解释领先市场现象[2];巴特利特和戈夏尔的解释是:"领先市场上的当地创新之所以能够成为全球创新,是因为环境特征刺激该创新设计扩散到其他地区"(Bartlett & Ghoshal, 1990)[3];波特以经验研究证实日本在传真机、机器人和照相机等领域取得领先市场地位,是因为日本市场的激烈竞争(Sakakibara & Porter, 2001)[4]。

Beise 和 Klaus(2003)从消费者理论角度对领先市场进行了经济学解释,推

---

[1] Gatignon Hubert, Jehoshua Eliashberg, Thomas S. Robertson. Modeling Multinational Diffusion Patterns: An Eficient Methodology [J]. Marketing Science, 1989, 8 (3): 231-247.

[2] Porter Michael E. The Competitive Advantage of Nations [M]. New York: Free Press, 1990.

[3] Bartlett Christopher A., Ghoshal Sumantra. Managing Innovation in the transnational Corporation [M].// Bartlett C. H., Y. Doz G. Hedulund. Managing ghe global firm London: Routledge, 1990.

[4] Sakakibara Mariko, Porter E. Michael. Competing at Home to Win Abroad: Evindence from Japanese Industry [J]. Review of Economics and Statistics, 2001, 83 (2): 310-322.

导出四类领先市场机制：收入领先效应、需求领先效应、价格领先效应和降价效应。[1] Beise（2003）已经得出了领先市场具有五个基本的优势：价格优势、转移优势、需求优势、市场结构优势和出口优势，[2] 这种研究获得的认可度最高。如 Jacob（2010）和 Rennings（2001）以环境技术的领先市场为例，论证了五因素说。Rainer Walz（1998）将领先市场形成机制归纳为：需求的收入弹性高、价格弹性低；人均收入高；用户乐于采用创新；具有让供应商快速学习的条件；有测试新产品的条件；具有问题驱动的创新压力；创新导向的政策。K. Weber 以欧洲为例，认为市场规模、生产能力和高质量需求是欧洲产业领先的源泉。ErkkiLiikanen 认为成为领先市场的关键在于：①该国市场代表了全球市场的发展趋势，包括人口、收入水平和标准等变化的趋势。②该国市场开放性程度高，能够引领全球市场的发展趋势。多样性和大规模的市场需求对欧洲成为领先市场非常有利。

上述机制分析比较全面地归纳了领先市场的产生原因，但这种平面罗列方法的缺陷首先在于主要因素和次要因素分不清楚，其次这种横向展开的方式对领先市场的内在传导机制的剖析也不甚明了。最后也是最重要的，以上对于领先市场的形成原因的分析，大部分都倒果为因。究其原因就是把特征当作原因，没有说明具体的形成机制，尤其是主导产业还处在幼稚阶段时，根本不具备上述特点，将不具备上述特征的主导产业做强做大的机制的相关研究没有出现。例如，价格、需求、转移和出口优势以及客户的偏好、开放性、测试条件等因素可能恰恰是领先市场的结果而非原因。只有 Rainer Walz 的创新导向政策和 Klaus Rennings 的严格管制才能算得上领先市场的原因分析。从历史的角度来看，英国成为纺织品的领先市场是重商主义的结果，德国成为有机化工的领先市场是科学、技术与制度共生演化的结果，美国成为 20 世纪主导产品的领先市场是 19 世纪"美国体系"奠定的基础。而光电转换器（PV）的领先市场没有在日本而是在美国形成，是因为美国政府补贴的政策使然（Beise，2004）。

倒果为因的危害是，它会营造一种"天命论"，即没有上述优势的国家或地区，就不可能成就主导产品的领先市场。事实上，具有以上"优势"的国家的

---

[1] Beise Marian, Klaus Rennings Lead Market of Environmental Innovations：A Framework for Innovation and Environmental Economics，2003.

[2] Beise Marian. Lead Market：Drivers of Global Diffusion of Innovations ［J］. Research Policy，2003，33（6-7）：997-1018.

领先市场地位也都是各领风骚数十年。所以，领先市场的形成原因即为什么领先市场得以建立，不能局限于市场，更多地应当从市场之外去寻找原因，如国家战略、产业政策、创新政策、教育和培训制度、企业制度等。

三、领先市场的特征

领先市场首先采用全球性创新设计，制定该行业的标准并主导该行业的全球发展趋势。所以，很多学者认为最先采用创新设计或发明创新设计的国家或地区就是"领先市场"（Kotabe & Helsen，1998；Yip 1992）。

Beise 在 2003 年的《领先市场：创新全球扩散的驱动力》一文中，把领先市场的主要特征总结为以下三点：①领先市场不仅仅以创新的最先采用为特征；②领先市场不一定是创新的最初发源地；③领先市场的创新设计在实现全球扩散之前通常要与其他市场具有相同或相近功能创新设计展开竞争。不同的设计会被认为对于相同的需要或功能具有相互替代的特征，因此它们在世界市场上就会彼此之间形成竞争。[①] Georghiou（2006）进一步指出了领先市场的典型特征：①消费者愿意为创新支付额外费用；②消费者高度智慧；③市场的基础结构具有兼容性；④市场规模足够承担创新成本；⑤领先市场应该与其他市场有相似性使创新扩散到其他市场；⑥具备适合创新的一般条件。[②] 在 2007 年《有需求的创新：领先市场，公共采购与创新》一文中，Georghiou 把领先市场最重要的特征归纳为以下三点：财富、[③] 基础结构和规模（Georghiou，2007）[④]。

2007 年 3 月，欧洲委员会在《进展中的领先市场》这一报告中，把领先市场定义为："为研发和创新密集型产品、服务或技术提供场所、在欧洲和全球有高的潜在增长率、欧洲工业能够获得主导全球市场的比较优势、公共部门对其发展可以有所作为的市场。"[⑤] 2007 年 5 月，欧洲技术论坛（European Technology

---

① Beise Marian. Lead Market：Drivers of Global Diffusion of Innovations [J]. Research Policy，2003，33 (6-7)：997-1018.

② Georghiou. Effective Innovation Policies for Europe-the Missing Demand Side [J]. PREST, Manchester Business School，University of Manchester and Prime Misnister's Office/Economic Council of Finland，2006.

③ Georghiou 在这里所说的"财富"指领先市场要具备以下特点的消费者：愿意支付溢价，愿意提供反馈信息，提出的要求具有普遍性——足以适用于其他市场。

④ Georghiou. Demanding Innovation：Lead Market, Public Procurement and Innovation [J]. NESTA, Provocation 2，February 2007.

⑤ European Commission. Lead Market：State of Play [EB/OL]. [2007-03-29]. http：//www.euractiv.com/en/innovation/lead-market-gateway-growth/article-167684.

Platform)发表了《欧洲生物产品的领先市场》，该报告认为，"领先市场不是保护主义，不是优胜劣汰，也不是培养国家冠军；而是为了确保未来技术出现并上市。领先市场的成功需要所有政策措施、服务、公共机构和行业部门的协同努力。"[1] 所以，领先市场还至少具备以下特征：第一，领先市场是领先采用某项创新设计；第二，领先市场率先实现了创新设计的当地或国际扩散；第三，领先市场在全球市场中具有产业竞争优势；第四，领先市场制定相关产业标准并主导全球趋势；第五，领先市场需要政府的作为。

可以看出，领先市场并不以发明创新设计为特征，也不仅仅以创新设计的最先引入为特征，其最重要的特征之一就是在引入创新后能把这种创新扩散到全球市场。即在引入创新后能把这种创新扩散到全球市场，而一定市场规模的国内市场是其前提。Beise 认为"领先市场"是首先引入创新并把创新扩散到全球的国家或地区。领先市场是那些首先采用在全球占主导地位的创新设计的国家。这些国家主导了创新的全球扩散并制定全球标准（Beise，2001）。Georghiou（2007）总结了英国在很多创新设计上不能成为领先市场的原因后得到的结论是，能否成为领先市场"是否最先引入创新不是关键，关键在于最先引入创新的市场是否具备发展全球性创新并把创新传播到全世界的特征"。而国内市场建设与国际扩散是与产业政策（包括竞争政策）、贸易政策息息相关的，需要所有服务、政策措施、公共机构和行业部门的协同努力。

国内在该领域进行研究的学者主要有柳卸林、许庆瑞、王春法、陈劲和孟捷等，而最早研究领先市场的是清华大学吴家喜、吴贵生团队。他们先于 2006 年将 Beise 的领先市场模型介绍到中国，并对模型的局限性及对我国的启示进行了探讨；后来，他们在 2009 年的文章中区分了领先市场、后进市场与异质市场的内涵，分析了传统创新政策存在的主要问题，指出国家创新政策应该根据本国产业在全球市场角色不同而有所差异。林甫（2011）基于营销学角度认为，创新领先市场是企业的法宝。彭海珍利用领先—滞后市场模型，分析环境管制对环境创新实现国际扩散的影响机制。

四、领先市场的作用

在领先市场的作用上，研究者认识高度一致。波特（2002）、Beise（2004）

---

[1] Camille Burel. Eruopean Lead Market on Biobased Products [EB/OL]. [2007-05-15]. http://www.suschem.org/.

认为领先市场为创新设计提供环境，拉动一国的创新并使该国获得相关领域的全球竞争优势；Georghiou（2007）指出领先市场促使企业摆脱过度竞争并创立出全球主导创新，从而避开利润不足以支付创新成本的局面；一国可以通过领先市场获得领先地位。本书认为领先市场是国家竞争力的体现，国家创新体系建设的驱动力，领先市场为研究国家产业竞争优势和国家创新体系建设提供了一个新的视角。

领先市场为创新设计提供环境，拉动一国的创新并使该国获得相关领域的全球竞争优势。国家可以通过领先市场发展全球性创新设计——通过发展和精化植根于当地环境的创新设计，一国可以把目光集中在一部分偏好和反馈上，同时避免被锁定在特定路径上，从而创造出真正的全球创新。因此，领先市场促进国内创新活动成功地国际化（Porter，1990），[1] 并使一国获得全球竞争优势，赢得对于领先市场企业的竞争优势（Beise，2004）。[2] 但是，领先市场的作用发挥还需要符合一定假设前提：①因为最初的市场状况和需求偏好是区域性的，所以创新机会是区域性分布的；②国内公司和研发机构相比国外公司和研发机构能更有效地觉察到当地的特定需求，从而开发出最适合当地消费者的创新；③当地需求的特定特征增加了当地创新在世界市场上商业化的几率（Beise，2003）[3]。Georghiou（2007）认为，为了迎接全球化、服务经济的兴起和提高生产率的挑战，一国可以通过领先市场获得领先地位。[4] 领先市场促使领先用户从过度竞争中摆脱出来并创立出全球主导创新设计，从而避开因市场参与者太多所导致的利润不足以支付创新成本的局面。具体作用包括：一是为创新设计提供环境；二是拉动一国的创新；三是促进国内创新活动成功的国际化；四是使该国获得相关领域的全球竞争优势。

五、领先市场模型的建立

领先市场从核心技术和潜在市场两个相结合的维度展开。

---

[1] Porter Michael E. The Competitive Advantage of Nations [M]. New York: Free Press, 1990.

[2] Beise Marian. Lead Market: Innovation Differentials and Growth [J]. International Economics and Economic Policy, 2005, 1 (4): 305-328.

[3] Beise Marian. Lead Market: Drivers of Global Diffusion of Innovations [J]. Research Policy, 2003, 33 (6-7): 997-1018.

[4] Georghiou. Demanding Innovation: Lead Market, Public Procurement and Innovation [J]. NESTA, Provocation 2, February 2007.

一些创新史学家和分析家在进行产业创新时提出了"时代分类法",该方法建立在定义整个发展周期的"关键技术"上。它的一种表现形式是熊彼特在《商业周期》一书中提出的"波动理论":蒸汽动力引发了第一次工业革命,电力引发了第二次工业革命,等等。其他不依赖"波动理论"的研究工作也强调了少数技术在推动经济增长的更为广泛的过程中扮演的重要角色。虽然这些理论很有价值,但过分强调关键技术的重要性,因而陷入"技术决定论",忽视了其他很重要的创新和经济活动领域(法格博格等,2004)。而现在主流经济学的"交易主义"却又陷入了"市场决定论"。许多发展中国家信奉新自由主义经济学吹嘘的市场化、全球化,认为技术是可以通过市场交换从全球进行采购,天真地以为让出市场可以换取技术。

创新的本质是技术与市场的匹配。一个成功的产业创新应该是使产品、工艺、系统服务于现实的和潜在的市场需求相匹配。创新过程要么是建立在技术实践基础上,要么是建立在市场需求基础上,要么是两者的结合。为此,帕维特也指出创新过程的三个步骤:科学和技术的生产;将知识转化为用品;回应并影响市场需求(法格博格等,2004)。

为此,同一时期的不同国家和同一国家不同时期,由于其产业结构不同和其掌握的主导产业的生命周期的不同阶段,要采取不同的领先市场策略。领先市场策略总的说来可以分两类共四种(见图2-1)。

有核心技术 潜在市场	有核心技术 非潜在市场	有核心技术
无核心技术 潜在市场	无核心技术 非潜在市场	无核心技术
潜在市场	无潜在市场	

图 2-1　领先市场策略

第一类是领先市场的领先策略,包括领先型和引进或研发型。①领先型:拥有核心技术和潜在市场的领先市场。政府可以营造良好的政策环境促进该技术的商业化,并鼓励出口,使其成为全球性的主导设计。②引进或研发型:不拥有核心技术却是其潜在市场的国家。政府可以结合自身市场环境利用别国核心技术或通过研发,形成领先市场,从而获得国家竞争优势。第二类是滞后市场的领先策略,包括输出型和跟进型。①输出型:拥有某些核心技术但并非其潜在市场。应该先识别其潜在的领先市场,并在领先市场而不是在本国进行研发、生产和销售。②跟进型：不拥有其核心技术也不是其潜在市场。可以采用快速跟进策略，一方面通过引进、消化、吸收领先市场的技术，不断积累和提升自身的技术能力，另一方面要培育市场。

六、产业与企业的案例研究的拓展

近些年里，创新和环境的关系已经得到了越来越多的关注（OECD，2000）。生态创新的特性就是双重的永恒性问题。波特和范德林德在1995年的论文中就对环境的领先市场有一个潜在的论证。在他们看来，严格的环境规则有助于促使当地公司创新从而提高资源效率。尽管外国不采用这些规则，事实上创新依然是有益的和有利可图的。国家间的政策联系是另外一种机制，这种机制意味着在全球各地采用相同的环境规则。如果所有国家能够采用相同的规则，对于环境技术相同的需求也会在这些国家出现（Beise & Klaus，2003）。在他们的论文里，主要谈到了各种各样的机制，这些机制导致与环境规则相关的创新在世界范围里的采用。他们给出了由Beise逐渐形成的领先市场的一般模型。考虑到生态创新的特性，他们根据这些特性扩展了这个模型并把环境规则及政策扩散看作是领先市场的关键性因素。他们用衍生而来的框架研究和分析了两种情形，即对于私家车的资源有效技术的出现和广泛的扩散及风能的产生（Beise & Klaus，2003）。

德国雅柯比的《针对环境创新的领先市场》是以"领先市场"命名的第一部翻译著作。从环境创新的角度，针对不同行业环境技术的应用，研究引进创新成果而成为"领先市场"的方法。全书构建了理论框架与分析模型，从公共政策和相关参与者出发，重点探讨了促进"领先市场"的环境创新机制，强调创新政策、环境政策和产业政策的结合。从不同层面阐述了环境创新下的动态创新扩散过程，对发展"领先市场"提出了相关政策建议。该书分析了几个关于环境创新的领先市场，如燃料电池、光电池、全无氯漂白技术及其他。通过创新经济学、政策分析学和环境经济学的理论基础和前沿研究，阐明了世界上领先国家的领导能力。《针对环境创新的领先市场》在理论推理和案例研究的基础之上，构建了利于领先市场产生的政策框架，提出了研发政策、环境和产业政策方面的建议。

雅柯比认为，领先市场在高收入国家能够募集到创新发展所需的资金，这样或许能使新技术在初期阶段渡过难关。这样综合考虑技术及政策的可行性可以激励其他国家或者企业去采纳开创性的标准。从国家视角来看，有前瞻性的标准和支持机制或许可以为其国内行业提供成为领先者的优势。此外，前瞻性的政策措施可以吸引国际流动资本来促进环境创新的发展和新兴市场的形成。最后，经济优势可以巩固国家政府的国际地位，而且高标准的政策也会使国家政府在国际舞台上备受瞩目。

MarkLehrer、Nikhilesh Dholakia 和 Nir Kshetri（2003）对 3G 移动商务应用的领先市场进行了分析，认为：①尽管北欧国家在蜂窝式移动电话上比其他大国发展迅速，但 3G 技术可能表现出不同扩散模式；②3G 的许多可能用途，如广告、商业数据、信息服务、多媒体等可能在工业基础发达的国家，如德国汽车和其他制造业、英国金融服务业、日本基于网络的电子消费（如游戏、音乐等）上扩散；③3G 的移动商务应用与蜂窝电话的市场占有率有关，低的市场占有率会阻碍 3G 的扩散；④3G 的扩散与产业结构、市场竞争程度、国家的出口和转移条件关；⑤德国、英国、日本可能成为 3G 应用的领先市场。

Beise（2004）探讨了光电转换器 PV 能否在日本形成领先市场。研究表明，尽管光电转换器日本能够形成本地市场，并试图通过降低成本的方式实现全球扩散，但由于光电转化器成本难以短时间内降低，日本难以形成 PV 的领先市场。而美国政府补贴的政策使美国可能成为 PV 的领先市场。

领先市场理论的企业案例研究所见不多。李泉的硕士论文运用领先市场理论对诺基亚的成败进行了分析，经验和教训都是非常深刻的。企业的真正战略是产品战略，领先市场理论为企业寻求长续发展提供了思路。诺基亚曾经在移动互联网市场占有领先地位，然而这样一个移动通信巨头最终被微软收购，它代表一个产业，代表一段历史，它曾经的辉煌与现在衰败之间的对比不得不让企业反思。李泉认为，以往的研究都是从诺基亚内部分析衰败原因，而对于国家引领产业政策方向以及领先市场方面研究较少。诺基亚从辉煌一时的霸主沦落为失败者的盛衰史是值得探讨的，从领先市场和产业政策选择方面分析诺基亚衰败的原因，结合领先市场、技术创新等理论和诺基亚案例进行分析，这对当今在竞争剧烈的市场环境中企业如何保持持续市场竞争力具有借鉴意义。从演化经济学以及模块化、企业转型的角度进行研究，运用发达国家致富的西方经济思想史，生产结构而非生产规模决定一国的经济发展水平，从历史角度看，生产什么比生产多少更重要，对于一个企业乃至国家，不能只看市场份额，不能只看数据，应该重视创造、重视生产力，这才是一国保持经济持续增长的有效动力（李泉，2016）。然而需要知道的是，从一定意义上说，诺基亚既代表着芬兰的移动通信产业，也代表着芬兰的国家创新体系。所以，运用领先市场理论是否可以扩展到一般的企业研究，尚有待研究。

第三节 领先市场比较：比较经济学的新突破

本书认为领先市场研究亦属比较研究。而比较经济学是"一个在寻求自我定义的领域"。传统比较经济学的制度比较在苏东剧变以后，比较研究的对象消失了，新比较经济学的体制比较取而代之，并产生了三个主要学派，即新"主义"学派（或"资本主义"学派）、"组织"学派（杂志学派）和学院派。新比较经济学新在：一是研究对象的细微化，劳动雇佣制度，企业制度，金融制度及监管、调节经济活动的政治法律体制等都成为其研究对象；二是研究方法的扩展，它借用新制度经济学的产权理论、交易成本理论、委托—代理理论、新经济史研究等，尤其是博弈论成为其研究框架的基础。卢荻认为新比较经济学是应范式危机而兴起的，但其分析经济体制的视角始终不离个人化理性选择及其均衡，其评价经济制度的标准始终还是资源配置。由于将技术创新或生产性效率改进以及这种改进与体制变迁的关系等一系列问题诉诸外生变量的决定，对于范式问题也就全无解答的余地了。[①]所以，所谓新比较经济学只是将历史、技术、制度塞入新古典经济学。看似学派林立的新比较经济学充其量只是新自由主义经济学的"保护带"修复而已，研究范式还需寻求突破。

本书在甄别了国家核心竞争力的比较维度后认为，产业创新是历久弥新的主题，将国家竞争力的比较定位在产业层面，尤其是主导产业的领先市场的比较上。在演化经济学家们看来，在历次技术革命中，主导产业及其领先市场都发挥着关键性的作用，决定着国家之间竞争的成败。因此主导产业的领先市场比较就成为了突破比较经济学困境的核心研究对象。这为领先市场研究找到了合理的定位和学科依托。

本书提出领先市场比较的主导方法论为历史与比较创新体制研究方法。第一次明确提出比较创新体制概念的是贾根良教授。他在2001年的《批判现实主义——制度主义与比较创新视野》一文中提出比较创新体制的概念，[②]并于2003年类

---

① 卢荻.新比较经济学的创新与守旧[J].读书，2004（1）.
② 贾根良.批判现实主义——制度主义与比较创新视野[M]//张仁德.新比较经济学研究.北京：人民出版社，2002.

比于"历史制度分析",提出"历史创新体制分析"概念。同时他于 2011 年在《经济理论与经济管理》发表了《比较创新体制与比较历史创新体制——开创比较经济学研究的新框架》一文。运用"历史创新体制"与"比较创新体制"来研究领先市场,和"历史制度分析"与"比较制度分析"的关系相类似。比较创新体制可以定义为对于当下各国创新系统进行比较分析的一种研究方法,历史创新体制可以定义为对历史上各国创新系统进行比较分析的研究方法。其中历史创新体制主要是从时间维度,注重从过去的历史中寻求资料,并对创新体系产生的情景和脉络进行研究,即研究战略性新兴产业领先市场的历史演化,分析其经验与教训,总结动态的规律性;比较创新体制从空间维度,探寻领先市场"异地形成"的原因以及当今各国对新一轮战略性新兴产业的探索。但是,历史创新体制与比较创新体制分析更倾向于紧密地结合起来,因为人类社会总是充满新奇事物的,新的发展时期总是与过去有很大不同,只有把对现存创新体系的比较与对历史上的创新体系的研究结合起来,我们才能在创新体系的研究上得到丰硕的成果。

第三章

领先市场的政策体系及其评价

领先市场具有创新友好型特征。它的建设不是一蹴而就的,从来就不是依靠"自然禀赋"而自发产生的,也不是依靠比较优势创造出来的。必须有创新友好型的国家政策,这才是一国成为领先市场的关键。

第一节 产业政策提升为创新政策:领先市场使然

一、凯恩斯主义的宏观经济政策业已失效

一提到政府的作用,凯恩斯主义者的"三驾马车"理论就第一个站了出来。不少经济学家依然将目前中国产能过剩固执地归结为有效需求不足。我国改革开放以来,政府也一直通过凯恩斯政策来调节经济,通过增加需求来刺激经济发展,这是惯常手段。有学者认为中国利用凯恩斯政策刺激不够,指出中国的公共债务与 GDP 的比率仅 50%左右,可以进一步增加财政赤字,他们认为这是"一石二鸟"的策略:既不提高企业杠杆率,同时解决了基础设施投融资问题。当然,也有学者认为央行应当继续执行适度宽松的货币政策,既刺激了经济增长也支持了财政政策——这是中国变道超车的绝好机会。还有反对凯恩斯政策的意见,他们攻击前几年增发的四万亿货币,因为"越是刺激问题越多"。反对政府干预经济的学者抓住凯恩斯政策的错误来否定政府的作用是不可取的,这是因噎废食的做法,当然,目的在于维护自由主义经济学的正统地位。

但是,凯恩斯主义已经遭受了多次重大的失败。一是凯恩斯主义无法解决 20 世纪 70 年代石油危机导致的"大滞涨",最终解救这一危机的是"对凯恩斯革命

的革命"的供给学派。二是自从 2008 年危机以来,全世界都抓住救命稻草——凯恩斯财政政策和货币政策来刺激经济学。几年来,这两个政策都已经用到了极致却未能将世界经济从泥潭中救出来,如财政政策的过度应用使欧洲很多国家陷入了主权债务危机而不能自拔;货币政策与财政政策很类似,如美国多次量化宽松和日本的负利率政策都对于整个经济作用不大。因为着眼于需求的、总量论的财政政策和货币政策并不能直接促进产品创新,没有办法真正进行"供给侧"结构调整。凯恩斯创立宏观经济学的时候,其逻辑起点就是针锋相对地反对萨伊定律,并提出了凯恩斯定律——"需求决定供给"。凯恩斯认为有效需求不足才是经济危机的根源。因此,凯恩斯经济学以需求管理为政策指针解救了"大萧条",在 20 世纪 30~70 年代俨然成为了经济学的唯一流派。所以,指望着没有供给思想的凯恩斯主义政策来进行供给结构调整,无异于与虎谋皮。由于当今正处于新一轮技术革命的前夕,眼睛仍然盯住传统产业的渐进创新只会加剧供给过剩(产能过剩)。因为,与主流微观经济学最大的缺陷在于不理会生产结构一样(即生产什么不关键,只要总量达到就可以强国富民),凯恩斯经济学的最大问题也在于规模论,而没有结构思想。在凯恩斯经典公式 $GDP = C+I+G+(X-M)$ 中,没有作出任何结构的区分。

由此引发凯恩斯主义经济政策的最大缺陷就是政策工具的狭隘性。作为宏观经济政策,远远不止于凯恩斯主义所指的财政政策和货币政策这两种需求侧的总量政策。事实上,国家的宏观经济政策工具还有很多。尤其在经济结构调整中,需要从创新政策角度去寻求答案,因为供给侧结构性改革需要明显的创新导向和质量导向,而创新政策直接作用于供给侧,创新的本意就意味着产业结构的变换,所以政府需要运用创新政策。

应该肯定的是,企业是创新主要主体。但是诸多创新是在政府主导下进行的,即创新政策作用功不可没。因为创新不只是企业的事,还需政府的政策支持。从希培尔(1976)、莫厄里和罗森伯格(1979)开始,很多学者对创新政策的主要任务展开了系统的探讨与研究。创新政策已在全球范围内引起各国政府的关注。创新政策是指能够帮助单个企业或所有企业提升其创新能力的所有政策。国家履行促进经济增长的职能不容小觑,尤其在"引导国家进入恰当的产业"方面,原因在于经济增长具有产业特定性。最早在这一方面做出顶级研究的是安东尼奥·舍拉。他在 1613 年的著作《略论使无矿之国金银充裕的原因》中,将威尼斯描述成了一个真正的自动催化的系统(门罗,2011)。在这一系统中,报酬递增和多样性——后者表现为一国的大量不同行业(即分工的程度)——被看作是在创造财富的良性循环中处于核心地位。在舍拉的体系中，那不勒斯是相反效应的典型，因为原材料生产并不服从报酬递增。同样，今天所有的工业化国家都经历过一个初始阶段，这个阶段共同的政策信念是：并非所有的经济活动都就具有自增强正反馈作用，要在"恰当的产业"中创造比较优势。当然这种优势绝对不是资源优势、自然优势，而是基于技能的优势。在引导国家进入恰当的产业方面，政府既可以采取积极措施，让国内的经济活动在特定的时代形成新的产业中的新知识以及使用新机器等，也可以运用消极的政策来阻止他国从事"恰当"的活动。例如，英国于 1699 年开始运用大量政策破坏爱尔兰已经建立起来的高质量活动；"二战"以后美国对德国实施的摩根索计划等，也是要破坏德国的高端产业。

二、演化经济学视角的创新政策

古典主义对国家产业政策的态度是总体上的不信任，极端的态度是摒弃政府干预，他们的理由主要是，政府干预会导致寻租和"挑选优胜者"等问题，尤其在寻租问题上，认为政府如果对产业实施干预政策（如贸易保护和产业政策），势必会招致利益集团的"寻租"问题（例如腐败、行贿、走私、黑市等），会形成资源配置的扭曲和相应的福利损失。他们不顾历史事实，因噎废食地指出"最好的产业政策就是没有任何产业政策"（Bartlett，1985）、"八十年代以后日本经济的成功并不得益于某些活跃的产业政策，而是得益于缺乏相应的产业政策"（维斯塔尔，1974）。

对此，在演化经济学看来，租金是不可怕的，相反，由于从事不同质量的经济活动具有不同的进入门槛，经济活动的主体（无论国家还是企业）都存在或轻或重的垄断性，抽取垄断"租金"的能力也各不相同。正是这种租金的创造能力差异以及这种租金在国家之间分配方式的差别，才造就了国与国之间发展水平的落差。成功的国家能够通过持续的创新获得创新租金，而不成功的国家则纠结于没有创新租金的完全竞争性行业，所以经济发展的本质就在于为经济活动设立（或绕开）进入壁垒，从中创造和抽取"创新租金"。政府对于产业所起的作用就是通过产业政策和贸易政策，引导经济主体避开完全竞争性行业，进入具有垄断性的经济活动（黄阳华，2011）。反之，相信市场的自发进步，将会使我们看不到政府在经济生活中的作用，也不可能会有真正的产业发展。总之，政府产业政策是产业进步和经济发展的重要工具，如始于美国首任财政部长亚历山大·

汉密尔顿的幼稚产业保护政策的目的就是"人为地"设置进入壁垒，使受到保护的产业在这一高筑的壁垒中获取发展空间。

阿布拉莫维茨最早在1986年提出"社会能力"建设的概念，包括改善教育状况、提供相关公共服务、实施促进研发的技术能力等。随着科学发展观和转变经济发展方式等论断的提出，人们越来越认为是竞争优势而非比较优势才是经济发展和赶超的"法宝"。人们逐步认识到竞争优势才是真正的社会能力。而社会能力的提高需要国家政策的推动。因此各国纷纷将产业政策提升为创新政策，创新取代了传统的资源禀赋成为促进现代经济发展的核心要素。

创新政策的初衷是社会能力建设。这种社会能力建设不仅取决于公共设施、金融水平等有形要素，更依赖于制度、知识、人力资本等无形要素，特别是在创新与基础研究紧密结合的高科技部门，社会能力建设的现代创新政策成为经济增长与竞争力的源泉。拉法尔·卡普林斯基（Raphael Kaplinsky）对东亚实证研究表明，东亚的成功在于成功的产业政策，即设计出以能力建设为核心的创新政策。

第一次技术革命（英国产业革命时代）是技术推动型，能力建设体现为技术工人的数量与质量；第二次技术革命（蒸汽和铁路时代）和第三次技术革命（钢铁、电力、重工业时代）是科学推动型，能力建设除了工厂内部的工人培训与员工的"干中学"和"用中学"以外，科学研究能力的实力显得很关键；第四次技术革命（汽车和大规模生产时代）是以"科学管理"为代表的管理革命，随着福特制生产模式的出现，管理创新成为创新的"宠儿"与核心能力；第五次技术革命（信息和远程通信时代）"模块化生产"的出现，使价值链的设计和管理成为核心能力。在今天，模块化成为推动技术创新和激进创新的重要动力装置，包括四个部分：设计规则、隐型模块、系统集成与检测模块。模块中有核心模块和边缘模块之分。系统整合者通过控制核心模块的生产与研发（归核化）来控制垄断利润。"模块化"生产利用"信息包裹"和技术标准的"专利包"，一方面使可整理知识的模块简单化，让所有国家都可以参与进来，使其有一种沾上国际化的自豪感；另一方面把核心模块的默会知识牢牢掌握，使其难以溢出。这样就控制住了生产链的技术演进和利益分配。其他企业想进入核心模块的话就得接受其标准；若产品想与之对接的话，就得通过标准的授权许可来购买模块的接口。发展中国家的外向型经济政策强化了发达国家的"模块化生产"，反而使自己加强了对"国际价值链"的依赖，或者是发展中国家"被模块化"。经济模式越复杂就越凸显政策的重要，更凸显政策智慧，不仅体现在政策的有无方面，还体现为政策的细微差别，否则"差之毫厘，谬以千里"。

第二节　当前的创新政策评价及缺陷

随着创新政策在国家产业政策体系中的重要性不断攀升，创新政策事实上成为当今世界各国保持经济稳定增长和赢得全球竞争的重要手段。因此，对创新政策的测度就成为学术界和实践领域的重要课题。传统评估体系主要运用投入—产出分析方法，其主要指标是大学生的比例，研发（R&D）在国内生产总值（GDP）中的占比，科学出版物、学术论文、专利、研发人员的数量等，这些指标体系的突出特点是供给方政策和总量指标，难以评价高度不确定性的创新与高度系统性的市场。从某种意义上说，这是源于早期技术驱动型的创新模型。

创新政策的测度更多地应该考虑知识创造中心、创新能力提升、网络和信息通信产业、生物技术。在今天，世界上运用最广的创新评价分析框架是欧盟在《奥斯陆手册（第三版）》中提出来的。它综合考虑企业内部因素，如渐进创新、激进创新、组织创新、市场创新，以及企业外部的创新需求、创新的基础设施以及教育研发体系、政策数量等。但是这一创新评价分析框架仅仅是从创新概念出发的政策性分析框架，至于谁来进行评价以及如何评价等内容都没有涉及，足见其可操作性是很差的。在中国，刘会武等提出了创新政策评价四要素：国家创新战略、政策供给、政策需求和政策评价，并在此基础上提出了创新政策"钻石模型"分析框架。这一评价体系从系统化角度展开，但是第四个要素政策评价有同语反复的嫌疑。

当前，最主要的政策评价方式有两种。使用最广的是基于调查指标的"共同体创新调查"（Community Innovation Survey，CIS），该调查在所有的欧盟成员国中进行过三次，并传播到更多国家，如加拿大、澳大利亚、匈牙利、巴西、阿根廷和中国（法格博格、莫利和纳尔逊，2009）。另一种评价指标体系是"欧洲创新记分牌"，它被认为构建了一个全面、细致，并伴随科学技术发展、工业机构调整而不断变化的动态测度指标体系。欧洲创新记分牌由 5 个领域（即一级指标，分为创新投入和创新产出两大类）和 25 个评价指标（二级指标）构成。国内研究中，武汉理工大学管理学院喻金田、吴倩认为促进技术创新和营造技术创新环境是创新政策的目的，所以他们设计的综合评价指标体系就是以技术创新、服务创新、环境创新为主要内容，具体的指标层级有目标层（1个）、一级指标（3个）、二级指标（9个）和三级指标（31个）。

一些人认为，就其内在特性来说，创新具有长期性、高不确定性，而这是不可能进行量化和评价的，尤其不能对创新进行短期测度。这种观点可能过于绝对，但是目前创新政策评价的确存在诸多缺陷：

第一，共同体创新调查常用投入—产出法来评价创新政策的理念极为偏颇。

一方面，共同体创新调查在投入与产出的定义方面存在瑕疵。共同体创新调查的创新投入是指 R&D 绝对数量与相对数量，但对于有些投入根本无法进行评价，因为无法对其进行投入—产出分析，如创新采购对创新的作用，是从"市场交易"的角度而不是从"投入"的角度进行的。运用投入—产出分析方法来判断创新采购的绩效，从政府的视角很可能是"低效率"甚至"无效率"的，即投入高产出低，因而这种投入对政府来说是不值得的。而从企业的视角，政府创新采购形成了企业的收益，无法计入创新"投入"，因此就很容易忽视创新采购在创新中的作用。所以，投入—产出法不适宜作为创新领域的评价标准，否则公共采购在"阳光采购"与"提高资金效率"的原则下只会不理会甚至阻碍创新。共同体创新调查的"创新产出"更加难以衡量。共同体创新调查运用科技论文、大学生比例、科技人员比例、专利数等，这些指标体系与创新的确存在一定的相关性，但是企图直接推导出创新多就是因为这些指标高的因果关系，那是办不到的。

另一方面，创新投入与国家经济绩效之间关系复杂，因为没有任何两国的技术结构是一致的，致使经济绩效的比较意义不大。为此有学者尖锐地指出，投入—产出关系的线性观与创新的系统观是矛盾的。为此，贾根良指出"由于排他性地集中在可以进行数量分析的指标体系上，这种研究方法不能对以'干中学''用中学'和通过交互作用进行学习的创新能力进行研究，忽视了影响创新能力形成的制度、组织和文化等更深层次的体制性因素"。

第二，共同体创新调查的适用性存在的问题。首先是产业的适用性，如"似乎共同体创新调查对制造业非常有效，但对完全不同的服务行业及服务行业的产出，共同体创新调查就不一定适用了"。其实，共同体创新调查对制造业的创新评价也未必适用，如制衣、制鞋行业是制造业，但是它们逐渐走向创意行业，因此难以用 R&D 统计数据度量，因为在这些行业中，"时髦设计"也许比技术创新更重要。其次是国家的适用性问题。不同国家所处的国际环境、国家发展阶段和产业成熟度、国家的短期战略和长期战略的组合不同，而用同一套指标体系是难以衡量各自的政策绩效的。苏联与日本的科学和研发经费都很高，一直的结论是苏联创新效果败给日本，但是如果考虑两国的以上情况，结论可能就不会那么轻易给出。多西等人的研究表明欧洲企业没有能够把握创新的机会，这反映出其在吸收能力上的不足，而这种吸收能力是国家创新能力测评所使用的科学、技术和创新指标难以解释的。

第三，共同体创新调查的研究方法问题。共同体创新调查大量使用统计方法，而统计方法在于其一般性，在于现象之间的相关性描述，缺乏对正负反馈的结构分析与深度的内在机制的探索，因而就很难进行因果分析。尽管熊彼特坚持组织创新的重要性，并且近年来的研究也完全证实了他的观点，但是研究与发展的结果表明，统计根本没有也无法计量组织创新；同时运用统计方法可以对可编码知识进行量化，而对于创新中作用更为强大的默会知识是无法统计的；最要命的是统计方法根本无法预测经济与产业的拐点，英国"女王之问"就是对这一方法论质疑的最好注脚。相反，个案分析提供了研究深度，但又会以牺牲一般性为代价。因此对创新评价进行方法论的深度探讨就成为创新评价的核心问题。

第四，关于测度的结构问题。创新具有结构性，根据创新的时间维度、空间维度和产业维度等标准可以进行多重划分，因此测度就应该有所不同，本书认为测度什么时间、什么地点的什么产业即测度的结构比笼统的测度要更加重要，产业周期的不同时期，测度项目要有不同，这点最为重要。

其他的创新评价指标体系有：①《全球创新指数》设计了 80 多项指标，包括制度、创新驱动、企业创新、知识创造、知识产权、技术应用等。②《全球竞争力报告》从 3 个层面的 12 项指标来衡量各经济体竞争力，3 个层面包括基础条件、效能提升和创新成熟度；12 项指标包括宏观经济环境、基础设施、市场规模、商品市场效率、高等教育与培训、企业的研发投入、金融市场发展和技术、产学合作研发、政府采购先进技术产品、科研机构数量、PCT 专利申请量、创新能力。③《世界竞争力年鉴》设计了 260 项竞争力测量指标。④《全球创新报告》主要是对 12 个技术领域内创新机构数量和对应的发明专利数量进行对比。⑤《国际知识产权指数》指标构建方面，沿用过去 6 个类别：专利、相关权利和限制，著作权、相关权利和限制，商标、相关权利和限制，商业秘密和市场准入，执法，加入与批准的国际条约。共设置具体可测量指标 35 个，总分 35 分。⑥《世界知识产权指标》比较专利申请量。漆苏和刘立春对 2017 年中国创新能力的综合分析就是综合了以上几种指标体系。2018 年 1 月 20 日，由国务院发展研究中心和北京知本创业管理咨询有限公司发布的"2017 年全球技术创新指数"（GTII，2017），采用的创新指标有6个，即政策投入、人才投入、组织投入、资金投入、产品服务、知识产权。这些创新评价指标体系都没有摆脱"技术创新"的藩篱。

第三节 领先市场视角的创新政策的评价基准

传统创新政策评价拘泥于技术领先。的确，技术领先为产业领先创造了重要条件，如美国在个人电脑方面、德国在汽车领域、日本在传真机领域、芬兰在移动通信领域具有领先优势。但从实际情况看，领先市场常常不是出现在技术领先的国家。如第一次工业革命中的棉纺、麻纺业分别出现在印度和爱尔兰，有机化学工业在"日不落帝国"率先兴盛了十多年，而德国却成为该产业的领先市场，并以此引领了第二次工业革命。

20世纪80年代后期开始有学者开始关注领先市场，他们用领先市场概念解释技术领先并不必然导致产业领先的现象，本书提出2×2矩阵评价模式。

领先市场研究运用两个主要维度（工具）——核心技术和潜在市场。在理论上，既克服了创新经济学忽视市场建设的弊端，又克服了主流经济学"技术既定"假设而无法处理技术创新的弱点；在实践中，采用2×2矩阵为处于市场不同阶段的国家的领先市场建设，提供一份"政策选择的菜单"。因此，演化经济学研究以及历史研究表明主导产业的领先市场是社会能力的集中体现，因为只有主导产业的领先市场才能构筑进入壁垒，得到创新租金。我们在进行创新政策评价时，不能只是盯着统计数据，而要看创新政策是否促成了主导产业的领先市场。

为此，用"领先市场"引领创新政策及其评价应当注意以下几个方面：

一、创新政策是否由发挥比较优势向创新战略转变

部分学者根据英国、美国、日本和韩国等地现代发达国家崛起的经济史，指出大多数从不发达走向发达的国家都没有固守自身的比较优势，而是因为他们果断地选择了新的发展方向，确立了自己新的竞争优势才走向了国富民强。这些学者包括受英国和美国崛起的经济史启发的梅俊杰（2008），受美国崛起经济史启发的赫德森（2010）、贾根良（2008，2010），研究日本崛起经济史的高柏（2008）

以及受美国、韩国和芬兰崛起经济史启发的张夏准（2007）、秦升（2011）。因为选择与比较优势相符合的产业和技术结构，不外乎是大力发展劳动密集、技术含量低的产业，这会使中国陷入西方学者讲的"比较优势陷阱"。创新驱动的价值创造才是发展中国家经济赶超和保持竞争优势的唯一途径。所以，产业政策制定者最应当聚焦于创新，为其国家及其企业增强全球竞争力提供政策支持。

二、是否选择未来具有创新窗口的产业

经济史研究表明经济增长具有产业特定性，而且经济阶段性大体与主导产业的周期性相关。主导产业一经出现，就会在一定国家维持十几年乃至几十年的时间。

在主导产业形成初期，"创新窗口"较大，技术创新自由度大，容易导致创新浪潮，竞争也比较激烈，产品系统通过不断的"大浪淘沙"与升级换代，逐渐强化自身的优势。例如，日本在20世纪50~70年代的追赶就是利用了半导体产业的产品系统形成期的"机会窗口"，通过"反向工程"与"精益生产"等举措完成了"引进、消化、吸收再创新"的模仿创新，增强了本国创新能力，提高了本国的技术水平与竞争能力。

在产品系统成熟期，子模块之间的磨合完毕，接口规则渐趋稳定，模块化完成，系统整合者就不倾向于鼓励和支持各个环节进行模块层次的升级和创新。同时系统整合者通过各种契约，促使价值链基本形成。这个阶段，后发国家要想成为该产业的领先市场非常困难，即佩蕾丝所指的"成熟的产业没有赶超的机会"。例如在今天，以信息和通信技术（ICT）为标志的第五次技术革命业已完成，后发国家想创建ICT产业领先市场几乎是不可能的。同时雄踞当前领先市场的美国还欺骗性地告诉我们：任何产业都一视同仁，不存在主导产业部门，并以寻租问题和难以挑选优胜者等问题为由，认为不应该有产业创新政策（然而美国在农业、国家安全和研究与开发等领域还是制定了部门性的产业政策）。因此，在旧的产业里对其敲敲打打的所谓创新政策，是不可能产生创新的。

第六次技术革命未露端倪的情况下，主导产业的选择对于任何国家都是新课题，按照演化经济学"物种异地形成"理论以及历史经验，新的主导产业的技术与领先市场完全可能不是出现在引领了第六次技术革命的美国（《第三次工业革命》的作者杰里米·里夫金认为最有希望爆发"第三次工业革命"的是欧洲国家），前四次技术革命的历史研究表明，在主导产业的技术周期业已完成时，领先市场国家表现出来

的不是先发优势而是先发劣势。同时根据门施和格里尼齐的观点，技术周期业已完成时，萧条会激发长波中的激进创新。现在整个世界就站在了新旧主导产业转换的历史关口，各个国家努力搜寻新的主导产业并引导这些产业的自主创新才是创新政策的主要方向，或者说识别主导产业就是最大的创新政策。

三、政策是否具备新组合：由供给推动转向供需双向引导

一提及创新政策，人们马上就会联想到供给方创新政策，如财税支持、金融创新、人才培养、技术引进、专利保护、技术标准、科技交流等，尤其是研发（R&D）经费投入的绝对量以及其在GDP中的占比。就目前而言，很多发展中国家往往将这些数据的上升作为推动创新的主要标志，因此其创新政策更加关注追加研发投入，进行大规模的研发行为以及注重研发经费在GDP中的比例（如欧盟2005年《巴塞罗那宣言》中指出，到2010年，GDP的3%将用于研究开发）。其实，企业对R&D强度和经济增长速度之间没有必然的因果联系，如"北欧悖论"等。创新的成功还依赖于研究与发展之外的许多其他因素——外界关系、培训、集成设计、发展、企业内部的生产和市场职能、管理质量、环境等。过分依赖供给方创新政策的诟病不少。

首先，供给方创新政策未能使创新体系各当事方没有形成系统效应。从技术研发机构到工厂层次管理的技术，再到技术的首次商业化，最终成为其领先市场，这是极其漫长的系统过程。用大学生比例、论文和专利数量等指标来衡量创新，但是比照规范的创新概念，这些指标只能算是"中期"成果，离创新还很远。创新的各个环节如同，铁路警察各管一段，没有形成系统效应。即现有的创新体系未聚焦于创新，甚至离"创新点"还很远。造成创新资源极大的浪费。其次，供给方创新政策无法解决创新活动中市场失灵现象。供求信息常常被市场分工机制分割，导致市场供给与市场需求脱节，使消费发展不能与技术发展相适应，从而使技术进步和生产发展走偏方向。在供给方创新政策中这种情况尤其严重。一方面，技术创新人员可以只在实验室环境中，根据技术路径"创造"新供给、新产品，而不必顾及市场需求，事实上，科研人员确实无法完全清楚未来的用户需求。这样，由于新创的"新产品"不能构成现实的市场，反过来会阻碍技术创新和生产发展。另一方面，需求者可能可以模糊定义出新产品，但是未必能够得到市场的广泛应用，同时由于不可能熟悉新技术，未来的新产品应用的技术就不可能清楚地知道。这就涉及如何将创新需要有效地转换成实际的市场需

求,即如何将技术需求清晰地传递给技术开发者。但是"各管一段式"的供给方创新政策无法链接技术创新和需求创新。

历史教训表明,"创新悖论"的原因在于过度重视供给方创新政策。人们在比较苏联和日本的创新时发现了一个现象:苏联的R&D比日本要多,但是创新却比日本要少,同样在对北欧(尤其是瑞典)创新不足的研究中也总结了"北欧悖论"。一时间学界也没法给出合理的解释,笔者研究认为,其根本原因就在于苏联和北欧国家过度重视供给方创新政策。供给方创新政策将与创新有关的活动分割为多个封闭的体系,而技术从研发机构到工厂层次管理的技术,再到技术的首次商业化,最终成为其领先市场,是系统化和极其漫长的过程。反之,美日的创新体系效果更佳,原因就在于它们更加注重需求方创新政策。

当前的创新政策及其研究过分强调供给方创新政策,而需求方创新政策研究几乎被忽略了。需求方创新政策被误认为是"已经被用来为自由放任的技术政策而辩护"。在领先市场部署中,有最重要的战略工具——内需导向,即波特所谓的"产业冲刺的动力"。Georghiou(2007)分析了促进创新的内需条件涉及市场的"量"和"质"两个方面,其中本章认为"质"的方面市场无法提供。苏联与瑞典创新不足的根本原因就在于过渡重视供给方创新政策。因为技术从专门的研发机构到工厂层次管理的技术再转移到市场是一个复杂的过程。而美国的国防工业、日韩的微电子工业、德国的环保产业处于世界领先水平,都是与公共采购密切相关的。因此政府采购撬动创新活动的杠杆就是创新导向的采购需求。有学者指出需求是创新活动的重要潜在源头,它在许多工业部门中所发挥的作用比政府提供的相当水平的研发经费支持更加重要。需求方创新政策作为创新的"接生婆",通过诱导创新或加速创新扩散来建设领先市场,形成国家竞争力。在产品生命周期早期创新政策最具有影响力,即如果需求方创新政策能够在一个创新产业早期提供一个稳定的、因而可以做出清晰预期的市场,企业就能够大大降低创新过程中技术与市场的不确定性。由于需求方创新政策通过"市场化"手段刺激创新,在现有的创新评价体系中无法显现。

因此,首先,由于供给方创新政策尤其是对科研院所的研发投入,在专利出现以后企业对其认识不足,市场化的"瓶颈"非常明显,为此政府通过政府采购等形式购买专利,然后进入技术转让市场向社会低价转让,使创新扩散的速度加快,这对于解决技术创新产品的技术不确定性具有不可估量的作用。其次,在创新产品生命周期的早期,企业是最困难的,为此政府采购通过"首台套采购"充当领先用户,教育消费者扩大市场需求;同时,在政府采购中要向多家进行采购，造成国内竞争局面，而不能一味地"挑选优胜者"，因为只有一家供应商的情况下，公共采购对于创新的刺激作用不大。我国《国家中长期科学和技术发展规划纲要（2006~2020年)》提出"实施促进自主创新的政府采购并对混合动力汽车自主创新产品等产品实行一定的税收优惠"，就是一个可喜的转变。

吴家喜等在《基于领先市场的国家创新政策》一文中也指出，供给导向创新政策（本书所指的供给方创新政策）不利于本国产业在全球形成领先优势，"因此，无论一个国家当前的市场角色是领先市场、后进市场还是异质市场，都应该采用领先市场需求导向的创新政策"①。图3-1是根据吴家喜等人的文章略作修改，即路径B是正确的领先市场政策路径，而如果以往的创新政策路径是路径A的话，需要调整为路径C。

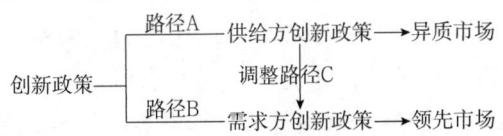

图3-1　创新政策调整方式

总体而言，不同经济效果作用的场合和作用结果是不同的（见表3-1）。鉴于需求方创新政策在领先市场建设方面的重要作用，本书将在后文赘述。

表3-1　经济政策作用场合与作用结果

政策	作用场合	作用结果
宏观经济政策	宏观经济	经济总量
供给方创新政策	技术创新	异质市场
需求方创新政策	领先市场	领先市场

---

① 吴家喜. 基于领先市场的国家创新政策 [J]. 中国科技论坛，2009 (5)：30-34.

第四章

英国的领先市场：衣被天下却为衣被所辱

整个一部世界近代史就是英国兴衰的历史，甚至是英国产业兴衰和领先市场得而复失的历史。18 世纪的领先市场肇始于棉纺织业，而棉纺织业不是英国具有比较优势的产业，恰当地说是英国具有比较劣势产业，是什么力量使英国在这样的产业上成就"日不落帝国"？学界对英国这段历史的研究就像是"榨了三次汁的橘子"，著作和观点可谓是汗牛充栋。但是为何几十年以后又匆匆丢失了新的主导产业的领先市场？学界对这段历史文献不多。总之，英国"衣被天下却为衣被所辱"就是承袭了毛纺织，可谓是"成也纺织业，败也纺织业"。

第一节 老问题与新意蕴：英国领先市场起点的再探讨

争论正是社会科学的生命力之所在。历史学家深耕平整后的土壤恰恰是今天研究者的起点。与工业革命有关的问题在史学界一直争论不断，尚无定论，不仅如此，新的问题层出不穷。阿什顿教授指出："死水必有毒，历史是没有最后结论的"。关于 18 世纪六七十年代英国工业革命，学界提出了以下问题：当时英国是否存在工业革命？为什么是英国，而不是中国，或是法国、荷兰等？为什么恰好在 18 世纪出现工业革命？为什么出现在棉纺织业？我们再讨论这些问题是因为这些问题涉及一些重大而又共性的问题，即事关英国的崛起的起点尤其是英国进行领先市场建设的起点问题，也涉及经济学的流派的问题。这就是本书所指的老问题、新意蕴。

一般认为，英国大约在 1780~1860 年占据了纺织业的领先市场，但是学界对于工业革命的有无还有争议。大多数人认为的"工业革命"是汤因比在其遗著《工业革命演讲集》中创造出来的。芒图则在恩格斯《英国工人阶级的状况》

中找到"工业革命"最早使用的证据。阿什顿教授则将该词汇的最早使用前推到18世纪的一位法国作者。总之,英国在1870年前后发生了产业革命似乎今天得到了普遍认同,如彼尔德认为"突然,就像晴天霹雳一般,英国引起了一场工业革命的风暴。"①

反对的声音也不少。如布罗代尔就在事实上否定了那时在英国发生了工业革命,② 因为当时的工业革命是典型的慢速运动,几乎不被人注意。其他也不乏从经济指标和生物指标提出的质疑,如 Feinstein 和 Crafts 以及 Deane 和 Cole。他们认为,英国在工业革命时期,这两个指标都没有明显提高,以至于同时代的亚当·斯密、大卫·李嘉图和马尔萨斯等工业革命时期英国著名经济学家都对此无动于衷。让人不解的是,直到19世纪前半期,英国人根本还无人使用"工业革命"这个词。

本书基于演化经济学的观点和方法,认同经济增长与发展是渐进演化、缓慢累积的过程,1780年前后所谓的工业革命是此前几个世纪(至少是始于1485年)以来政策和产业积累发展的结果,工业革命只不过是对几代前人种树的"摘果"行为而已,当然也是非常重要的一环。这种变化不是突然发生的,而是经过前工业时代发展累积的产物。如历史学家希顿认为"将这样一个准备了几百年、延续这么长的历史现象用工业革命来界定不大合适"。③ 这也在事实上完全否认了工业革命。这样,关于工业革命的争论事实上就上升到了经济学方法论之争的层面,应验了演化经济学中"演化"的字眼,而否定了主流经济学的静态分析。

第一次工业革命为什么出现英国?与英国为什么在当时占据领先市场是同一问题的两个方面。出于不同的目的,人们最关注的争论还有为什么工业革命首先会发生在18世纪的英国?因为早在14~15世纪的时候,人们怎么样也不会想到英国会成为首先爆发工业革命。在经济史学界,工业革命首先应该发生哪里是一个历久弥新的话题。工业革命为什么不首先发生在荷兰而是英国?在当时,荷兰被认为是世界最发达的经济体,至少是欧洲最发达,而且英国工业革命前的很多制度都源自荷兰。从区位角度来看,英国远离欧洲大陆,先进技术与理念传到英国会有很大的时滞。那么,为什么工业革命不首先发生在法国?法国的民族国家

---

① C. Beard. The Industrial Revolution [M]. London: G. Allen & Unwin, 1901: 23.
② 布罗代尔. 15至18世纪的物质文明、经济和资本主义(第三卷)[M]. 北京:三联书店,1996: 623.
③ E. A. Wrigley. Poverty, Progress and Population [M]. Cambridge: Cambridge University Press, 2004: 46.

制度形成较早，一直梦想成为世界中心，有更好的条件发生工业革命。在往前看，文艺复兴时代的意大利，一度是欧洲文化最灿烂、经济最发达的地方。为什么惊雷总在无声处，在英国中北部的曼彻斯特、兰开夏等相对落后的地区首先发生工业革命继而席卷全世界？

国外学者对为什么英国首先发生工业革命的研究成果非常丰富，大体来讲，根据研究领域及观点的不同，大致可以分为四个流派：社会变革学派、工业组织学派、宏观经济学派、技术学派[1]。

社会变革学派反对只把精力放在经济方面，认为不能以偏概全，因为工业革命不仅是经济交易方式革命，还是一场改变人类生活方式的变革。例如，Perkin甚至用财富和社会地位之间的关系来判断一个社会是否有利于发生工业革命。为此，他们的定义是："包括政治，经济一切在内的社会—文化上的全面巨大变革，这是推动历史前进的力量。"[2] 自由主义者希望论证工业革命是自由制度的结果，如诺思与温格斯特认为《人权法案》推进了英国现代国家许多经济制度，尤其是自由贸易制度。而英国实施自由贸易是在工业革命之后的1860年前后才出现的。而在1780年前后，大批非常严格的保护主义条例还在发挥重要作用，航海条例、羊毛条例、制帽条例、制铁条例、东印度公司的贸易垄断、谷物条例……本书认为这些理论对工业革命发生的原因不能给出令人信服的理由，因为这些社会和制度的变迁恰恰是工业革命结果而不是原因。尤其不能说明的是，在18世纪，荷兰具有最为先进的制度但却为什么没有发生工业革命。

工业组织学派强调微观的工厂结构与规模的变化。道格拉斯·诺思的逻辑起点是斯密"分工受市场规模的限制"的理论，认为产业革命始于市场规模的扩大……进而推进了组织变化，从家庭手工业的纵向一体化走向生产专业化。在工业组织学派那里，工业组织的变化被当成一切变化的根源。

宏观经济学派运用GDP、总投资率、资本形成率以及劳动力等经济的宏观指标来说明工业革命的起源。罗斯托认为，起飞三个条件之一是生产性投资率提高，如由占国民收入5%以下增加到10%以上。[3] 刘易斯的研究对投资率情有独钟，认为投资率由5%以下上升到12%以上的阶段就是工业革命时期。[4]

技术学派认为，连续性的技术变化才是工业革命的实质。如兰德斯用解除束

---

[1] Joel Mokyr. The Economics of the Industrial Revolution [M]. London：George Allen & Unwin，1985：3-4.
[2] 奇波拉. 欧洲经济史（第一卷）[M]. 商务印书馆，1988.
[3] 罗斯托. 经济增长的阶段 [M]. 中国科学出版社，2001.
[4] 刘易斯. 经济增长理论 [M]. 商务印书馆，1996.

缚的普罗米修斯来形象刻画工业革命中技术变化的三个方面:"机械替代了人;无机能源取代人力和畜力;原材料的获取和加工技术得到改进,尤其是冶金和化工工业。"① 英国工业革命的发生与积累了大量的生产技术知识相关,技术突破引发社会的根本变革。但卡洛斯-威尔逊指出,如果从这一原理出发,英国的工业革命应该最早出现在 12 世纪,因为当时英国的纺织品出口取代了羊毛出口。布罗代尔根据技术变迁的性质,提出批判性意见:技术本质上保守的、变化缓慢的活动。彭慕兰指出 18 世纪中国江南的纺织业也很发达,甚至李约瑟还探讨了中国宋朝(西欧的中世纪)的技术已经达到顶峰,却没有发生工业革命。从技术角度,有人认为,18 世纪 70 年代前后印度或中东也应该发生工业革命。

在资源学派那里,能源利用方式和种类的变化是工业革命的核心。剑桥大学人口研究小组强调,英国工业革命的原因在于英国在"有机经济和无机经济方面的优势"。② Allen(2006)更加强调丰富和廉价的煤炭对工业革命的作用,认为这是英国工业革命唯一的原因。③ 但是,能源等资源的作用不能被过高地估计。瑞士、法国有比英国更加丰富的矿藏,似乎更有理由推进本国的工业化进程。至于英国的棉纺织业,其原料则是完全依赖于原材料的进口。有学者批判了这种资源决定论观点,认为资源学派将结果当作原因。

需求学派认为,消费是一切生产的目的。Hartwell 认为,英国在 18 世纪 80 年代"现实和潜在需求不断增加……工业革命开始了",据此认为转折点是 18 世纪 80 年代。18 世纪中期开始,在外贸方面,由于大西洋贸易和殖民地的扩展,英国国内需求和海外需求同时增长,英国对外贸易由羊毛出口和转口贸易转向了工业品出口。数据表明,英国 1780 年出口的工业品是 1770 年的 8 倍。但是若将工业革命归因于市场的发展,工业革命应该发生在中国,而不是英国。

应该说,六个学派都从不同侧面考察工业革命的起因,有种盲人摸象的感觉,谁也无法说服谁。不同学科领域的学者只根据自己关注的问题来说明工业革命的原因,试图探究一种决定性的因素来说明英国工业革命的起因是不可能的,

---

① 参见 David S. Landes 的文章 "The Unbound Prometheus: Technological Change and Industrial Development in Western Europe From1750 to Present"。马赛厄斯持有相同的观点,参见 P. Mathias. Tile Translbrmation of England: Essays in the Economic and Social History of England in the Eighteenth Century [M]. New York: Colombia University Press, 1979.

② 拉斯列特. 工业化之前和工业化时期的英国人口与社会结构 [M] // 王觉非. 英国政治经济和现代化. 南京:南京大学出版社, 1989.

③ Robert C Allen. The British Industrial Revolution in Global Perspective: How Commerce Created the Industrial Revolution and Modem Economic Crowth [EB/OL]. http://www.nber.org-confer/2006/SECs06/allen.pdf.

因为英国没有明显的、突出的、独一无二的单一优势，我们并没有找到任何能够对工业革命的发生起到决定作用的因素。有的学者将英国工业革命的原因拓展为体系，这倒是可以探究的。事实上，上述研究的最大缺陷在于忽视了"人为"因素，经济发展是人造优势的结果，尤其是政策的作用。政府认识到了棉纺织业的主导产业地位。

现在主流的观点认为，是亚当·斯密的自由主义经济学催生了英国的工业革命。事实上，亚当·斯密去世前的1790年，工业革命如火如荼（1780年棉纺织行业已经开始了工业革命），而亚当·斯密在《国富论》全部的版本中都没有提及工业革命，也从未谈及工业革命的革命性结果（金德尔伯格，2003；罗斯托，1988；诺思，1994），因而斯密对同时代决策者的影响相当有限，有人指出在上院，直到1793年才有人提到《国富论》。

根本原因是当时亚当·斯密的自由贸易思想对于英国过于超前了。而到了19世纪中期，英国通过工业革命，已经是"世界工厂"了。当时英国认为要使"日不落帝国"更为强大就需要进行自由贸易，而在自由贸易为各国所抵制的情况下，首先要做的就是进行一场"造神运动"，为自由贸易政策保驾护航。于是其把几十年前的《国富论》抬了出来，一方面抹杀他人的思想贡献，另一方面对与现有理论有任何偏离思想党同伐异（梅俊杰，2008）。可见，是英国强大后，才把亚当·斯密造就成了自由贸易的尊神。对此，卡尔·波兰尼深刻地指出："没有自然而生的自由放任，也从来就没有自然而生的自由市场……自由放任不是一种完成事情的方法，而是一件需要被完成的事情。"

事实上，自由贸易在英国的实现仍是一个漫长而痛苦的过程。埃里克·霍博斯鲍姆说道："英国（工业）革命之前，至少有两百年相当持续的经济发展，为其奠定了基础。"霍博斯鲍姆所指的这"一两百年相当持续的经济发展"的起点应该就是都铎王朝建立时期，这也是我们观察到的英国创新国家建设的起点。英国自从"臭名昭著"的模仿——都铎计划开始，采取了贸易限制、航海法案、殖民地体系、扶植民族工业等一系列的重商主义政策使英国逐渐走向强大。

这一问题的实质是探讨英国工业霸权的产生与衰落问题。主流经济学基于静态规模论认为英国的崛起是在1780年前后，而衰落是在100年后的张伯伦关税改革。因为1780年英国经济数据开始好看，而张伯伦改革时，维多利亚繁荣时期已过。其目的在于为自由贸易的好处寻找历史证据。因为1776年亚当·斯密的《国富论》出版，差不多同一时期，英国工业革命开始，所以英国工业革命是亚当·斯密的功劳，而张伯伦关税改革"带来"了英国衰落，其义自见。本书认为，英国的崛起始于都铎王朝时期的 1485 年（尤其是伊丽莎白一世时期），英国利用重商主义政策进行产业结构调整、技术引进与模仿创新，再使产业进一步升级。① 1780 年前后英国确实出现了产业革命，但是这是 200 多年铺垫的结果。而英国在钢铁、有机化学和电力等产业的领先市场丢失恰恰是在 1848 年前后，标志性的事件就是其一系列的自由贸易的政策。自由贸易的政策使英国出现了维多利亚繁荣，但这仅仅是经济数据在上升，国势却在下降，有被美国和德国等赶超的危险，正是基于这一理由，张伯伦才提出关税改革。不过为时已晚，因为下一轮的主导产业（钢铁、有机化学工业和电力工业）的领先市场业已形成。之后的第一次世界大战也是新兴帝国主义针对老帝国主义英国而发动的。

第二节 英国纺织业领先市场的演进

英国在纺织业领先市场建设的经验和在第二次工业革命领先市场丧失的教训都是极为深刻的。

在对英国历史的研究中，我们不得不佩服英国人的学习能力。英国首先探究了西班牙和葡萄牙在暴富之后跌入贫困的原因，认为新大陆的发现使它们发了财，但由于浪费过度、任意奢侈享乐，没有确定正确的国家政策。其次探讨了荷兰富强的原因。17 世纪、18 世纪的重商主义者几乎都会提到荷兰，大多把荷兰当作效仿的对象。学习荷兰也成了英国当时的一门显学。从威廉·配第的《政治算术》到蔡尔德的《贸易新论》，都详细分析了荷兰富裕的原因，蔡尔德的书甚至列出了多达 15 条的具体原因。蔡尔德描述："荷兰人巨大的经济增长受到的同时代人的嫉妒，并且可能是永远的奇迹。"可见，当时英国人的确言必称荷兰、见强而思齐，"有意无意地模仿着荷兰人的成功"（梅俊杰，2008）。

直到"黑暗"的中世纪，整个世界经济都是以农为本的封建经济。到 16 世纪前后，开始向商业和航海业空前繁荣的重商经济转化，从而开辟了走世界市场和资本主义经济的道路。这一历史转折，发端于英国和尼德兰。而英国最早进行宗教与哲学格式塔的转换，因而把英国推向现代资本主义。

在 16 世纪以前，英国经济落后，是不折不扣的"农业国"，羊毛和粮食是经

---

① 伊曼纽尔·沃勒斯坦. 现代世界体系（第一卷）[M]. 北京：高等教育出版社，1998.

济支柱。例如，英国毛纺业在 3 世纪罗马帝国统治不列颠时就已经开始发展。但直到 11 世纪英国养羊只是肉食之需，12 世纪以后，养羊的主要目的则是生产羊毛提供国内外市场，科茨沃尔德逐渐成为国内羊毛中心，是羊毛出口商、代理商、中间商的汇集地。特别是佛兰德毛织业的兴起，羊毛需求大增。而佛兰德地区由于地势低洼、气候潮湿，不适宜牧羊，羊毛主要依赖进口，隔海相望的英国就成为其供应地，英国人对此十分自豪，而且戏称佛兰德是英格兰的织呢工匠。意大利北部城市的呢绒生产所需要的羊毛也部分来自英国。13 世纪、14 世纪英国羊毛几乎处于垄断地位。1357~1360 年，英国羊毛年平均出口量增至 3584 袋，国家税收也主要来自羊毛，仅 1348 年羊毛关税收入就达到 60000 镑。英国养羊业在欧洲明显居于领先地位，14 世纪估计有 450 万~800 万只，而西班牙在 16 世纪只有 300 万只（金志霖，1996）。

羊毛（而非羊毛制品）是英国的比较优势，英国在追赶阶段没有躺在稍纵即逝的比较优势上睡大觉，而是借助外部技术的引进，争取跨越性发展，努力打造以纺织业为主导产业的领先市场。是什么力量使出口羊毛、进口羊毛制品的国家乾坤倒转的？

当荷兰人的国际贸易从 1700 年前后大幅下降以后，英国就取代荷兰，海外贸易飞速增长。随着贸易增长而来的，是贸易构成和贸易方向的变化。英国最初出口的是羊毛，之后是羊毛纺织品。在羊毛纺织品的出口中，起初是"老式纺织品"，然后是"新式纺织品"。"老式纺织品"大部分属于绒面呢和克尔赛手织粗呢——一种销往德国和东欧的羊毛制罗纹粗布；"新式纺织品"包括桂冠、细哔叽、纬起绒织物，重量较轻，30 年战争结束后初期主要在南欧和黎凡特地区销售。布罗代尔引述一份威尼斯人的文件说，早在 1541 年，英国的克尔赛手织粗呢就已构成世纪贸易最重要的基础之一（布罗代尔，1997）。

社会经济史学家乔治·屈勒威廉 1946 年在《英国社会史》中谈到毛纺业在英国的兴起时指出："都铎时代是一个分水岭。"之后，英国毛纺织业的蓬勃兴起得益于以下有利条件：①技术革新步子快，尤其是水力、动力成为呢绒生产迅速发展的决定性因素；②英国政府出于增加财政收入的需要，鼓励、扶持和保护对呢绒产品在市场竞争中获胜起关键作用（对尼德兰进行关税保护①）；③农业

---

① 英国政府对工业生产的保护主义思想最早反映在 1285 年颁布的"牛津条例"，"英国所生产的羊毛必须在国内加工生产，不准卖给外国人；人人都必须穿用本国织造的呢绒"。14 世纪、15 世纪的 1332 年、1337 年、1376 年、1377 年、1464 年、1467 年多次重申上述规定，其中羊毛出口禁令一再被打破，但是限制甚至禁止外国呢绒进口的法令执行得非常严格。

生产的发展和以"圈地"为主要内容的农业变革,是英国中世纪毛纺织业稳步发展的基本保证。英国经济史学家理查·陶内1912年在《16世纪农业问题》中指出:"16世纪的农业变革使生活向商业化迈进了一大步。"

毛纺织业首先在城市产生,英国的毛料最初是廉价的威尼斯毛料的仿制品,偶尔在外面包捆上高级意大利毛料,就像英国肥皂被印上热那亚和威尼斯两个共和国总督的肖像一样。但是公会时期[①]仍然保留了手工业行会时期的一系列阻碍生产者与生产资料分离及单个作坊扩大生产规模的限制性条款(金德尔伯格,2003)[②],这破坏了集中的手工工场兴起的可能性,所以它们在那些行会组织尚存的城市大多举步维艰,而只能到行会特权鞭长莫及的郊区、农村或新兴的城镇中去寻找立足之地;另外,资本主义生产关系的萌芽又强迫行会进行自我调整,否则其就将被逐出历史舞台。所以,王乃耀认为毛纺织业在城市和农村几乎同时出现(王乃耀,1997)。政策方面,亨利七世(1485~1509年在位)为了禁止羊毛和半制成品的呢绒出口,多次制定法令,并签订大通商条约,恢复与尼德兰贸易往来,将英国廉价呢绒等制成品销往尼德兰,打败了作为竞争对手的尼德兰,相反却大大促进了英国呢绒业的发展,以伦敦—安特卫普为中心的对外贸易得以扩大。为此,亨利七世也获得了"商人国王"的殊荣。之后,亨利七世的继任者对这一政策屡试不爽。到16世纪末,呢绒业成了遍及英国城乡的"全国性"的主导行业,从事呢绒业的人口占当时全国人口的一半(200万人)。到17世纪上半期,英国出口呢绒占全国出口价值总额的90%。英国呢绒不仅销往欧洲大陆,而且远销到俄罗斯、亚洲和非洲。在15世纪的一次议会上,呢绒织造被誉为"这个国家最伟大的职业",它维系着普通穷人的生计,呢绒织造还被认为是民族财富的主要来源。

16世纪后期地理学家理查·哈克路特(1552~1616)指出,英国的呢绒造就的就业大幅增加,财富也滚滚而来。因而马克思、沃勒斯坦和约翰·克拉潘认为英国资本主义时代是从16世纪开始的。17世纪,威尼斯衰落的最重要原因是英国在毛料方面的竞争以及荷兰、英国在航运方面的竞争(金德尔伯格,2003)。

---

① 英国行会经过三个时期:商人行会(12世纪下半期至13世纪上半期)、工业行会(13世纪下半期至14世纪)、公会(15世纪)。

② 金德尔伯格在《世界经济霸权:1500-1990》一书(商务印书馆2003年版第39页)指出,在工业发展早期行会是一种进步的力量,因为它们鼓励对学徒和满师学徒工的教育及质量控制。但是它们逐渐变得具有垄断性和保守性,限制新成员加入和反对变革,尤其反对降低质量。因为降低质量虽能降低成本,却会使它们的技艺贬值。所以,工业革命的持续变革发生在行会管理的领域之外。

这足以看到17世纪英国的毛纺织业已经比较发达了。

在英国发展毛料过程中，起初，英国毛料质量有进一步的提高，却没有盲目地模仿威尼斯的标准，而是略低于威尼斯的标准，但价格比较低廉，适合范围更广泛的消费者，尤其是土耳其人越来越偏爱英国的产品。然而，威尼斯的行会和威尼斯市政委员会坚决主张保持威尼斯的标准，他们仍然自信地认为，威尼斯的标准会普遍欢迎。尽管威尼斯非常认真地努力保守波伦亚人的工艺秘密，实行严格的监管，并对违反者处以死刑，但托马斯·洛姆比爵士还是偷窃了仿制波伦亚（而非威尼斯人）模式的缫丝厂的图纸，并于1717年在英国建造了一家缫丝厂。同时也有一些威尼斯技术工匠带着工业秘密迁移到英国建厂生产。

为了对抗欧洲大陆麻织业强国，英国宁愿扶持自己附属国的相关产业，用迂回手段实现目标。它于1697年、1703年免除了爱尔兰麻制品的进口税，1705年又废除了爱尔兰的出口税；在1707年与苏格兰合并后则撤除了与之原有的一切关税，还于1727年成立专门机构鼓励苏格兰种植亚麻植物并培训麻织工。故此爱尔兰和苏格兰的亚麻制品填补了由保护主义立法所造成的主要空缺。爱尔兰亚麻出口在1718~1722和1734~1738年之间增加了一倍，苏格兰亚麻制品的销售很可能也以可比的速度增加着。1742年，英国也同时对从英格兰出口的苏格兰和爱尔兰麻织品提供奖励性补贴，并于1745年加大了补贴力度。通过多元催化，爱尔兰和苏格兰的麻织业在1720~1770年的半个世纪中简直突飞猛进。当然，扶植附属国麻织业决非无偿援助，它是与禁止爱尔兰向英格兰出口羊毛呢绒、压服苏格兰与英格兰合并等目标相挂钩的。所以，毫不奇怪，1707年后，自由贸易让边境以北（附属国）的毛纺织业大受损害。精明的强者就这样凭借连环计成功达到了多重目的，既消除了附属国竞争性的毛纺织业，又扩大了自己强势的毛纺织业的发展空间，还削弱了其他主要对手的麻织业。例如，到18世纪中叶，来自大陆的麻织品进口数量急剧下跌，并已被苏格兰和爱尔兰的供应超过颇多，再"到1774年，英国及其殖民地所消费的大多数麻织品来自不列颠岛屿内部，从德国和荷兰的进口则已被砍去一半"（梅俊杰，2008）。

当然，最能体现英国第一次工业革命的产业是棉纺织业，它走在各行各业发展的最前列。1792~1850年棉纺织厂的生产率平均提高近13倍，这得益于技术和现代工厂管理……1830年英国的出口中一半是棉布。曼彻斯特在不到100年的时间里，由一个默默无闻的小城变成欧洲最重要的商业中心之一，并获得了"棉城"称号（麦克劳，2006）。英国纺织业成为了具有潜在市场又有核心竞争力的领先市场。

在棉纺织业方面，英国取代西班牙对印度殖民起了关键作用。首先，英国铲除了莫卧尔宫廷后，新统治者们身着欧洲的服装和鞋，享受着进口啤酒、葡萄酒和烈性酒，使用欧洲的武器。他们的这些嗜好被作为其职员和代理人的印度新"中产阶级"的男性成员所模仿。这极大地削弱了印度平纹细布、珠宝、华丽服装和鞋、装饰佩剑和武器的制造业。其次，1700年，英国国会竟然颁布法令，禁止销售印度的棉布。最后，英国人利用宗主国地位，对英国与印度之间的贸易无理地强加不对称关税。英国向从印度进口的棉织品，征收的关税高达70%~80%，却强迫印度政府象征性地征收从英国进口的棉丝织品的关税（3.5%）。结果是，印度进口英国棉织品从不足100万码增加到5300多万码，只用了30年的时间。这至少说明通过这种显失公平的不对称关税，英国与印度棉纺织业的发展态势完全颠倒过来了。英国历史学家马丁一语中的，"英国制造品取代印度本地产品的事实，常被引用来说明英国技艺成就的辉煌例证，其实，这是英国的暴政以及英国为了自己的私利将可恨的关税制度强加于印度，把印度弄得贫困不堪的有力的例证"（斯塔夫里亚诺斯，1995）。在这里，是军事实力而不是贸易自由起了关键作用。

结果可想而知，拿破仑战争之后，英国大量"有竞争力"的廉价纺织品冲垮了印度家庭纺出的棉纺织品。安格斯·麦迪森描述了印度纺织业的惨状："在19世纪90年代，印度开始受到日本纺织业的竞争。到1898年日本不再从印度进口粗纱。之后不久，日本在中国开办的工厂开始减少印度进口产品的份额。到20世纪30年代末，印度棉纱在中国和日本消失了，它的布匹出口也下降了，并且转而从中国和日本进口棉纱和布匹"（安格斯·麦迪森，2003）。

在政策过程方面，由禁止出口原材料逐渐过渡到同时禁止进口制成品。英国发展毛纺织业的逻辑起点就是限制羊毛原料的自由出口。早在1275年，羊毛出口税在英国开征。与此同时，英国政府为了发展本国的呢绒加工业，并提升出口品的附加值，开始禁止半成品的出口，如果出口完全未加工产品，要受到很重的刑罚。1258年的"牛津条例"规定，英国的羊毛禁止出口；英国人必须穿戴英国生产的毛织品，就连下葬的死人也一样，否则要受刑罚。在其后的200多年内反复重申这些禁令。如政府"从1487年开始，下令禁止没有加工的呢绒半成品出口。1512年、1514年和1536年又多次重申这项法令。法令明文规定，运出未加工的呢绒，低价出卖，属于犯法行为"。据说直到18世纪"依然有效"，当时的英国"海关指南手册援引此令，禁止布匹进口"。

这是一个包括下列阶段的普遍过程：首先，从禁止出口原材料转向禁止出口半制成品，提高半制成品等级；其次，发展漂洗、整理、染色；再次，从尼德兰的莱登接过最后的工序，进行最后加工；最后，直接销售制成品。英国的贸易结构逐渐转变，由出口原材料转向进口原材料，由进口制成品转向出口制成品。贸易结构反映的是产业结构和经济质量，所以这一转变是具有革命性的。

这些带有明显的重商主义色彩的政策始于都铎王朝[①]，人称"都铎计划"。这一计划开始意识到制造业的重大经济作用。它不仅给意大利北部（尤其是对佛罗伦萨）的制造业带来严重后果的（赖纳特和贾根良，2007），而且为英国奠定了现代产业、贸易和技术政策的基础，同时这种剧烈的政策转变对整个欧洲的经济都有广泛影响。英国重商主义者提出的大力发展工商业的主张得到了统治者首肯。他们意识到：要使国家富强就是要迅速发展工商业，为此，都铎王朝的历代君主都实行重商主义政策。其本质就是要将所有工业都拽在英国人手上，以求得生产力的提高。这使英国这个孤悬一隅的小岛，孕育了超凡的能量，成为跨越两个世纪世界发展的领头羊。

在思想史方面，早期英国重商主义者司塔福特反对输出英国羊毛和输入外国羊毛制品，他认为，从外国输入制成品，尤其是输入本国能够生产的商品，是有害的。德国经济学家弗里德里希·李斯特（Friedrich List）已经很好地观察到了英国战略的这一核心，他指出："几个世纪以来，'购买原材料，售出制成品'的原则一直就是对全部理论的替代"。制造业被认为能够带来竞争力的提高，而原材料则相反。进口原材料，出口制成品被认为是"好的"贸易，而"出口原材料，进口制成品"则被认为是"糟糕透顶"的贸易。冯·霍尼克在《奥地利富强论》中也有类似的论证。赖纳特根据查尔斯·金（Charles King）1721年的三卷本著作《英国商人或受保护的商业》对那些可以提高国家竞争力的"好的"和"坏的"贸易列出了详尽的条目，认为"好的"和"坏的"贸易理论在18世纪很可能就已经发展成熟了（赖纳特和贾根良，2007）。

"进口原材料，出口制成品"战略对于英国经济发展具有多重意义，一方面提高了本国的技术，建立了英国的工业体系，促进了制造业发展，并最终促进经济发展和对霸权的赶超；另一方面打击了竞争对手已经发展起来的制造业。这一战略的本质是人为地为本国制造业创造市场，还"为"他国原材料提供市场，创造了本国的制造业优势和他国原材料的"比较优势"。英国甚至为促进英国的重大利益而积极地扑灭外国的制造业的发展。例如，之前毛纺织业最为发达的低

[①] 都铎王朝（1485~1603年）随着伊丽莎白一世（1533~1603年）而落幕，黄金时代终结。

地国家，羊毛这一原材料严重依赖英国出口，同时英国也是其重要海外市场之一。英国通过禁止羊毛出口，使几个世纪以来一直以英国羊毛为供应地的欧洲不仅逐步与其主要的羊毛供应者失去联系，同时失去的还有英国及其殖民地等重要客户。禁止出口羊毛，使得依靠英国羊毛作为原材料的欧洲国家毛织业一落千丈。同时，英国对欧洲大陆出口毛织品，顺势将其将倾的大厦推了一把。不仅如此，为强化自身制造业的优势，英国还极力阻止殖民地和竞争对手制造业的发展。这一战略的突出案例有：逐出汉萨同盟、遏制爱尔兰兴盛的羊毛纺织业、摧毁印度具有世界领先优势的棉纺织工业、不允许北美殖民地建立任何制造业。利用这种拙劣的手段铲除外国的制造业，目的是使英国工业更具有竞争力。可以说，英国"进口原材料，出口制成品"本质上是重工主义，是一种进口替代战略，为英国建立旨在促进经济增长的创新型国家建设打下了坚实的基础。通过对毛纺业、棉纺业、铸铁等制造活动先后机械化，创新得以实现。

工业革命前，英国的纺织业就已经具备了领先市场的雏形。蒸汽技术使其更加如虎添翼，强化了其领先市场地位。这里有个小插曲：1773年瓦特的蒸汽机公司破产了，当时有朋友邀他去俄国，他因为六个小孩要照顾而没有去。历史如果可以假设的话，瓦特去了俄国，工业革命就可能出现在俄国了，领先市场就转移到了俄国了。他留下来后，使蒸汽技术与棉纺织业结合而发生了英国第一次工业革命。在今天看来，第一次工业革命是技术革命和工业革命结合的典范。即英国领先市场的形成不是以技术革命或者说技术领先为前提的，或者说技术一定要与产业相结合才会产生实际意义。俗话说："领先百步者死，领先半步者活。"这里引申出了另外一个问题：蒸汽技术只能与纺织业结合才会导致产业革命吗？这实际上涉及的是技术路线问题，那么这是历史的必然还是偶然？

第三节 纺织业领先市场的具体驱动力

究其原因，英国政府在大力支持和保护产业的发展中起了关键性作用。如英国政府制定大量政策吸引移民，引进国外技术来促进纺织业发展。还实行了目的在于保护本国纺织业发展的关税政策，使英国纺织业生产的原料来源和市场都获得充分的保障。英国政府对外商征收重税，而且限制原材料出口，鼓励制成品出口，以保护本国的生产，从而促进纺织业的发展。

一、技术人才引进重要作用

赖纳特认为在中世纪的城邦创新体系与英国国家体系之间的决定性差别是科学的作用和工业的作用（赖纳特和贾根良，2007）。但历史学家们对科学的作用仍是有争议的。关于这个问题我们还会在后面讨论。有学者认为在英国工业崛起的过程中，英国大学没有介入，苏格兰的大学也只参与了很少部分；实际上，各种正规教育对英国工业的成功都没有起太大的作用，因为18世纪以前，受历史和知识水平的限制，技术主要以"附体性"技术为主。英国工业革命中，创新的实现几乎都是建立在个人发明家和企业家的贡献之上的，他们受过很少的教育，对科学理论也缺乏认识和了解。"不列颠的工业动力来自非专业人员和那些白手起家的人，如工匠发明家、磨坊主和铁匠等"（张文杰，2010）。虽然在17世纪初，弗兰西斯·培根（Francis Bacon）已经提出了一种把科学、探索、发明和技术结合为一体的政策。18世纪的英国科学落后于其他欧洲国家，特别是落后于法国，但是不能就此说科学对工业革命的成功并不重要。原因在于当时科学与商业化之间的联系不是很紧密，因为其中还有科学的技术化、技术的商业化等环节，即科学有一个从"象牙塔"来到人间的过程，而技术与商业之间的联系就来得更加直接。

英国的纺织技术工人从何而来？主要是从欧洲引进。利用当时欧洲的宗教迫害以及欧洲战争。其中在欧洲受迫害严重的胡格诺派为英国新技术的产生和应用作出了巨大的努力。1600年以前，英国是一个从欧洲大陆进口技术的国家，它雇用了德国的矿工、荷兰专门从事排水装置设计的工程师、法国土木工程师等。从16世纪下半叶开始，为避免战乱，大量尼德兰移民以迅速扩大的规模涌入英国。

亨利二世死后，法国开始政权争夺，胡格诺派教徒被杀害，之后就是四十年的宗教战争。仅1572年8月23日夜（也叫圣巴塞洛缪之夜）就屠杀了3000多名教徒，这一数字10倍于英国4年宗教迫害的总人数！这使企业家和工匠从法国向英国迁移，从少量流入发展为大规模涌入，包括法国第厄普在内的几乎所有新教居民及鲁昂、利勒蓬的胡格诺教徒都逃往英国的瑞埃。1598年4月15日，法兰西国王亨利四世颁布"南特赦令"，赋予胡格诺派中的贵族以信仰和崇拜自由，若干城市也获得此项自由，代表了文艺复兴运动的真正开端。柯尔贝尔通过补贴和关税等工业政策刺激工业增长，将荷兰的船木工、瑞典的玻璃吹制工和佛兰德斯的饰边工人吸引到法国。但是，随着1685年《南特赦令》的废除，法国又开始了第二次宗教迫害，大肆搜捕新教徒，企图取缔新教。于是，大量的新教徒纷纷从法国逃到英国。虽然，他们迁移是由于宗教原因而非经济理由，但他们的涌入客观上为英国的技术进步起了很大作用。其他欧洲技术人员移居英国的也非常多。例如，1588年以前，移居英国的尼德兰人仅为2860人，1650年这个数据则剧增到10000人，之后还在增加；到1857年在诺里奇的弗兰德人有6000人；到1586年移居英国科尔切斯特的荷兰人有1293人。

他们的到来受到英国国王的特别保护。早在14世纪爱德华三世就给从佛德兰等地引进的呢绒工匠发放通行证，灵活安置移民或使其取得市民权；对外来新教移民实行信仰自由的原则；授予专利权，吸纳资本和技术移民；颁发许可证，准予和保护移民经营自己的行业。英王伊丽莎白一世还在多个市为国外移民颁发特许状。这在封建行会对手工业者身份限制非常严格的时期，是非常难得的。

这些技术移民对英国工业革命的贡献不容小觑。

首先，技术移民训练了一大批英国的产业工人。英国政府规定禁止外来移民保守技术秘密，同时需要培养和接纳英国徒弟，教给他们技术。例如，在南安普顿，枢密院批准20户各带10个男仆的移民家庭定居就业时规定，他们每户必须培养2个英国学徒，为期7年。这为英国积累人力资本起到了重要作用。它与日本"兰学"① 不同的是，兰学主要是要求荷兰人入境时带入两本技术书籍，这对经济的作用是间接的。如果说书籍是可编码知识的话，那么在15~16世纪，英国学徒学会的是默会知识，即直接学会了先进的技术。这对经济的促进作用显得更加直接，更加有效。

其次，技术移民带来了许多新工艺、新呢绒品种。如板斯呢、花毯、赛斯呢、挂毯、莫卡多斯呢、斯坦曼茨呢、卡塞斯呢和其他异国风格的产品，促进了英国毛纺织业的繁荣，而且增加了城市的岁入。

当然，英国对科学依然非常重视。由于英国在科学、文化和技术方面存在着非常幸运的协调一致（congruence），其能够明显地在很大范围的新工具、新机械、工程、运河、桥梁和水轮等方面的发明和设计上使用包括牛顿力学在内的科学。也即科学、技术、文化和企业家之间积极的交互作用在英国创新体系真正发挥了应有的作用。许多经济学家，特别是马歇尔指出了来自坐落在同一工业区中的同一工业的许多企业的外部经济，在这些工业区中，"工业的秘密就在其气氛

---

① 兰学（Rangaku，らんがく）指的是在江户时代，经荷兰人传入日本的学术、文化、技术的总称，字面意思为荷兰学术（Dutch learning）。兰学家为锁国体制下的日本孕育出了近代新风，兰学发展史是日本近代化前史的重要一页。

之中"(Foray, 1991, 转引自赖纳特和贾根良, 2007)。

在当时的英国,经济发展使一个发明与另一个发明之间产生了"联动"效应:一个发明成功了即会导致新的发明。例如,1709年,亚伯拉罕·达比发现了煤,同年就出现了纽卡门的蒸汽机;1733年,约翰·凯伊发明了飞梭,不到20年,哈格里夫斯就发明了珍妮纺纱机。珍妮纺纱机使纺织速度加快,促使飞梭运用市场增加,同时增加了对煤炭的需求,并促进了水泵、钢铁等行业的发展。这些企业网络就是国家技术创新体系的重要基础,并使发明大量出现(见图4-1)。

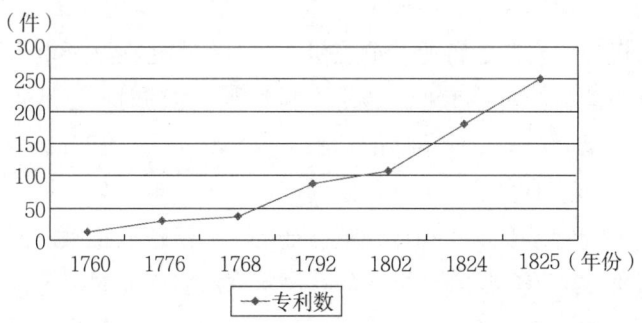

图4-1 1760~1825年英国的专利数增长情况

大约在17世纪、18世纪之交,技术流动开始向其他方面转变。发明和创新,将诺丁汉织袜机、纽卡门蒸汽机、科特钢铁搅炼工艺等包括在内。英国开始急切地制定措施,禁止机器出口和熟练工人移居国外,以保持对工业知识和技术的垄断(金德尔伯格,2003)。

二、英国纺织业的贸易和市场政策

1. 培育独立的、统一的国内市场

英国人认识到贸易尤其是远程贸易在当时具有非常重大的意义,为了达到"进口原材料,出口制成品"的目的,英国不遗余力地通过武力、航海法案和其他各种手段对贸易进行限制,并且取得了巨大的成效。这些措施的目的主要是建立统一的国内市场,如将汉萨同盟驱逐出去。

德国汉萨同盟曾经一度控制了英国的内外贸易。爱德华三世萌生了与汉萨同盟竞争的想法。他为了建立起英国自己的呢绒工业,直接从佛兰德招募纺织工人。伊丽莎白一世也认识到,汉萨同盟对于英国来说,既是老师也是敌人。这说明伊丽莎白一世要学习汉萨同盟,但是要在英国进行产业结构调整,建立自己的

统一的国内市场的话，汉萨同盟就是它的主要障碍，因为汉萨同盟海运力量同英格兰发生了直接竞争。于是，伊丽莎白一世于1598年1月13日，以汉萨同盟与英国的敌国西班牙进行贸易为由，下令逮捕了60艘汉萨商船。针对汉萨商人的反击，伊丽莎白一不做二不休，干脆没收了汉萨商人在英国的汉萨商船及其货物，关闭其在伦敦商站，并"极端鄙视汉萨同盟和它的一切行动"，至此，汉萨商人在英国300多年的特权已经全部被剥夺了，其与英国维系了300多年的贸易往来也彻底终结了。

2. 国内市场的延伸

英国在国际市场上不断扩张。先是以欧洲作为进口的主要来源和出口的主要市场，走向海洋贸易后，欧洲市场就让位于殖民地、独立后的美国和南非联邦等国家，以及半独立的自治领地，使它们成为食品和原材料的来源和制成品的市场（金德尔伯格，2003）。欧洲市场培育了英国的纺织业，殖民地市场则强化了这一产业。

殖民地的扩张对于英国市场扩大的意义比任何国家都要重大。英国把殖民地当作原料供应基地和制成品的销售市场，而不能相反。殖民地体系从属于英国的经济和政治需要：一方面，压制殖民地的工业（尤其是附加值高的制造业）发展，另一方面利用航海法案限制殖民地的贸易自由，禁止殖民地输出制成品。它以一种外在的方式把具有破坏性的经济发展模式植入当地的社会政治经济结构，以殖民地经济的畸形发展来增进英国经济结构的改变和国家财富增进。

三、纺织业的贸易政策

1661年斯图亚特王朝复辟后，表达了自己的宏图——"我们想要的不止是荷兰人现在所控制的贸易"（金德尔伯格，2003）。英国由于其岛国的地位，也意识到大海事务对于其实现宏伟蓝图的重要性——航海就是力量。英国政府使用了多种明智的政策来帮助其商人更具竞争力，其中最主要的就是《航海法》。通过1652~1654年、1665~1667年和1672~1674年三次英荷战争，英国迫使荷兰接受了克伦威尔于1651年颁布的《航海法》（*Navigation Acts*）。

《航海法》最重要的内容有两项：一是所有输入英国的货物只能由英国的或者货源地的船只运输；所有船只应从货源地直接运输，而不得经停中间港口；英国近海国内运输完全由英国船只承担；与北美和东西印度殖民地的贸易只能由英国船只从事；殖民地从外国进口的所有制成品必须先期运到英国；殖民地的出口货物也应先经英国再运抵外国港口，即英国通过贸易扩张和海运业发展来增加其财富，此举成功地把外国人排挤出了英国的沿海贸易、英国与其殖民地之间的贸易。二是规定英国船只必须由英国建造。此举对英国有更大的作用。首先，它的实施产生了对新船的需求，可以极大地促进英国工业的发展。英国的造船工匠迅速模仿荷兰的船只，倒序制造，通过吸收荷兰人的技术，在1600~1689年将联合王国舰队的规模扩大了两倍。他们在印度洋的军事力量终于能够压倒荷兰东印度公司了。更重要的是，发展强大的海军则是英国《航海法》最大的目的，这一点常常为经济学的研究所忽视。因为英国从1381年开始，已经有过多部类似的航海法律，但都因为缺乏执行力而无法很好地执行，为此英国认识到庞大的海军是确保航海法案执行的必备条件。可以说，《航海法》使国家防卫的地理范围突破了民族国家的领土界限，海权、战争与经济连为一体。从这个意义上说，"所有贸易都是一种战争"就不难理解了。

即使是自由贸易尊神的斯密也不得不承认："由于国防比国富重要得多，所以，在英国各种通商条例中，《航海法》也许是最明智的一种。"

四、自由贸易条约的迷雾

在对待技术落后国家尤其是对待英国产品想要进入的弱国，英国则是用自由贸易条约制造假象，混淆视听。

由于爱尔兰比英国几乎要落后一个世纪，所以在一个世纪内与爱尔兰进行自由竞争也不会有碍于英国的制造业。为此，斯密建议给予爱尔兰与英国进行自由贸易的权利，他弱我强，自由贸易不但不可怕，而且还应当给对方充分的自由贸易权利。可见在斯密眼中，自由贸易不是"自由"的结果，就像是一种礼物，爱给谁就给谁，本身就是选择性的政策，而不是普遍适用的。斯密还指出给予爱尔兰自由贸易权利，目的不在于爱尔兰崛起，而是巩固和扩大英国的优势，因为通过自由贸易不可能改变强与弱的力量对比。通过这一点加上斯密对《航海法》的赞扬，斯密的意图逐渐显露，可见斯密的"世界主义"经济学的目的不在于世界人民的福祉。再结合当时的主导产业来看，斯密的真实意图在于通过"扶持"爱尔兰的麻纺织业打击欧洲的主要竞争对手，更大的目的在于发展英国的麻纺织业与棉纺织业，因为这才是那个时代真正的主导产业，而通过用英国毛纺、棉纺产品与爱尔兰的麻纺织业的"自由交易"，也可以将爱尔兰的毛纺、棉纺扼杀在摇篮之中。斯密不愧为伟大的经济学家，可谓机关算尽。

对待老牌帝国主义的西班牙和葡萄牙甚至是也有伟大抱负的法国，自由贸易政策还适合吗？我们再看看英国与这三个国家的三个自由贸易条约。

第一，1703年英国与葡萄牙的《麦修恩条约》（Methuen Treaty）。甜点酒在葡萄牙的出现可以追溯到15世纪。15世纪中叶，葡萄酒开始从葡萄牙北部运往英国，为了保证运送期间葡萄酒的质量，酒商在葡萄酒中加入了适当的白兰地酒，结果发现葡萄酒的酒味更饱满，味道更香甜，从而开发了著名的波特酒。1703年，英国与葡萄牙签订了《麦修恩条约》。该条约规定，以英国羊毛货物换取葡萄牙葡萄酒。根据该条约，英国商人可以作为承运人，通过海运将波特酒运往他国。从那时开始，甜点酒的知名度、生产量和销售量不断提高。然而，《麦修恩条约》近乎自由贸易条约，但是自由交易的内容是，英国购买葡萄牙的葡萄酒，葡萄牙购买英国的纺织品。为此，"扼杀了尚在摇篮中蹒跚起步的纺织工业"，葡萄牙自此已经明确成为"英国的殖民地"（沃勒斯坦，1998）。美国学派凯里也指出，"正如1703年的《麦修恩条约》后葡萄牙的经验所表明的，国家可不能一相情愿地和李嘉图那样假设'贸易会自我调节'。葡萄牙的工业被摧毁，硬币外流殆尽，剩下了萧条和衰败，沦为工业国英国的葡萄酒厂。"

第二，1713年英国与西班牙的《乌得勒支条约》。1713年《乌得勒支条约》中规定，圣克里斯多福岛划归英国，并允许英国人每年派一条不超过500吨的船只到西班牙港口去搞贸易，并给予英国在西班牙殖民地出售奴隶的30年的专有权利（李斯特，1981）。可见，获得贸易自由的是英国。

第三，1786年英国和法国的《伊甸条约》。长期以来，英国对待宿敌法国，采取的是高关税、禁运和抽空法国的技术人员等措施。被蒙骗的法国政治家，意在通过开放与自由贸易重振法国的雄风。他们认为给予英国工业产品2%的低关税来换取法国白兰地和葡萄酒打开英国市场并畅销，法国重现繁荣就指日可待了。所以，英国和法国在1786年签订了《伊甸条约》。结果出乎法国人的预料却正中英国人的下怀，法国出口农产品总值大大低于进口英国工业品总值，法国不但没有一夜暴富，反倒使自己的工业濒于破产，法国作为主权国家，想要取消这个自由贸易条约来阻止工业的滑坡当然是它的权力，但为时已晚，至少在纺织业这一轮产业周期上，法国已经赶不上了。而从英国的角度来看，这是真正的智慧。需要顺便提及的是，主持签约的威廉·艾登盛赞《国富论》，但称其贸易定理"在纸上看来是正确的，在实践中不应被重视"（梅俊杰，2008）。

英国人所订的所有条约的共性是，所有条约的目的只是扩展英国工业品的销路，给予条约对方的则是在农产品或原材料方面的表面利益。这些条约在结构性的选择上都是需要有利于处于上升阶段的主导产业——纺织业的。从表面的利益计算来看，葡萄牙和西班牙似乎进口和出口都占尽便宜，实质上却吃尽了狡猾的英国人的亏，使葡萄牙和西班牙的纺织业被扑灭在摇篮当中，导致这两个国家暴力聚敛的巨额货币财富，很快地又流入他国（宋承先，1999）。可见，英国人以"自由"的名义对西班牙、葡萄牙的羞辱远远地超过了两国对殖民地的羞辱。

总之，英国纺织业是主导产业领先市场建设的一个传奇和典范。作为一个榜样，英国把各种具有增长诱导性的因素结合起来了。企业的发展，在一种支配性的贸易框架下，进入广大的海外市场，稳定的政治、灵活的社会体制、实用主义的遗产、资本的积累、对核心技术的掌握、地理位置（具有丰富水利的海岛以及相对便利的运输条件）、有利于经济发展的意识形态。所有这些因素都为英国提供了经济变迁的顺畅道路。

第四节　英国为何在第二次工业革命中丧失了领先市场

英国为何在第二次工业革命中匆匆失去了新的主导产业的领先市场？而第二次工业革命的主导产业，如钢铁、有机化学、电力都是首先在英国发明并商业化的，其衰败的"阿喀琉斯之踵"是什么？谜团依然像英国的巨石阵一样难以解开。在新古典经济学家看来，英国工业革命是亚当·斯密的自由放任政策的功劳，而英国的衰落则是保护主义之过，自由放任政策的终结是英国走向衰落的标志。关于前者，近几年有大量文献予以反驳。英国在1850年成为"世界工厂"是都铎王朝以来200多年持续重商主义政策的结果。英国通过采取贸易限制、航海法案、谷物法、殖民地体系等一系列重商主义政策来扶植民族工业，从而在高关税的"保护大墙"之内催生了第一次工业革命。英国成功的秘诀就是其重商主义者很早就认识到了经济增长具有产业特定性。在"进口原材料并出口制成品"的国家致富原则指导下，英国一方面通过制定促进本国制造业竞争力提高的政策，发明新技术，建立稳定的国内市场，扭转了作为农牧业国家"出口原材料、进口制成品"的落后局面；而另一方面，则尽可能地阻止其他国家制造业的发展，甚至为增进英国的重大利益而积极地扑灭外国制造业的发展。因此，大多数学者所认为的"自由放任是英国工业革命中的基本经济方针"是不符合历史事实的。学界在这方面已有不少讨论，但有关英国在19世纪末工业力量衰败原因的认识仍然莫衷一是。

一、自由贸易的目的及其绩效

19世纪中期,英国的外贸政策悄然发生了逆转,从保护主义转向了自由贸易,并沿着这一方向大踏步地前进。1842年,英国首相罗伯特·皮尔迈出了关键的第一步,提出了关税改革法案,大幅降低了关税,废除了自1774年以来的机器出口禁令;1846年,英国废除《谷物法》,取消了农业进口保护性关税,这是英国自由贸易政策确立的重要标志之一;1849年,实行了将近200年的《航海法》被终止;1860年,英国单方面取消贸易和关税上的所有限制,并同法国和其他欧洲国家建立了旨在促进自由贸易的互惠条约——《科布登—谢瓦利埃条约》,这意味着双边自由化同等地适用于所有参与国家。这使英国在通向自由贸易的道路上迈出了一大步,从而开启了世界上第一次贸易自由化浪潮的大门。之后,直到1931年大萧条最严重时为止,英国几乎都是单方面地在实行自由贸易政策。由此可见,自由贸易不是英国强大的原因而是其结果。

1860年前后,自由贸易理论在英国至少已有一两百年的历史,《国富论》也已问世几十年,倘若自由贸易果真如此之好,为何英国偏偏选择在此时此刻转向自由贸易呢?究其原因,至少不是英国对都铎王朝以来历史经验的集体失忆,而是他们对自由贸易利益计算的结果。李斯特最早指出:"以其先进的经济,英国可以逐步开创更大程度的世界自由贸易"(马格努松,2001)。英国人"要在有条约关系的一切国家扩展他们工业品的销路,给予对方的表面利益则在农产品与原料方面"(李斯特,1981)。同样,其他经济学家也指出,19世纪中期,英国成为"世界工厂"时,要使"日不落帝国"更为强大就需要进行自由贸易。

从工业发展的角度来看,自由贸易表面上具有为英国工业降低原材料成本和工人阶级食品价格的效应,但其真实的目的在于破坏其他国家的产业竞争力,尤其要将主要竞争对手——德国和法国的工业扼杀在襁褓之中。英国自恃产业强大,企图通过自由贸易的手段输出大量工业制成品,从而达到垄断世界工业利益的目的。确实,英国在19世纪40年代是世界上最强大、最有效率的生产者,几乎没有竞争对手。英国史学家对此洞若观火:"保护,尽管在早些阶段是必要的,现在对于工业界来说却是个烦人的累赘,工业界没有可以看得见的竞争对手,只希望尽量低成本地生产,尽量广泛地销售其产品。"一部分人希望单方面地降低英国关税以诱使他国贸易自由化,这将导致一种国际间的劳动分工,由英国专门制造加工他国的农产品和原料品(梅俊杰,2008)。其逻辑体系可以归纳为:一方面，为阻止他国的赶超，即通过商品输出遏制世界其他国家纺织业的发展；另一方面，工业革命使英国的产能过剩和利润率下降，存在着发生经济危机的风险，自由贸易被认为是英国应对危机的最后一根稻草。英国自由贸易的逻辑体系如图4-2所示。

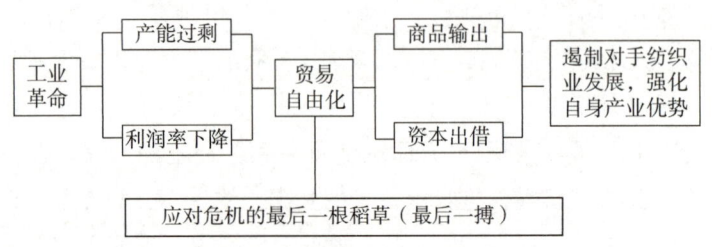

图4-2 英国自由贸易的逻辑体系

推行自由贸易战略给英国带来了"立竿见影"的效果。大量文献表明，1850年之后英国确实出现了"烈火烹油、鲜花着锦"之盛的"维多利亚大繁荣"。英国作为首个自由贸易试验田，似乎开出了繁荣之花。1846以后，英国经济每年以2.4%的速度高速增长，这在当时世界经济增长纪录中是最高的。英国工业曾占世界工业比重的50%，一直到1870年这个比重仍为32%，具有压倒性优势。同时，英国贸易规模相当可观，其出口增速由1846年之前15年间的年均5%提高到了6%，这是从1697年该领域有数据可考以来的历史最高值。从主导产业来看，从1846年开始，英国棉纺工业制品出口份额由下降再次转为上升，纺织业的国际地位得到了进一步的巩固。英国钢铁的产量占欧洲产量的份额从1838~1842年的54.2%上升到1851~1862年的58.5%（梅俊杰，2008）。

二、"维多利亚繁荣"中丢失了下一轮领先市场

在19世纪七八十年代，美国和德国并没有向英国工业开放市场，但是英国的贸易规模还在扩大。原因在于世界大多数国家毕竟还没有实现工业化，英国还可以找到广阔的国际市场，尤其是英国遍地的殖民地使英国可以遁入自己的殖民地市场（施瓦茨，2008）。这就强化了英国对殖民地和低端市场的依赖，以此来平衡其贸易收支。其实，英国向殖民地出售商品并未促使生产商的产业升级，反倒为削弱英国工业的竞争地位"助"了一臂之力。从贸易的产业结构来看，英国忘记了"出口制成品，进口原材料"才是好的贸易这一祖训，开始回复到都铎王朝以前的"出口原材料，进口制成品"的活动。这种退化是致命的，更加

带有欺骗性的是它还伴随着出口规模的增长。

之后英国的繁荣依赖于国际贸易，随之而来的是贸易结构的扭转。英国开始大量进口制成品，特别是第二次工业革命创造出的新工业制成品。在机械、化学制品、加工食品以及某些种类的金属的消费上，英国大量地从其两个主要竞争者——美国和德国进口。最突出的是，19世纪50年代英国率先研制出了人工合成染料，就在短短30年间，德国后来居上成为领先市场，英国不得不从德国进口染料，并出口其原材料——焦炭给德国。吊诡的是，英国在第一次世界大战期间不得不用敌国——德国的染料来装扮自己的军队。而有机化学工业恰恰就是第二次工业革命的主导产业。反之，英国煤炭的出口却在慢慢地增长，而且再也没有出现过煤炭进口。若不是其他国家的保护政策，出口的增长还会更快一点。另有研究表明，在1850~1870年，英国棉纺织品出口的价值和数量均增长了约150%。这被认为"贸易条件持续地而且最终地开始陡然改善"。统计显示，1864~1873年，将近2/3的英国贸易是以制成品换取原料和食品，而到1874~1903年，该比重已降低到不过1/3。同时，英国的出口规模与其工业生产一起，大约从1870年开始便不再像过去那样快速地扩大。另外，制成品和半制成品进口却从1870~1875年占进口总额的18.4%上升到1890~1895年的24%（梅俊杰，2008）。结果是英国工业耗尽了第一次工业革命早期由创新集群创造出来的财富。更加准确地说，它把大量财富消耗殆尽（弗里曼，2007）。

19世纪的英国商业观察家时常沉溺于一种我们称之为"数顾客"的小游戏中，如同"数小鸡"和类似的消遣。他们会统计一个给定区域内的人数，通过与较成熟的市场的类比来估算他们对英国产品的消费量，然后计算当销售增长到这一假想水平时商家的预期收益。中国是这类遐想的热门对象——人口超过三亿啊！埃利森料想，如果它对英国棉制品的人均消费上升到印度的水平，年销售额将达到2500万英镑，而不是1883年的区区500万英镑。这只是一个白日梦，它说明了同时期新兴工业国家如印度和日本工业的蒸蒸日上。从1885年到1913年，英国在中国的棉纱销售量从2000万磅降至200万磅，看样子小鸡不是不吃米，而是吃别家的米了！而在1905年一年，单单印度在中国的销售量就达到2亿磅。1913年日本也在中国销售了1.56亿磅，它的纱线总出口量超过德国的两倍，达到了英国的40%（兰德斯，2007）。

英国贸易结构的扭转反映的是其产业结构的变化。铸铁和棉纺织品是英国当时的拳头工业产品。英国铁产量占欧洲的比重从1838~1842年的54.2%又提高到1851~1862年的58.5%，棉织品占海外销售额的比重则一改1846年前缩小的势头而重新扩大。无可非议，1870 年前自由贸易的账面记录对于遥遥领先的工业强国英国而言是十分有利的，这一点正好符合英国决策者的初衷（梅俊杰，2008）。然而，相对于 19 世纪 70 年代开始的第二次工业革命，铸铁和棉纺织业无疑属于夕阳产业。

事实上，到了 19 世纪的后 1/3 时期，商业扩张的条件发生了根本性的转变，垄断让位于竞争（英国由垄断进入竞争，而世界却由竞争阶段进入垄断阶段），英国也不再是独一无二的世界工厂了。某些商品的情况可以反映出这一点：阿尔萨斯和瑞士的精棉制品在该世纪早期就开始和兰开夏分庭抗礼，而法国的"美利奴"被公认为约克郡羊毛精纺制品当之无愧的竞争对手。1870 年以后，这些竞争性的出口产品增长得更为迅速，尤其来自新兴工业国家——德国、美国甚至印度和日本。与德国和美国相比，英国在新兴工业发展上要缓慢得多（弗里曼，2007）。在英国，"电力出现的情况很少见。虽然各个方面都承认电力的好处，但是由于私人电力企业的绩效微不足道，因此难以引起政府的主动性和公共计划"。而在德国，电气工业已经领先于英国，尽管许多原创的发明和创新源于英国。同样，19 世纪 30~40 年代，英国的造船业在与美国的竞争中落伍了，英国贸易的 3/4 被美国的船只承载。铁壳汽船的出现重塑了英国的竞争优势地位（弗里曼，2007）。1880~1913 年英国钢产量从 130 万吨增加到 770 万吨，而同期，美国的钢产量却由 100 万吨攀升到 3100 万吨，德国从 70 万吨增加到 1890 万吨（弗里曼，2007）。从这些统计数据可以看出，德国和美国产量的增长非常明显。

针对英国在新兴产业发展上的滞后，当时著名的历史学派经济学家阿什利一针见血地指出，自由贸易政策使英国财政受惠，但却忽视了英国的工业发展。然而，由于当时英国主流经济学的喧嚣，英国的精英们听不到、更听不进被视为异端的英国历史学派经济学家的声音，他们坚信"维多利亚繁荣"就是纳索·西尼尔（Nassau Senior）所指的自由贸易"理论的胜利"（杰拉德·库特，2010），并为这种表面的繁荣所陶醉。

1876 年，在纪念《国富论》发表 100 周年的斯密晚宴上，英国终于揭开了关于是否终止自由贸易的斗争序幕。首先，在经济理论上，催生了与马歇尔新古典经济学相对立的英国历史学派，他们意在复兴英国的重商主义。其主要代表人物坎宁安看到了自由放任时代自私的个人对利润追求的威胁（马格努松，2001），他对都铎王朝大加赞扬，支持经济发展时空特定性和国家的作用等，并公开仇视马歇尔；1885 年，英国翻译出版了李斯特的《政治经济学的国民体系》作为其理论基础（克拉潘，1986）。其次，在经济政策上，自由贸易怀疑论者于 1881 年组成了公平贸易同盟，要求先制定外国制造品的适度的进口税，豁免允准英国制造品自由进口国货物的进口税；1886 年，著名政治家约瑟夫·张伯伦（1836~1914）指出帝国的自由贸易政策再继续下去，英国将回归到与英伦三岛的面积相称的国际地位上去。他呼吁英国放弃自由贸易政策，实行关税保护政策，并很快在全国引发了一场影响深远的关税改革运动。然而，这一系列的行动并没能扭转英国的政策方向（克拉潘，1986）。后来，经由 1915 年的"产业保护关税"，再到 1932 年"渥太华协定"的"帝国特惠制"，英国才又抓住了一根救命稻草——重新回到贸易保护的老路，但到这时，英国已经完全丧失了第二次工业革命的主导权，这个国家风光不再，霸权旁落已成定局。

三、英国丧失第二次工业革命历史机遇的原因

历史学界对英国在第二次工业革命中工业力量衰落的原因众说纷纭。不可否认，"随着海外竞争的加剧和经济增长显著减缓，19 世纪最后 25 年是英国经济发展的一个分水岭"（弗里曼，2007）。但在我们看来，英国由盛转衰的转折点并不是经济危机的 1873 年，更不是 1913 年，而是开始全面实行自由贸易的 1860 年。实施自由贸易政策后出现的"维多利亚繁荣"仅仅是英国第一次工业革命的市场力量释放的"井喷"现象，不是其真正的繁荣，而恰恰是其衰退的开端，即自由贸易是英国强盛的结果而非原因，英国因选择了自由贸易战略而衰落，英国对自由贸易的利益算盘打错了，这恰恰给予对手——德国和美国在第二次工业革命中一个难得的追赶契机。因此，我们认为，英国在第二次工业革命中工业力量衰落的根本原因就在于对自由贸易的迷信。这一切的关键就在于英国关注市场规模扩大的同时，市场质量却在下降，从而导致了新工业革命的领先市场的丢失。

1. 领先市场的丢失

熊彼特指出："在资本主义市场上真正占主导地位的并不是经济学家们所说的那种竞争，而是新产品、新技术的竞争……这种竞争冲击的不只是现存的企业的盈利空间和产出能力，而是它们的基础和生命。"因此当我们讨论生产率时，必须区分工业革命的旧工业与新工业。旧工业包括煤炭、生铁、纺织品和蒸汽动力，而在 1880 年之后成长起来的新工业则主要是电力、钢、有机化学和内燃机（刘易斯，1978）。因此，19 世纪中期，整个世界处于新旧主导产业交替时期，这段时期的竞争不是市场规模、生产效率和产品质量的竞争，而是新旧产业之间

的竞争。

在1880年前后，英国旧工业的生产率远高于德国，英国的旧技术已经扩散到它所适用的每个地方。19世纪80年代，英国当时的棉纺织工业和利用焦炭制造生铁的生产率已经在一个相当高的水平上运行。但是，19世纪60年代后，第二次技术革命初露端倪。钢铁、电力、有机化学工业等成为新的主导产业。尤其是钢材在19世纪80~90年代越来越便宜，越来越充足，满足佩蕾丝"核心投入"的标准（弗里曼，2007）。19世纪80年代，吉芬就认为衰退是任何一个国家工业化过程中不可避免的，并呼吁英国集中精力增加生产力，并将生产转移到那些拥有比较优势的工业中（马格努松，2001）。但英国却选择了最为省事的措施——贸易（赖纳特，2010），并提出"要么死亡，要么贸易"的口号。英国长期专注于推销纺织品的自由贸易，对外依赖度增强，似乎对国家竞争力问题考虑不多、重视不够，考虑更多的则是静态的利润计算。

作为老牌资本主义国家的英国，凭借着第一次工业革命在主导产业——纺织业上所取得的优势，长期居于世界工业垄断地位并占有广大的殖民地市场，据此可以获得规模报酬的利润，企业为实现利润最大化总是抵制创新（乔尔·莫基尔，2011）。英国在资源配置上任由市场经济起决定作用，完全信赖资本的逐利性，而资本家由于丰厚的利润，不愿意另行耗资进行固定资产更新和追逐先进技术，从而造成了各重要工业部门技术和设备的陈旧和落后。这种路径依赖事实上阻碍了英国企业家对新生主导产业的追求，而自由放任政策则使英国在国家战略上放弃了对钢铁、有机化学、电力等新的领先市场的角逐，在这些新的行业，英国发展迟缓非常明显（杰拉德·库特，2010）就是明证。当然，当时的英国经济也不乏"亮点"，但却集中在零售业、食品加工、家用产品、服装业等传统工业。

19世纪中后期产生了垄断资本主义，其最突出的特征之一就是资本输出。英国的金融机构和企业家们此时正在不断努力向海外拓展，进行着一种截然不同的投资——为世界提供信贷，以赚取更高的短期收益率。老牌资本主义的英国当时并没有认识到对外直接投资（FDI）与货币资本输出的致命区别，在引进德国和美国的FDI的同时，大量对外借出资本。英国给全世界提供了大量的信贷，"英国信贷供应了差不多全世界的资本"（克拉潘，1986）。对外投资总是至少有一半投放在公债方面。货币资本输出导致国内投资不足以及引进FDI是对英国在新产业上获取竞争优势的双重打击。与此同时，19世纪美国与英国进行了互逆操作：英国大量货币资本流向美国，而美国大量的对外直接投资流向了英国。这是导致英国衰落、美国兴起的重要原因。英国金融机构片面地攫取利润和剪息票，忽视新技术对大规模融资的需求。接下来的境况就是英国国内投资不足，导致新技术难以扩散，生产规模无法扩大，而电力、钢铁和其他许多新兴工业如化工业都存在巨大的规模经济。在基于世界性网络的产业，如煤矿的开采、种植业、炼油业（壳牌）、烟草业和保险业中，英国的大公司表现不错，并在世界最大公司中保有了一席之地，但英国缺少新的工业制造部门，没有新技术和新的投资机遇，因而英国资本是贫瘠的。

由此可见，英国可谓"成也纺织业，败也纺织业"，并非所有的贸易都对一国有利。此时英国的主要症结已经不是市场效率问题而是产业发展方向问题了，即产业选择问题，也即应该重视重大激进创新而非渐进创新。英国商品蜷缩在发展相对滞后的、庞大的殖民地市场，虽然使英国在原有产业上稳稳当当地攫取最后的产业利润，但这种保守的经济不能很快适应新科技带来的技术革命和经济转变，国内资本一直没有像美国那样大力发展新兴工业。可见，在成熟的产业上，不但不能使后发国家获得赶超的机会，也不能使产业领先国家维持竞争优势的可能。

2. 美、德在新兴工业上的赶超与侵蚀

国家之间的竞争犹如逆水行舟，不进则退。德国与美国利用英国的自由贸易而大举进入英国市场并出售其第二次工业革命的新产品，在英国市场上与英国制成品展开激烈竞争（杰拉德·库特，2010）。他们赶超的共同主线就是对自由贸易的集体不信任，特点是不在原有主导产业上与老牌帝国一决高下，而是另辟蹊径寻求和发展新的主导产业，寻求和发展动态的竞争力。

美国独立于英国是其发展的前提。先是独立战争使美国政治独立；然后是1807年杰斐逊禁运和1812~1815年英美战争使北方经济得以独立，再就是南北战争事实上使美国在经济上完全独立于英国。军事上咄咄逼人是基于国家根本利益的考量，美国在拉丁美洲推行的门罗主义与哈密尔顿的经济发展战略是一脉相承的：做英国人所做的，不做英国人所说的，一步步将英国人洪水猛兽般的廉价制成品挡在国门之外，通过"美国制造体系"建立完整的工业体系，利用巨大的国内市场和英国单方面开放的市场发展新兴工业。一方面，美国加大创新力度。19世纪末，美国工程师和科学家都开发出了生产率高于英国的新工艺和新产品（弗里曼，2007）。一系列基本的渐进创新，如贝西膜工艺、西门子工艺和吉克利斯—托马斯工艺，为美国钢铁业带来了高速发展。在19世纪后期，以电灯、打字机、电话以及三种技术革命——电、汽车和飞机改变了世界。另一方面，利用英国单方面的开放到英国设厂，如福特公司、通用电气、奥的斯电梯、

杜邦公司、辛格公司等纷纷在英国设厂生产。结果是，美国的产业结构中制造业与农业的位置彻底颠倒了过来（梅俊杰，2008）。……更重要的是美国的进出口结构大大改善，反映出美国工业对英国的赶超态势。

纵观德国，一方面如李斯特所见，发达的英国工业对德国构成威胁，因而力加防范；另一方面又敏锐地注意到德国尚可利用内部特别是外部广泛而开放的市场，因为较早工业化国家所能享有的国际市场空间是非常广阔的。德国又利用英国尚未关闭的自由贸易大门，凭借化工等新技术的突破而形成强劲的工业竞争力，反过来大举占领英国市场。尤其是可以利用英国廉价的铁、纱线、机器等生产资料，服务于自己开拓市场的目的，可以说，德国有机化学工业的成功在很大程度上就是利用英国自由贸易为其提供的市场而获得的（英国是当时有机化学工业最大的需求国）。不仅如此，从事化学制药业的赫斯特和西门子这样的德国公司也在英国进行直接投资。从绝对意义上来说，虽然这些投资规模较小，但是这些小投资既预示了后续的大规模投资，也标示了英国衰落难以逆转。

美、德等新兴资本主义国家崛起，加强了同英国商品的竞争能力。美国和德国公司对英国国内市场的入侵给英国带来了新的难题。在新的技术革命面前，由于单方面的自由贸易，英国在过去所获得的工业成功和巨大市场并未确保今后持久的竞争优势。恰恰相反，这事实上造成了英国"去工业化"的状况。英国本土企业家的行为显著落后于德国和美国同行，"在许多情况下，新兴产业在英国的投资都是外国人进行的"（金德尔伯格，2003）。英国人自然地就干起了"担水劈柴"的活儿，所以英国宣扬的自由贸易政策实际上被德美"自由"地利用了。

3. 社会体系的惰性和僵化：源于自由化

18世纪80年代以来，英国形成了非常有利于工业增长的制度和社会框架，英国在19世纪中期，完全可以像在第一次工业革命的蒸汽技术引发新浪潮中那样处于领先地位，但英国却未能有效行动。其主要原因在于自由贸易使社会体系走向了惰性和僵化，霍布森·霍布斯鲍姆也提及，英国可以带来一种截然不同的制度变迁，从而有助于形成英国工业和技术革新的推动力，但这种力量在英国却被大大削弱了（弗里曼，2007）。

首先，正如熊彼特指出的，与德国和美国相比，英国的企业家精神发育滞后，其原因就是我们这里所讨论的，自由贸易导致了他们对海外传统产品市场的依赖。其次，管理的职业化在美国和德国迅速发展，而英国企业的小型化延缓了这种发展步伐。管理和组织创新及扩散的落后是19世纪末期三四十年英国技术经济落后而美国与德国后来居上的一个主要原因。拉佐尼克指出了英国车间作业管理系统的衰退，以及美国职业管理机构与 19 世纪晚期和 20 世纪早期的兴起（弗里曼，2007）。最后，英国 19 世纪教育改革的失败。英国教育体制最突出的特点有两点：一是教育绅士化，二是英国的非全日制培训和在职教育传统越来越不适应新技术革命的要求。虽然不断有教育家、工业家和官方调查机构与委员会倡导改革的呼声（弗里曼，2007），但对自由放任信条的迷信使英国政府举棋不定，改革最终归于流产。

总而言之，英国因保护主义在第一次工业革命中技术领先进而致使国家强大，因为自恃技术领先和国家强大选择了自由贸易，而恰恰是自由贸易这一错误决策，使英国在第二次技术革命新的主导产业上被后进国家所超越，进而导致英国的衰落。自由贸易理论本来是英国用于出口的，但英国人谎言重复多了，自己相信了，也中了自由贸易的流毒，以至于无法自拔，任凭竞争力日强的对手（如美国、德国）占据本国新兴工业的市场。正如李斯特所说的，英国自由贸易政策的本意是踢掉梯子，阻止后进国家的工业发展，最终把自己继续往上爬的梯子踢给了德、美两国。

第五章

德国：没有技术革命的领先市场

直到19世纪中叶，德国很大地区仍很贫困落后，尤其与英法相比。李斯特曾哀叹：德国永远不会超过英国。但随后德国一经统一就占据了当时主导产业——钢铁和有机化学的领先市场，这是匪夷所思的现象。究其原因，是德国实行了一个典型的产业变道赶超战略。

拿破仑战败后，1815年维也纳会议使德意志由355个互相独立的邦和1467个自治的骑士领压缩为39个新的独立国家，然后将其组织为一个松散的联邦，中央政权是存在的，但只存在"德意志神圣罗马帝国"观念上的国家，各邦国都拥有"国家"权力，但各自为政。为此，诗人F.席勒发出了当时德国人的心声："德意志，它在哪里？我找不到那块地方，学术上的德意志兰从何处开始，政治上的德意志兰就在何处结束。"可见，德意志经济与产业发展受制于分裂。摆在德国人面前的是两个重大难题：国家统一与经济发展，孰先孰后？德国的选择是国家统一过程与工业化进程携手并进，两者的融合产生了浓厚的"赶超氛围"，产业革命不仅被赋予实现政治上统一的历史任务，而且被赋予在经济建设上建立统一市场的任务。因而，国家统一与创新体系建设进程并行不悖。这是近代历史上特有的现象，因而有人称德国是第一个发展中国家。

第一节 德国领先市场建设的准备（1835~1850年）

按照李工真教授的分法，德国工业革命可以分为两个阶段，即1835~1850年为第一阶段，1850~1873年为第二阶段。李工真关于第一阶段的看法与发展经济学家谭崇台类似，都是将其看成是德国产业革命的起步阶段类似，时间是1834~1848年。本书认为1835~1850年为德国工业革命的准备阶段，类似于罗斯托五阶段中的第二阶段：为起飞创造前提条件的阶段。本书认为这些成就不足以引发轰轰烈烈的产业革命，充其量是前工业化或产业革命的准备阶段。

为此，本书将德国的工业化分为三个阶段：1835~1850年为德国产业革命的准备阶段；1851~1871年为德国产业革命起飞阶段，在主导产业钢铁业上占据领先；1872~1914年为工业革命完成阶段，德国成为主导产业有机化学工业的领先市场。

1789年法国革命"像霹雳一样击中了这个叫德国的混乱世界"（恩格斯，1957）。在1835~1850年工业化的第一阶段中，随着英国自由贸易倾向的出现，德国模仿英国纺织业，使棉纺织业有所发展，纱锭数量增长很快，在关税同盟区域原棉消费也翻了三番，但无法与法国和英国相竞争。织布机的数量尽管在上升，但1846年在普鲁士也只有3.79%的织布机是机械化的。1848年革命后，德意志尚未建立自己的机器制造业，19世纪40年代初德意志的245辆蒸汽机中，只有38辆产自国内。但是出现了一个新趋势，即德意志的工业发展，重工业快于轻工业。呢绒工业方面正经历着从手工工场向小型工厂的过渡，直到1850年也只达到了50%的机械化。而在绒线工业中，手工作业式的企业和家庭手工企业仍然占统治地位，1850年只达到了6%的机械化。亚麻工业则更为落后，几乎没有什么机械化。而没有机械化，正是造成西里西亚家庭手工企业织工生活困苦的重要经济原因。

德国在工业革命前做了很多准备工作，如农业革命，广泛宣传法国大革命的平等、自由思想，铲除行会等。其中通过关税同盟和铁路建设经济建立统一的国内市场是至关重要的。关税同盟和铁路系统的始作俑者李斯特别强调：这两者是"联体双胎，同时出生……具有相同的精神和意识，它们相互支持"。需要注意的是，李斯特所处的年代决定其无法预到德国崛起的主导产业，为此李斯特就是德国产业革命的"先驱"，因为其思想不但影响了德国当时的发展，而且今天乃至今后的产业发展还将受其思想的影响。托马斯·麦格劳也认可了李斯特的这一看法，他在《现代资本主义：三次工业革命中的成功者》一书中提出：五大决定因素导致了德国工业的快速发展，其中关税同盟和铁路的发展是前两位的因素。虽然麦格劳强调了这两个因素处于前两位，但是他没有说明关税同盟和铁路在德国产业发展壮大中的具体作用和它们与后三个因素的关系，五个因素有平铺直叙的嫌疑，虽然麦格劳谈及了这两个因素为前两位。而理解这两个因素的具体作用对于理解德国工业革命是至关重要的，即这两个因素仅是德国工业革命的引擎，而非其主导产业。这也就进一步印证了1835~1850年是德国工业革命的准备阶段。

一、关税同盟促成了国内大市场的初步形成

由于国家的分裂,经济领域不具有中央集权的凝聚力,作为国民经济前提的国家安定和"国家统一"都谈不上,货币金融制度(货币最多时达 6000 种)、邮政电信制度、度量衡都不完备……沿途的关税,甚至超过货物本身的价值。这对于产业的发展极为不利。复杂的国内关税使各邦之间利益冲突对立,对外由于缺乏共同的统一关税壁垒,受到先进资本主义国家产业的侵犯,丧失了本国所需要的"统一市场"。李斯特非常清楚地认识到德国的统一只能采取和平而非战争的方式,首先要在经济上联盟,即关税同盟。李斯特四处游说关税同盟思想,历经磨难,最终还是说服了邦联中最大的邦国普鲁士。普鲁士把一盘散沙的德国捏合起来。1834 年,德意志 18 个邦国建立了关税同盟,取消相互间的关税壁垒,并统一了税制,加速了商品流通,大大地推动了工业的发展。当然,这个同盟只是个七拼八凑的松散组合,各国间的贸易往来并非易事,而度量衡和货币也不相同。例如,1836 年联盟首次提出了制定统一商业法典的建议,直到 1861 年这部法典才被联盟成员批准生效(麦克劳,2006)。1851 年,各方就有关汇票的共同法律达成一致,1856~1858 年共同的度量衡确立,1857~1861 年共同的商业法律形成。

关税同盟协议的主要内容是,废除关税同盟区内部的所有关税、关卡,统一度量衡与货币,对外实行统一关税。1835 年又有一些邦加入了关税同盟,到 1852 年,关税同盟已经扩大到德意志全境。可以看出,德国关税同盟的核心是对内自由和对外保护。这说明德国经济的崛起一开始就抓住了重商主义传统经济学主要的精髓之一。

德意志关税同盟的诞生,是德国经济生活和政治生活中的一件大事,是一个重大的里程碑。在经济上,无论如何,海关联盟的建立是最终形成"德国"共同市场的第一步,它对于德国建立巨大统一的国内市场意义重大,同时关税同盟使德国商业繁荣、走私灭绝。同时关税同盟最大的意义在于它开启了工业化闸门,并迅速驶入了"快车道"。

值得注意的是,德国看似自由的关税同盟也是产业的保护联盟。通过共同的"保护联盟"(Protective League)防范外国商业政策的干预,来坚持和改善绝对的、不受限制的国内商业的自由,来保障自己生产者之间的自由贸易,并使其避

免受到市场四分五裂的破坏,从而增加生产。"关税同盟"的建立,提高了德国人的民族意识,开始显示出"准国家"特征,德国人开始按照"国家"的观点来观察经济学,这一点对于德国非常重要。关税同盟的另外一个重大作用在于,对阻碍竞争、市场与工业资本主义生产的法规进行修改。

二、铁路建设使国内市场进一步延伸和扩大

如果说,关税同盟打开了德国产业发展和国家经济建设的"任督二脉"的话,那么对于德国国内市场建设最大作用的还是铁路建设,它为德国的生产要素的流通铺设了"全身畅通的血管"。李斯特异常重视铁路建设,因而在德国被视为"国家铁路体系之父"。李斯特说:"铁轨是这场民族统一的'婚带和结婚戒指',它将促进自由的思想交流。"①

由于德国的特殊性,铁路对于德国比对其他国家有更加重要的意义:从地理结构来看,德国地处内陆,几乎没有海岸线,铁路运输就尤为重要;从政治上看,德国长期处于分裂状态,铁路建设有利于政治统一和国内统一市场的建立。因此,它在国家工业化中所起的作用更为巨大,比之英、法、美三国,铁路在德国的地位更加重要。

第一,先私营后国营甚至国有,彰显德国铁路建设的特点。比较完整地分析铁路建设时期的产业政策的是美国经济社会学中的制度学派的弗兰克·道宾,他在《打造产业政策,铁路时代的美国、英国和法国》一书中,分析了铁路时代的美国、英国和法国铁路建设的模式与特点,认为美国"让城市和州为成为运输和贸易中心而相互竞争"的战略,法国"让中央政府的官僚机构依据国家的目标"来规划建设,英国则"由个体企业家按自己的意愿做"②。道宾认为这些差别来源于"与社会的结构及功能有关的不同制度",本书认为这种认识是很不够的,他只是进行了简单的相关性分析,而无法处理产业的周期的动态性与社会结构的稳定性之间的矛盾。

事实上,同一时期不同的国家对同一产业所采取的政策的差异是肯定的,根本原因在于这些国家所处的经济发展阶段而不是社会结构不同,美国作为发展中国家折中了英国自由主义政策和法国的国家主义政策。事实上,道宾没有涉及德

---

① 托马斯·里佩代尔. 德意志史,1800~1866 [M]. 北京:商务印书馆,1983:192.
② 弗兰克·道宾. 打造产业政策:铁路时期的美国、英国和法国 [M]. 上海:上海人民出版社,2008.

国铁路建设的案例也许是因为德国铁路建设政策灵活性太大而无法与其社会结构理论自洽。

关税同盟建立以后，德意志各邦，致力于修建铁路，1835年，从尼恩贝格至福尔特的铁路通车，这是德国的第一条铁路，这条铁路在工厂家弗里德里希·科哈尔科特和经济学家李斯特的宣城鼓动下建立的，经费完全由私人解决，用于铁路，成功的经营，一年后股东们的回报达到20%。19世纪40年代是对铁路大量投资的时期，仅在普鲁士，就发现了价值1.07亿泰勒的股票和债券。到1840年为止，私人企业一直在铁路投资中"唱主角"，在此以前，修建的纽伦堡至费尔特、柏林到波茨坦、莱比锡到德累斯顿的铁路，几乎都是私人投资的。英国决定对铁路不予提供公共资金资助，这在全世界是绝无仅有的。这是开始源于对英国铁路建设的学习——"英国是世界上唯一没有给铁路发展提供过公共资助的重要国家"。

19世纪40~50年代的铁路是长距离大批量运输的工具，它使运输费用下降了80%~85%，这一时期的铁路由各邦分别建设，事前并无计划，更缺乏、统一的管理，运费也有待于国家同意后加以整顿。到1850年前夕，在一连串的私人努力失败之后，出于经济利益和自身安全的考虑，国家出面干预以提升铁路化水平，各邦政府对铁路建设的资助，渐渐增多起来。到1850年，德意志联邦的东、西、北部和南部都已经连接起来，整个铁路网长约6000公里，其中，将近2000公里是国营铁路。铁路建设随即担当起主导产业的角色，在德国第一个大规模的产业急速上升期，推动着德国的机械工业和整个经济向前发展，进入现代阶段。国家用廉价贷款为铁路建设提供补贴，保证铁路公司的利润，并且当需要的时候，买下铁路公司的股份以确保其股票的发行。而在1879年德国实行铁路国有化政策，这就转向了道宾所指的法国式政策体系。

第二，发展速度非常迅猛。连接空间、缩短距离的铁路开始逐步将整个德意志结合在一起，这正是德意志统一的基础。因此，当德意志第一条铁路经受住考验后，在普鲁士，一个申请许可证的浪潮席卷而来。

德国第一条铁路于1835年筑成，长仅0.6公里，但它标志着德国铁路时代的开始，因而有着重大的历史意义。这条铁路运营良好，第一年就发了20%的股息。在李斯特的大力鼓吹下，第二条铁路于1836年开筑，长达115公里，1839年全线通车，并为此举行了盛大的典礼。19世纪40年代中期，全德国已经建成了20条铁路，1843年建成了科隆至亚琛的铁路，1846年建成了柏林至汉堡的铁路，1847年建成了科隆至明灯的铁路，1849年建成了贝尔格至马克的铁路，南部的铁路建设也顺利进行。1840 年建成慕尼黑至奥格斯堡的铁路，1844 年建成尼恩贝格到班贝格的铁路，1848 年德国的铁路总长达到了 2500 公里，已超过了法国，但只有英国的一半。为了学习铁路技术和机车制造技术，德国派了大批工程师到英国和美国参观、见习或留学，很快就在技术上自立了，并加快了铁路建设。1850 年前后，全国规模的铁路网形成，此后铁路的发展势头日益增强，之后的 25 年，德国掀起了修建铁路的高潮。

在 1850~1870 年，德国全国铁路的长度从 6044 公里增加到 19575 公里，机车的数量从 498 辆增加到 3485 辆，增加了 7 倍，火车车厢由 6825 节增加到 76824 节，增加了 11 倍。到 1875 年铁路长度达到 27795 公里（如表 5-1 所示）。1855~1870 年，铁路投资占德国投资总额的 20% 以上，居其他各部门之首。

表 5-1　19 世纪德国铁路里程　　　　　　　　　　　　单位：公里

年份	1835	1840	1845	1850	1855	1860	1865	1870	1875
长度	6	549	2131	6044	7781	（略）	13821	19575	27795

第三，成本低。1850~1870 年，欧洲新铺设铁路线 5 万英里，为此花费 300 亿法郎。其中，法国人铺设了 9300 英里，花费超过 70 亿法郎；而德国人由于得益于土地成本较低，以及在建造路基时厉行节约，铺设铁路 7500 英里仅花费 40 亿法郎（兰德斯，2007）。德国的铁轨建设既得益于德国的落后，也受益于其与英国城镇的差异。尽管起步较晚，但到 19 世纪中叶为止，德国人已经铺设了差不多两倍于法国的铁轨。更便宜的土地，更低廉的工资，规划出要在复杂地形周边选取铺设铁轨的路段而非穿越这些地带的做法，这些都注定了德国铁轨建设的每英里成本大致相当于英国的 1/3（即平均每英里 11000 英镑，而英国为每英里 30000~40000 英镑）。

在经济学说史上哈瑞穆斯等人最先提出了系统的结构理论。他们是从经济体系的整体角度来定义经济结构的，认为结构就是各个部分结合为一个统一的整体的形态（崔岩，2009）。德国关税同盟和铁路的建设，就是德国经济结构中最重要的环节，极大地加速了德国的工业化进程，改变了整个国家的面貌。铁路建设的战略意义在普法战争中明显表现出来，铁路快速而大量地运输军队和战略物资，是德国取得普法战争胜利的根本保障。

交通运输上的进步在减少食物成本的同时，也使工业制成品价格大为降低。

不仅运输费用更为低廉,更创建了真正意义上的国家市场,使保守的地方偏好得以消除,从而显示出大生产的经济性来。另外,消费者的需求有了明显的增长。由于城市化进程的稳步推进,一种更为富足的生活方式开始向广大乡村传播。对物质享受的追求不再仅限于城市居民,传统上蔑视贪财享乐的乡下人也受到了难以抵挡的诱惑,他们当中有的人再进了几趟城(兰德斯,2007)。

第二节 德国"起飞"阶段在钢铁业的领先市场建设

1850年后,德意志关税同盟区域进入了工业化发展的第二阶段,即工业化突破阶段。在这个阶段,煤、钢、蒸汽锤与齿轮逐渐成为工业生产的基础,工厂、工人阶级和工业城市成为了新的现实,工业逐渐走向国民经济的中心舞台。

对于铁路建设的意义,大部分学者对铁路建设的分析都是关于对铁路建设的投资及其对经济的贡献(尤其是对运输业成本下降的意义)的。很少研究铁路建设对于钢铁业的作用。如托马斯·麦格劳在《现代资本主义:三次工业革命中的成功者》一书中提出五大决定因素导致了德国工业的快速发展,对五大因素在德国崛起中的作用进行了排序处理。虽然他谈及"就像人体要是一个有机体,血管必须畅通一样,一个国家商品要能够顺利流通必须建立全国的铁路系统才能达成生产力的国家联合"。但是对于各个要素之间内在关系中的一个关键的节点——铁路对钢铁业的关系没有论证,仅仅是不痛不痒地谈到一句"对铁路设备的需求为德国的煤炭、钢铁和机械工程工业提供了广阔的新市场"。类似的说法还有不少,这些看法最大的问题在于,都没有论及铁路建设对钢铁业的意义,或者说对德国铁路建设的意义估计不足。事实上,钢铁对于德国的工业化确实是决定性的,但铁路建设对于钢铁业又是至关重要的。

总之,"关税同盟""铁路建设"和"钢铁业"是带有浓厚的19世纪30年代以后德国特点的三位一体的创新体系。关税同盟为铁路建设和钢铁业发展提供前提尤其是巨大的国内市场;铁路建设进一步促进关税同盟的扩大,为钢铁业的发展提供需求同时,将德国钢铁产品推销到更远的地方;作为19世纪中期的主导产业,钢铁业带动德国铁路建设、其他产业乃至国家经济发展意义重大(如图5-1所示)。

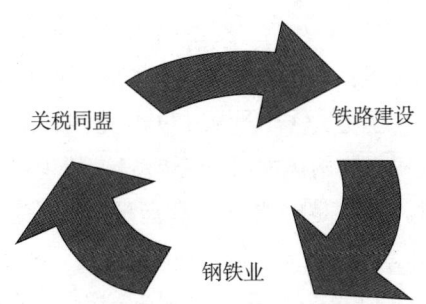

图 5-1　德国起飞时期的三位一体的国家创新体系

重工业开始在工业体系中扮演重要角色。铁路成为这个时代最强有力的、也是最激动人心的象征。铁路建设最重要的影响是，它产生了对机器、铁轨、铁、煤的巨大需求，从而也首先并强有力地推动了德意志工业的现代化和扩张。铁路建设对于钢铁业的作用是有意为之还是误打误撞，现在还不得而知，总之，铁路建设的最大意义不仅在于交通运输业本身的改善，更在于搜寻到了钢铁产业，这是即将到来的第二次工业革命的主导产业。德国没有去追赶纺织业，如图 5-2 所示，如果以原棉消费量为当时的工业化水平的话，德国到 1850 年还远远没有进行工业化，因为德国 1850 年的原棉消费量（17117 吨）还不及 1815 年英国的一半（36923 吨）。其工业化实质性的变化始于在第二阶段（大约为 1850~1870 年）的铁路建设带来的钢铁业的发展中。在 19 世纪 50~60 年代的工业浪潮中，重工业尤其是钢铁业发展最为突出，这为德国较快地发展为工业强国奠定了基础。

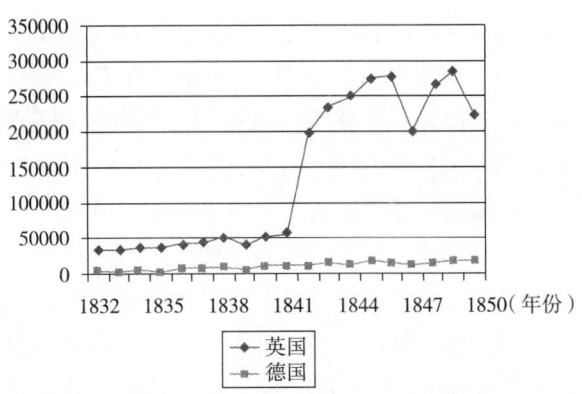

图 5-2　1832~1850 年英国和德国原棉消费量

资料来源：托马斯·麦格劳. 现代资本主义：三次工业革命中的成功者 [M]. 南京：江苏人民出版社，2006：165-166.

从 19 世纪 60 年代末到 1913 年，资本品生产增加了 8 倍，而消费品生产仅增加了 3 倍。1870~1913 年，煤的开采量从 3400 万吨增加到 27730 万吨，钢产量从 17 万吨增加到 1832 万吨。铁产量从 139 万吨增加到 1931 万吨，到 1913 年，德国的钢铁产量比英国和法国两国的总和还要多。从 19 世纪 90 年代起，德国的机器制造业进一步加速，尤其是电机制造和造船业的发展最快。1895~1910 年，德国的电机产值从 7800 万马克上升到 36800 万马克。在 1896 年之前，德国还没有大规模的造船业，而在 1899~1913 年，德国平均每年造船 30 万吨。

李斯特梦想的"国家生产力联合"通过关税同盟和铁路紧紧联合在了一起，使国民经济更具有协同效应与系统效应。总之，铁路和钢铁就像是串珠的"红线"，把各个产业、各个地域串起来，进一步促进和加快国内统一市场的形成，加快了生产力的国家联合。

按照佩蕾丝的说法，现代化分为四个过程：技术革命引起工业革命，进而引发产业革命，最终达到现代化。本书的研究表明，钢铁业至少在前三步中起到了至关重要的作用。

现代工业建立在金属尤其是黑色金属的结构之上，黑色金属与机器间的密切的关系，铁的人均消费量早已成为衡量工业化水平的金标准之一。金属具有多种独一无二的显著优点：单位重量体积下的高强度；可塑性；硬度。铁可以经受各种改变其物理形状的过程——锻击（塑性）、拉伸（延展性）、切割、模压、钻孔、锉磨、熔炼、浇铸，而其弹性却没有明显的损失。它可以满足精确加工的要求，如制作出整齐的切口、圆滑的孔洞、清晰的压印。此外，它还能在受热和磨损的条件下很好地保持自身的形状：使刀刃依旧整齐锋利，孔洞依旧圆滑，铭刻依旧清晰。钢是铁的一个高级变种。它具备金属（尤其是黑色金属）的上述全部优点，且在表现上更为优异。从化学角度来看，钢和铁的区别在于碳的含量：生铁含碳 2.5%~4%；钢含碳 0.1%~2%；熟铁的碳含量则低于 0.1%。

碳的含量越高，金属越坚硬；碳的含量越低，金属就越软，塑性和延展性就越好。生铁坚硬，但脆而易碎，只适用于制造罐、锅、散热器、发动机壳等承受压力和扭矩很小的东西。……熟铁则可以做得很软，磨损大，易变形。钢综合了两者的优点：坚硬、有弹性，而且可塑，可磨出利刃，适于切割其他金属。它抗打击和磨损的能力使它成为制造锤、砧、钉、轨及其他需要承受打击或磨损的东西。它在同等重量和体积下的高强度使制造更轻、更小同时更加精确、坚固、快速的机器和引擎成为可能。这种密度和强度的组合特性使钢成为优秀的建筑材料，尤其在造船业大显身手，因为船身重量和载货空间皆是重要的考虑因素（兰德斯，2007）。

铁匠最早的反应是这种顽硬的材料无法加工。古代炼钢的关键技术是渗碳法，就是将熟铁在高温下浸入固态含碳物质的粉浴中，得到的产物叫作泡钢，质地上分布不均匀，需反复锤打，要花费大量时间，不仅浪费燃料，而且价格高，每吨钢价值高达数百英镑，所以只好论磅来计，无法大量使用，只用于剃刀、手术器械、刀片、剪刀、锉刀等。伴随着钢的冶炼技术的进步，德国赶超英国。

（1）亨茨曼的坩埚技术（1740~1742年），将泡钢在足够的高温下同含有碳和其他金属的助熔剂一起熔化在小型容器中，撇去渣滓后浇铸完成。得到的产品不仅纯度高，杂质在熔铁中自然分离，而且质地更均匀。不需要反复锻造，节约劳动力，但它只能在炽热状态下加工，价格却比刀具钢高。因而仅限于材料价格只占总价很小部分的物品中——如钟表零件和最高品质的刀具。在1815年，铸钢必须从英国进口，价格为每吨700英镑或800英镑；1819年，雅皮（Japy）、詹姆斯·杰克逊在法国将价格降为每吨140英镑。到19世纪中期，瑞典钢厂将生铁、铁矿石和木炭混合在一起即可生产出坩埚钢，每吨仅售50~60英镑。坩埚技术的先进性在于，它打开了通向现代钢铁科技的大门，第一次使大部件的制造成为可能。

（2）搅炼钢的发展。由德国罗哈格、布莱梅发明的搅炼钢在搅炼成熟铁前中止冶炼而成钢。虽然搅炼钢没有坩埚钢均匀而坚硬的品质，强度也不如刀具钢，但很便宜，19世纪50年代德国钢的价格约22英镑/吨，因而能够大量生产，用于轮箍、车轮、齿轮和传动轴等。英国的铁矿石品位不高，无法使用该法。

（3）英国人1856年贝塞麦转炉炼钢法。将空气吹入熔融的金属中，利用氧化反应自身释放出来的热量来使铁保持液态。改法脱碳过程极为迅速，10~20分钟即可出钢3~5吨（搅炼钢需要约24小时）。这节省了人力和原料，钢便宜了7英镑/吨（包括1英镑专利税），对应熟铁的价格为每吨4英镑。但转炉最大的问题是难除磷，不含磷赤铁矿才好炼。唯有美国苏必利尔湖盆地供应充足，贝塞麦技术的应用在欧洲大陆发展缓慢。

（4）西门子—马丁平炉炼钢法。1864年，德国人西门子兄弟和皮埃尔·马丁在熔液中加入铁屑以促进脱碳过程，才使平炉法获得了商业上的成功。

（5）碱性钢。到19世纪70年代末，在西欧4个主要工业国的贝塞麦和西门子—马丁炼钢总量中，英国占到一半以上。但1878~1879年英国人西德尼·吉尔克里斯特·托马斯及其堂弟在熔融的铁中加入碱性的石灰石，与酸性的磷化合生成可排出的炉渣，并以碱性物质代替通常的含硅砖块作为转炉的衬底，以防止碱性炉渣侵蚀炉壁并把磷释放回金属中——碱性熔剂和炉衬的结合。碱性钢的发明是一个世界级的重要事件。1883年总产量超过了60万吨；而当年贝塞麦酸性钢的产量经历了十年多的时间才达到这一水平。

一方面，由于英国对搅炼工厂投入过大量资金，而无法对所需资产更大的平炉进行投入，反映出英国在炼钢产业上的光发劣势，另一方面惯性和保守主义的力量也不容忽视——英国海军对钢持怀疑态度，同时法国铁道工人也不愿承认钢轨比铁轨要耐用6倍。促使德国钢铁业发展的还是铁路部门铺设铁轨对钢材的巨大需求，铁路也是最早采用这一新型金属的大型客户。在19世纪70年代完成了基本设施的全面置换，钢轨与铁轨之间不断缩小的价格比无疑推动了这一进程——1868年为2.65:1，1871年为1.50:1，1875年为1.16:1。到19世纪90年代，英国在钢铁、煤炭等关键领域的主导地位被美国和德国取代。主要原因在于：

第一，原材料（煤炭）充裕。由于铁路建设对钢铁需求的不断增长，从而也刺激了对煤炭的更大需求。鲁尔迎着这个春风，将煤的开采向深井掘进，因而对蒸汽机的需求也不断上升。1840年在普鲁士的采矿业中有174台蒸汽机共5400匹马力，1549年已达332台共13200匹马力。随着埃森合并进鲁尔区内，焦化生产在这里发展起来。杜伊斯堡成为了煤的船运中心，而煤商哈尼尔和斯汀纽斯的经营不断扩大。在除奥地利以外的德意志空间里，1815~1834年，煤的生产只缓慢地上升了50%，而到1839年就又上升了50%，1849年则比1834年上升了110%，就业者的数量至1848年增加了3倍。因此，鲁尔的领导性部门不再是纺织工业，而是冶金、钢铁工业。

1870年与1850年相比，德国的煤产量增加了4倍多。在关税同盟区域里，1850~1870年，石煤采掘量由550万吨上升到2639万吨，褐煤采掘量则从150万吨上升到760万吨。

第二，装备制造业大发展。对机车的需求有助于提升本地的制造工艺。直到1842年，所有的机车还是产自英国。关税和国家合同催生出本地制造，到1854年，所有机车的原产地都是中欧。德国引入英国和比利时的技术工人以加快这一进程。产量的增加带来了生产率的提高，到19世纪60年代，德国成为铁轨和机车的净出口国。机械工业的迅猛发展，使金属加工业增长了4倍。手工工场变成使用机器的工厂之速度也加快了4倍。到1871年，已有60%的企业属于有50~400名工人的中型企业，53%的工人在这种规模的工厂中就业。煤气工业继续得到发展，1869年已有340家煤气生产企业，与之相配套的管道工业也应运而生。西门子公司于1847年开辟了德意志第一条公共电报线路，电器工业开始起步。

第五章 德国：没有技术革命的领先市场

从19世纪50年代，铁路、蒸汽机和煤炭之间产生了良性互动。随着蒸汽机的普遍应用和铁路的普及，煤炭的消费量剧增，同时使用蒸汽机采煤的劳动生产率大大提高，使德意志的煤产量大增，1850~1870年由550万吨增加到2600万吨。煤炭产量的增多，使黑色冶金工业加速发展，19世纪50年代以后炼铁炼钢已经广泛利用焦煤作为燃料，并输入先进的贝塞麦炼钢法和托马斯炼钢法，所以在1850~1870年，德意志的生铁产量从22.5万吨增加到140万吨，提高了5.2倍，钢材由5900吨增加到17万吨，提高了近28倍，与此同时，德意志的机器制造业建立起来，机器制造厂由1846年的130家增加到1861年的300家且工人达10万人，德国的蒸汽动力，1850年到1870年间由26万匹马力上升到248万匹马力，约增加了8.5倍，铁路的长度由6000公里增加到了18876公里，提高了两倍多，铁路的货运增长了27.1倍。[①]

第三，铁路促使企业组织形式变化。由于钢铁产业对规模有较高要求，而且垄断资本主义在19世纪下半叶的形成，这些因素促使企业大型化。由于铁路运输的运量巨大，运输成本大降，从而推动企业组织形式迅速变化。德国资本主义的重要特征是卡特尔的形成，卡特尔化经"君子协定"发展到有组织的辛迪加。到1914年，辛迪加成员已达90家公司。到19世纪70年代为止，德国的钢铁工业已经比它的英国对手更加集中了。当然，这一模式在其他增长部门也得以成功施行。

1897年，帝国法庭使德国卡特尔有了合法地位，它曾这样说："假如产品的价格降得太低以至于影响到了贸易的正常运作，那么这一结果不仅对个人是灾难性的，而且对于整个经济领域也是毁灭性的。因此从整体利益来看，产品的价格持续走低对产业部门并没有好处。有效的对策是立法部门通过施行诸如保护性关税等措施使物价回升。所以我们不能简单地将企业联合起来阻止价格持续回落的做法看成是违背了公众利益。……只有当企业联合的目的确实是为了垄断、为了压榨消费者，或是企业间的协定确实造成了这种后果时，我们才应该反对这种形式的联合"（麦格劳，2006）。

卡特尔是由合法的独立公司按照协定组成的同盟，而美国的托拉斯违背了法律，通过兼并将原本独立的公司合并成一家大公司并实行统一管理。对德国经济学家和德国公众来说，美国的巨型公司（"托拉斯"）与德国的卡特尔是截然不同的。他们认为"托拉斯"（在德语中是贬义词）要远比卡特尔危险得多。卡特

[①] 波梁斯基：外国经济史 [M]．北京：生活·读书·新知三联书店，1963：384-387．

尔的特点与作用表现为：①卡特尔的目的是规划生产，培育产业发展；调节生产和销售配额，达到商业系统中的供求平衡。与美国制造商联手控制市场的情况不同，德国卡特尔并没有占据多大的市场份额。它们主要通过加强纵向合并使产品种类更加丰富。1893~1945年，煤炭辛迪加不仅统一规划生产配额和价格，而且发挥了很多其他作用。②避免过度竞争但又要有竞争。卡特尔的纵向一体化以及横向一体化发展，减少了竞争，从而降低过度投资的风险，对原料价格施以更有力的控制，并且对出口行为加以协调。③保护行业利益以至于保护大众利益而非个人利益。公司间的协定确实减少了竞争，但是它却为德国企业的管理者们提供了比其美国同行更为广泛的战略和市场选择。总体说来，经过横向联合的卡特尔促进了企业生产的纵向合并，迫使各部门（特别是德国重工业部门）对企业战略和结构进行调整。

第四，技术发展。普鲁士政府对工业化的促进不仅体现在扩建交通体系，如公路、运河以及后来的铁路建设等直接投资上，而且更主要体现在为工业化的发展积极创造框架条件上。在技术方面，德国废除行会制度，实现农民解放以及教育体制的现代化，政府组织大批技术人员到技术先进的英国和美国学习，这是学习阶段所必需的。同时国家营造技术氛围，如工业博览会的组织，科技杂志的发行，职业联合会的组织（"德意志工程师联合会""德意志工商联合会"）等。尤其是联合会的官方背景，连接了学界与技术界并最终为促进技术进步起到重要的推进作用。同时，在机械制造业方面，德国先期主要是引进英国的机车，自从1839年制造了第一台铁路机车后就开始建造自己的机器制造业。随着钢铁业的发展，19世纪50~70年代，德国金属冶炼业出现了重大的技术创新，如1864年，西门子和法国的马丁发明了平炉炼钢法，使世界钢产量在1865~1870年增加了70%，克虏伯父子于1867年发明的坩埚法对冶金工业的发展有一个明显的推动作用。

电气技术也由此发展起来。1821年，欧姆通过自己制造仪器舱内的电能定律，对电气技术的运用作出了贡献。1833年，高斯和韦伯利用了电磁感应原理，研制出了一种电报装置，发明了输电方法。1866年，西门子发明的直流发电机将机械能首次转化为电能。西门子1867年发明的发电机和1879年发明的电动机又完成了电能向机械能的转变。1876年，工程师奥拓改造了内燃机的工作原理，成功地研制出了四冲程内燃机。1892年，迪赛尔发明了柴油压缩点火内燃机。1879年，本茨发明了由汽油发动的两种发动机，1885年，他成功研制出了汽车，生产了0.75马力、用电点火、时速15千米的3轮汽车，后来，他又研制了4通程发动机。戴姆勒经过几十年的潜心探讨，于1885年发明了封闭式发动机，制成了1.5马力的4轮汽车，并于1887年试制成功，奔驰和戴姆勒的发明与创新，极大地推动了汽车工业的发展。

第五，综合银行。钢铁业与银行业互动起来并相互促进。普鲁士新型银行的出现属于促进强有力工业扩张的因素。银行在刺激并支持德国重工业增长及其横向和纵向两方面的合并方面扮演了重要角色。在19世纪70年代的德国高度繁荣时期，总有金融家们感到，对于一切企业促进的问题，只需考虑它的投机潜力就足够了。然而大多数银行并非在发行证券后就进行抛售，他们始终与自己的造物同在，持有一定股份，时刻紧盯业绩，并像普通的获利客户一样鼓励企业的发展。

综合银行迅速参与了钢铁业的经营。19世纪50年代，在鲁尔河流域新建和扩建了一大批煤炭和钢铁公司，其中包括施汀尼斯煤炭贸易公司、好望采矿与冶炼公司，现称汉尼尔（Hani）以及克虏伯、菲尼克斯和博库默尔·维赖恩等公司。德国的机械制造业在生产火车机车的过程中也得到了迅速发展。这类公司有波尔西克、汉莎尔、马费和哈尔克特等。凭借着沙夫豪森综合银行的资助，克虏伯公司广泛地介入了铁轨、机车车辆和军火的生产和经营。

这种新型银行出现的原因包括：从需求角度来看，铁路与重工业所需投资巨大，它们已成为主导和支柱产业；从供给角度来看，用传统的私人财富投资重化工业不足以支付昂贵的生产资料。因此，在1850年以后的普鲁士等地开始了一场"金融革命"。[①]

第六，通信革命。工业化的发展，对通信业有迫切的需求。西门子成功地利用古塔橡胶使电线绝缘，并在1868年铺设了第一条陆地电报线。几年以后，不仅关税同盟区域中所有中心地区都被这种陆地电报线彼此连接起来，而且海底电缆也把欧洲同北美连接起来了。这场通信革命通过信息的传播不仅使这个世界同时化了，而且还推动了电缆业和橡胶工业的发展。在化学工业方面，由于苯环的发现和有机化学的发展，一批新型化学工厂建立起来，最著名的有1861年在巴门建立的焦油与苯胺染料工厂，1863年在荷尔斯特、1865年在曼海姆建立的苯胺染料—苏打工厂等，这些新型化工厂为纺织业开发了大量极为重要的化工产品。

第七，产业集聚。交通革命最重要的结果是运输量的极大增长，运输价格的

---

① 弗里德里希·威廉·亨宁. 德意志史（第3卷，下册）[M]. 北京：商务印书馆，1984：180.

大幅度下降，还有一个重要的意义在于：原材料和能源以及矿石与煤已能普遍地独立于自然的现有地点，并能为那些经过选择的生产场所所支配和掌握。对煤的支配，蒸汽机的推广，企业内生产的集中，地方与地区性的分工，冶金工业与煤的紧密结合，工厂在铁路枢纽点上的集中现在都已成为了可能。因此，铁路提高了劳动力的灵活性，使他们的集中化变得容易了；铁路使工业品价格下降了，从而使规模得以扩大；铁路促进了大批量的生产与竞争，进而将技术工艺上的现代化推向了前进。从更长远来看，产业集聚需要劳动力的集聚，铁路与钢铁业对此也产生了积极作用。这种工业与铁路网同步建设，可以在限制城市人口与城市规模的基础上却不影响工业劳动力的数量。这些乡村的工业劳动力，对本地乡村城镇化的作用也不容低估，因为他们在工业中的收入，对于乡村的商业化、城镇化的发展来说，是一个必不可少的条件。因此形成了德国城市小型化特色，一大批工业化的城市带组成了德国的大工业中心。

以廉价的钢铁、精密的制造和电力的应用为特征，经济发展突飞猛进，使一系列新的消费品进入千家万户，即我们现在称为耐用品的那些东西：缝纫机、钟表、自行车、电灯及其他电气产品。

汽船航运也发展起来，通过签订莱茵河航运协定，莱茵河上的水路运输摆脱了行会的约束。1824年，第一艘汽船开始在莱茵河上航行，1825年，普鲁士莱茵汽车公司创立，1869年，促进德国航运业发展的专门公司成立，莱茵河和易北河上，用铁质驳船和大轮船运送煤炭、矿石谷物、石油、煤油等大宗商品，在海运方面，1839年，创立了汉莎汽船公司，1847年，创立了汉堡美洲汽船公司，在1850~1870年，船只的数量增加了30%，总吨位增加了80%，汉堡成为海运中心。

事物之间的关系往往都是辩证的，英国纺织业的垄断地位和德国对容克地主谷物出口中的利益保护，偶然地成了德国纺织工业落后和钢铁业领先的原因。为了维护容克地主的利益，普鲁士与英国达成交易。德国关税同盟地区为英国纺织业打开市场的条件就是英国向德国地主开放谷物市场。这样德国的纺织业就在英国泰山压顶的优势面前败下阵来。总之，由于英国在纺织业中的世界先锋角色，以及容克贵族地主的利益，李工真指出这个交易起到一箭多雕的作用：首先容克贵族地主的利益得以维护；其次给予英国以传统纺织业市场，使英国有了虚假繁荣的幻觉，英国人在100多年前的羞怒现在反制其身，正所谓"己所不欲勿施于人"，事实上德国最为重要的目的顾左右而言他，根本上阻止了德意志模仿英国道路——通过纺织业走向全面机械化、工业化的道路。

总之，1850~1870年的20年间，德国的经济总量翻了一番。最可喜的变化还在于产业结构的变化。在就业人口方面，农业、工业与商业、交通与服务业所占的比重由1850年的60%、25%、15%调整为1871年的51%、28%和21%。在国内生产总值方面，"在1850年，农业占47%，工业和手工业占21%，交通占1%，贸易占7%；而在1870年则分别为40%、28%、2%、8%，其余为服务业"①。至此，德意志才真正走上了工业化轨道。

第三节　工业革命完成阶段领先市场的典范：有机化学工业的发展

技术革命与产业革命是否存在因果关系，不得而知。19世纪，欧洲大陆没有发生技术革命，德国也不例外。但是第二次工业革命策源地的主导产业——有机化学和钢铁业等产业的"首次商业化"都出现在英国，尤其是有机化学几乎在英国快促成了领先市场，以至于英国皇家化学院主席霍夫曼在1862年水晶宫万国博览会宣布：人类进入了合成染料时代并且毫无疑问地，英国在不久的将来将成为世界上最大的染料生产国。但不到十年就被德国"抢"了过去，德国是如何做到的？

德国真正赶超英国是在有机化学工业上，但经济学界和经济史学界没有给予其必要的重视。德国还抓住新技术革命的机会大力发展新兴产业，发展起以电力、化学工业为核心的新型工业，及时调整产业结构，加速了工业化进程，迎头赶上英法，成为欧洲大陆，最发达国家。

在1870~1914年，德国成功地实现了对英国的超越，这种超越在很大程度上基于德国化学工业首创的以企业实验室和企业与大学科研合作关系为特征的新型部门创新体系的建立。从部门创新体系视角来看，德国对英国的成功赶超主要基于抓住第二次工业革命的机遇，其中钢铁、化工、汽车等新兴部门中部门创新体系的成功构建作用至关重要（张文杰，2010）。托马斯·麦格劳以德国的钢铁业和金融业为例，说明德国是如何取得成功的。

---

① 托马斯·里佩代尔. 德意志史，1800~1866 [J]. 北京：商务印书馆，1983：201.

一、有机化学工业产生与早期发展

纺织工业是第一次产业革命的前锋,是世界上一切工业的摇篮。染料工业是纺织工业的附属产业。印度最早以制造蓝色染料闻名于世。16世纪,天然"染料皇帝"靛蓝传到欧洲,它在西欧被称为"indigo",意思是"印度制造"。

1806年,瑞典化学家贝采里乌斯把组成元素主要是氢、氧、氮的物质作为有机化合物,认为有机物是来自生物有机体,人工合成是不可能的。因为有机化合物虽然组成元素少,但种类和性质的多样性是很难理解的。这种说法流行了几十年。1824年,德国化学家维勒用人工方法合成出了尿素,这是有机化学发展过程中的一大突破,它打破了无机化合物和有机化合物之间的绝对界限。

法国在化学工业领域的显著地位在拿破仑战争之后一直持续至1830年左右。巴黎是世界化学的中心,也是化学家的圣地,近代化学之父拉瓦锡(1743~1794)的故乡。世界著名化学家盖-吕萨克(1778~1850)、泰那尔(1777~1857)和杜隆(1785~1838)等都齐聚巴黎。但是,1871年阿尔萨斯和洛林割让给德国,法国失去了许多化学家,同时法国人缺乏化学研究所需要的吃苦精神,他们更愿意为灵感而不是实验过程工作(金德尔伯格,2003)。

在英国,年仅18岁的大学生珀金于1856年发明了人类有史以来第一种合成染料——苯胺紫,此后,各种合成染料如潮水般涌向市场,它们物美价廉,巧夺天工,迅即冲垮了天然染料市场。1862年,合成染料在伦敦国际博览会上登台亮相,引起了极大的轰动。帕金与英国和法国的企业家一起,控制了之后八年的综合性染料产业。有机物是人类赖以生存的重要物质基础:人类衣食住行等生活必需品中,糖类、油脂、蛋白质、石油、天然气、天然橡胶等来源于天然有机物,塑料、合成纤维、合成橡胶、合成药物等人工合成的有机物也广泛运用于生活的方方面面,合成具有特殊功能的有机化合物,大大改善了人们的生活质量甚至生活方式与习惯。

二、德国合成染料工业的发展与辉煌

德国有机化学工业是以模仿英法技术开始的,"没有任何迹象预示着伟大事物的到来"[①](兰德斯,2007),1869年是德国合成染料工业发展史的一个重大转折点,德国人发明了合成茜素,之后合成茜素就实现了工业化生产。所以,1869年就

---

① 美国著名经济史专家兰德斯(Landes)称合成染料工业是"德意志帝国最伟大的工业成就"。

成为德国合成染料工业由模仿英法转向自主创新的分水岭。在之后的10多年中开发出了偶氮染料和靛蓝染料。德国巴斯夫公司总共投资500万美元，经过17年的研发，终于在1897年使靛蓝染料（被称为"染料皇帝"）进入工业化生产阶段，体现了其自主创新的决心。1901年，巴斯夫公司又推出了誉满全球的阴丹士林。

在合成染料工业的基础上，德国将技术扩散至其他产业，如化学药物的开发，主要产品有安替比林（19世纪80年代，希斯特公司）、非那西汀（1888年，拜耳公司）、阿司匹林（1897年，拜耳公司），其中，被誉为"拜耳良药"的阿司匹林百年不衰，至今仍是著名的西药。

至20世纪初，世界有机染料出口市场几乎被德国公司所垄断，如1900年，德国有机染料市场在全世界的占有率竟然达到80%～90%，而达到最高峰的1913年，德国合成染料年产3亿磅（价值总额达6000万美元），出口占国际市场份额的87%。在产业发展史上，任何一国产品从未达到如此高垄断程度，可谓是前无古人，大胆推测一下，也后无来者。从图5-3中1857～1912年各国染料企业数也可以看出这一盛况。

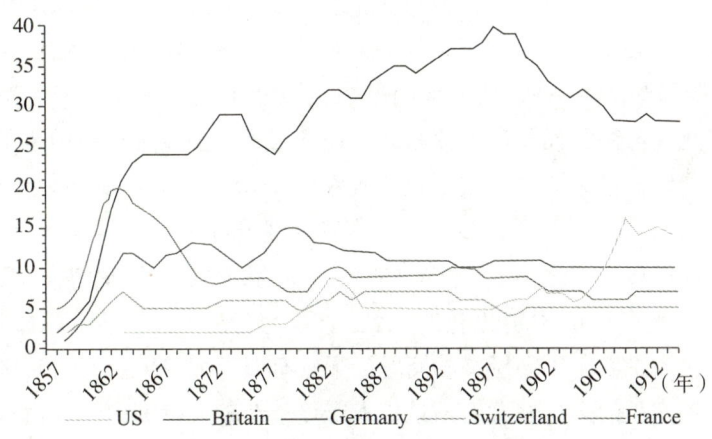

图 5-3　1857~1912 年各国染料企业数

资料来源：Murmann J. P. The Coevolution of Industries and National Institutions: Theory and Evidence [M]. Berlin: Wissenschaftszentrum Berlin für Sozialforshung gGmbH, 2002.

更有甚者，作为合成染料工业的发源地和早期领先市场的英国，其市场也被德国所垄断。如1900年前后20年期间，德国有机染料在英国市场的占有率为80%，其余市场的大部分也是由英德合资或德国独资企业所提供。可见，英国违背了"进口原材料，出口制成品"的祖训，使曾经给西班牙、葡萄牙的羞辱的它们反过来被德国羞辱。19世纪末期，英国为了进口德国的合成染料，不得不向德国出口合成染料的初级产品。英国盛产合成染料的初级产品，如煤焦油、蒽、苯和甲苯。由于没有加工成高附加值的合成染料的能力，致使英法在第一次世界大战期间不得不用敌国——德国的染料来装扮自己的军队。

历史总是比想象更加离奇。德国在染料行业本来是滞后市场，它的企业（赫希斯特、巴斯夫、拜耳）创建于19世纪60年代，比英国同类企业建立要晚10左右，而且政治环境和经济环境也不如英国，英国工业革命如火如荼，使其成为世界上最强大的工业国家。德国却还处在封建割据状态，然而，只经过短短几十年染料却成为了德国人的"专利"。在产业层面的关键问题是，为什么德国能够超越英国，并获得了如此高的世界市场份额？为什么美国的染料产业不能赶上德国？更一般地，随着时间的推移，究竟是什么机制使初始小的差异变得越来越大呢？

钱德勒在比较英国、德国和美国三国企业后，认为"德国工业力量的发展与英国工业力量的削弱，不完全是由于地理位置或政府对工业的政策有所不同，甚至也不是由于金融和教育机构的模式不同。这是由于在为了充分利用规模经济和范围经济的竞争优势而对物质设施和技能进行必要的投资方面以及继续为设施在投资并提高技术和管理能力方面，英国企业家未能有所作为，而德国企业家却做得很好"（钱德勒，2006）。其中德国电力机械利用了规模经济和范围经济，金属业利用了规模经济，而化学工业则充分地利用了范围经济。利用范围经济这种纵向一体化的防御性策略，因设置进入壁垒而抑制了竞争者得到原材料的供应，自身却可以大大降低成本和提高单位生产率。钱德勒纯粹从微观角度观察问题，这种理解只能解释一国之中为什么有的企业成功而有的企业却失败，但用于解释一个产业特别是产业的国别比较时，就显得"只见树木，不见森林"，因为企业、产业和国家是属于不同层级的问题。无独有偶，大卫·兰德斯对这种"企业更侧重于发展产品的多样性，而不是扩大产量，在较大范围内，它扮演的似乎是厨师的角色"也情有独钟（兰德斯，2007）。

默曼认为，从供给和需求角度也无法解释这个问题。首先，从原材料的成本来看，合成染料最基本的原料是煤。从这一方面可以解释德国比法国更有优势，因为德国产生了更多的煤炭。但却无法解释为什么德国的合成染料会比英美强，因为1859~1914年英国和美国生产的煤炭一直都比德国多[①]，更无法解释根本没

[①] 1859年英国的煤产量大约是德国的6倍，1913年英国的煤产量仍然比德国多。1859年美国生产的煤比德国多25%，1913年是德国的2倍多。

有煤的瑞士为什么会占据合成染料的第二位。而从合成染料的直接原料煤焦油来说，德国主要是从英国进口的，如果原材料是一个决定性的优势，英国应该有发达的最大染料工业，而不是德国和瑞士。从需求方面来看，1852年，英国是世界上最大的纺织工业国。英国的纱锭是德国和瑞士的23倍，到1913年，英国的纱锭仍然是德国的5倍，瑞士的40倍以上。

默曼运用了资源基础理论（Wernerfeld，1984；巴尼，1991）、组织生态学（汉南和弗里曼，1989）、体制理论（迈耶和罗文，1977；迪马吉奥和鲍威尔，1983；奥利弗，1991；斯科特，1991）、资源依赖理论（佩弗和萨兰西克，1978）、网络理论（波特，1992；蒂莉，1998）和演化理论（纳尔逊和温特，1982；奥尔德里奇，1999；兰顿，1984）建立了一个模型，认为从产业和国家制度的协同演化角度可以解释德国染料的领先地位问题。

默曼认为德国在合成染料产业创造了巨大的优势，关键的原因在于：科学资助、"不成功"的专利法和集体游说的努力，其中集体游说是最重要的。通过比较多个国家企业命运，发现企业能否战胜外国竞争者取决于他们的社会环境资源。……这些公司能够比对手更好地维持与最好的化学人才的关系。教授在大学实验室的工作常使学术成果产业化并得以扩散，有时又回到大学。这就创造了一个业界和学术界有关人员的非正式的关系网络。第一次世界大战前建立的这一网络不仅是非正式的，而且绝大多数核心人员是德国人。合成染料工业的主导权的产业转移与这种关系的强弱密切相关。默曼称之为学术界与产业知识的网络。……非正式网络假定不只是合成染料有关知识转移的次要作用。它是组织的集体行动机制。德国企业大大增加集体行动以修改专利法和大学政策的成功的一个关键原因是它们可以依靠一个跨越产业、学术界和政府更强大的网络。为使游说策划更有效，非正规学术—产业网络因为与高级别政府官员联系而丰富了。德国的强大而紧密"产学政"网络，往往集体行动能够成功；英国和美国网络小而疏远，集体行动更有可能失败。可见，制度环境常常嵌入到企业的竞争优势之中，正是因为体制环境是难以复制，难以模仿。它们通常是长期逐步形成的，因果结构往往不能被完全理解，且其构成中的变化通常需要大量利益不一致的行动者协调。在提高染料行业科学和工程人才供应量方面，德国也运用了三条策略：利用集体组织力量来动员支持；直接游说国会；建立公私学术团体的伙伴关系。

从默曼的解释中，可以看到默曼对国家制度的重视，只不过默曼是基于产业的视角，从企业、技术与国家制度共生演化的角度进行了解释。但是国家处于被动角色，未能体现出国家政策对有机化工业发展的重要性。染料产业的记录表明，国家创新体系所建立的环境并不会自动导致高性能的企业。

第四节　抢占有机化学工业领先市场的政策体系

默曼从资源等角度分析了德国的有机化学在19世纪中期以前的比较劣势。下面本章从领先市场的两个主要维度——核心技术和潜在市场作出分析，可以说，在当时的德国发展有机化学工业，所有条件都不具备。

首先，从技术角度来看。1860年之前，德国的有机化学工业方面更加远远落后于英国和法国。如1830年左右有这样的说法：什么是化学？化学就是法国人的科学。由于惊人的变革，英国能在很短的时间内，将它制造的蓝色染料出口印度，要知道那里可是靛蓝染料的生产大国；将它制造的红色染料出口到墨西哥，而那里则是胭脂红染料的主要生产国；将制造出棒皮粉和番红花染料的人工替代品，并将它们出口到生产这些天然染料的国家——中国、日本和其他国家。一些观察家相信，英国是注定要主导全球合成染料工业几十年的历史。而德国三家大公司的建立时间比英国晚10年。

其次，从市场角度来看，德国似乎不具备潜在和现实的大市场。化工产品的买主主要是纺织企业，然而，正如我们看到的那样，欧洲大陆的纺织业是绝对无法和英国相抗衡的，这一情况导致化工产品的市场需求变得相当有限。同时，化工行业本身面临着很多阻碍。化工产品相对于其体积而言比较廉价，因而处置起来有些困难，容器可能发生破裂损坏，运输成本也比其他工业要高出许多。同时，地理障碍对化工业的供应链也构成了严重的限制，大陆上根本找不到一个像（英国）默西塞德郡那样水路交通便利的煤炭和盐的产地。所有这些都限制了大陆化工业的发展规模，使生产成本一直高于英国水平（大卫·兰德斯，2007）。

有机化学工业与当时新的主导产业耦合，理由如下：①为成熟的纺织业提供染料，市场需求巨大。②原料来自废渣，具有低廉的原材料，尤其是化学家发现了煤焦油变废为宝的途径，马克思说："科学的进步，特别是化学的进步，发现了那些废物的有用性质。"这是新技术经济范式出现的良好基础。③技术溢出容易：迅速向制药、橡胶等行业发展。一位研究法国化学家的历史学家阐述了自己的观点。他认为，1871年阿尔萨斯和洛林割让给德国时，法国失去了许多化学家。但是在任何情况下，法国人都缺乏研究所需要的吃苦精神，他们更愿意为灵感而不为实验过程而工作（金德尔伯格，2003）。④德国受传统产业的阻力小。英国染料业和其他以新科学为基础的产业，要面对现有工业（如纺织品）的强烈反对。当然，后来德国工业化也遇到同样的问题，但比英国程度小得多，因为德国的纺织业英国比英国小得多。

领先市场强调自主研发的重要性，停留在模仿和学习阶段是无法建立主导产业的领先市场的。因此，开创原始创新能力来获取技术发明与科学发现才是自主创新的根本要求。而自主创新的最关键要素本章在前面也有谈及。

在德国合成染料工业起步时，英、法两国的合成染料工业已相当先进，德国就派人去参观学习。一些德国年轻人甚至到英国企业做"打工仔"，学习先进的生产技术，这其中包括后来成为巴斯夫公司研究部主任的卡洛和后来创办爱克发公司的化学家马蒂斯。对于有些通过正常渠道得不到的技术，德国人甚至不惜雇用工业间谍去偷。德国人有选择地采取"拿来主义"：拿来的东西不仅是最先进的技术，而且是最好销售的产品。也就是说，英国人和法国人不仅在技术上为德国人开了路，而且在市场销售上也给德国人开了路。所以，德国合成染料工业一开始就少走了许多弯路，技术起点比较高。另外，德国人对拿来的东西并不是囫囵吞枣，他们善于消化、吸收和再创新，很快就超过了他们的"老师"。

一、聚焦于领先市场的教育、人才政策

导致合成有机染料行业的企业成功的关键因素化学知识。德国教育和培训制度为德国公司带来了巨大优势，尤其是后来科学发展成为染料业发展的更精确的工具。在19世纪六七十年代，有机化学工业技术在欧洲开始出现，其关键性投入是由大学培训的化学家。德国能够在有机化学工业成为后起之秀，是因为德国培养了更多的有机化学家。与此不同的是，英国当时也有很多化学家，但有机化学家不多。这说明教育结构的重要性。

教育系统不仅是进行创造知识的地方，而且也是教授和学生之间紧密联系的地方（如图5-4所示）。

德国有机化学工业的人才网络的搭建是通过制度创新和组织创新的"三大工程"达成的：

（1）首创工业研究实验室。教学与科研的结合。德国合成染料工业迅速崛起，并在世界上取得垄断地位，其中一个重要的原因在于它创建了一个作为主要创新源泉的工业研究实验室，实现了工业中科学制度化，这一重大组织创新，使

德国有机化学企业科技成果速度大大加快,并因此获得了竞争优势。

工业研究实验室首先出现在德国的化学工业和美国的电气工业中,出现的原因有两个:第一个原因是,大型制造企业功能专业化普遍进程的结果,这一结果的产生是由于在材料工艺和成型技术以及新能源方面的根本性创新使速度和规模经济的开发成为可能;工业实验室也成为企业开发更多可利用知识的一种工具,这些知识来源于物理和化学方面的基础性进步。第二个原因是,这些新型的企业内实验室还充当着"前沿监视器",帮助企业从其他企业那里寻找和获取新技术。[①] 这事实上就已经出现了"熊彼特Ⅱ型"创新的雏形。

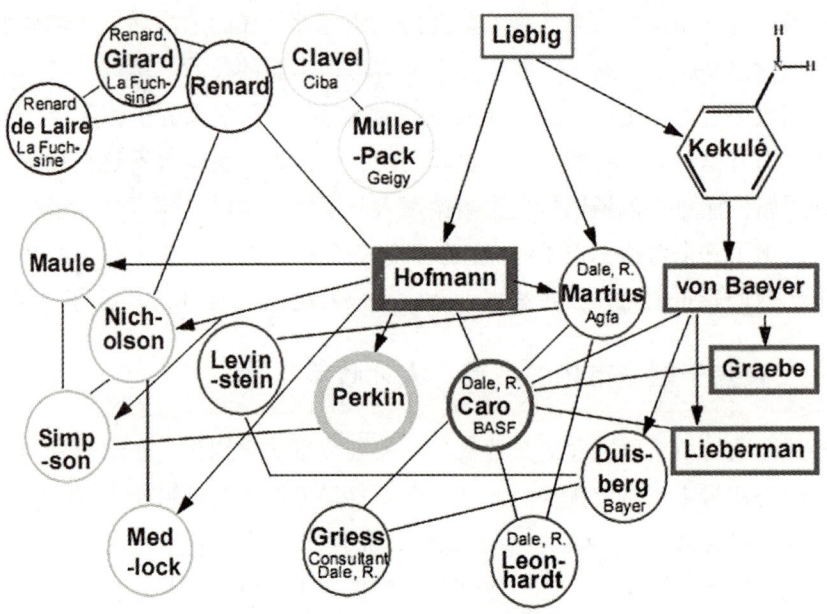

图 5-4 早期染料工业产业—学术网络[②]

资料来源:Murmann J. P. The Coevolution of Industries and National Institutions:Theory and Evidence [M]. Berlin:Wissenschaftzentrum Berlin für Sozialforshung gGmbH,2002.

---

① 法格博格,莫利,纳尔逊. 牛津创新手册 [M]. 北京:水利水电出版社,2004:93.
② 这个图表是早期的染料网络简化图。它不包含所有的关系,目的在于给人以很大的启发。圆形代表私人企业(小写字母表示私人公司),方形(或苯环,如凯库勒)代表学者,箭头线代表师生关系,如 Graebe 是冯·拜尔(Von Baeyer)的学生。右侧的个人(Levinstein、Griess、Caro、Leonhardt、Duisburg、Martius)是德国人,而在西南角的(Maule、Nicholson、Simpson、Medlock、Perkin)是英国人,在西北角的(De Laire、Girard、Renard)是法国人,正上方的(Clavel 和 Muller-Pack)是瑞士人。粗线表明这个人是比较重要的。霍夫曼(Hofmann)被定位在中间,因为他在初期的产学网络中起核心作用。

德国高等学校实验室的建设分为以下三个阶段：第一阶段为1826~1866年以李比希的吉森实验室为代表的实验室。这一时期，化学实验室特点之一是投资少、规模小、仪器便宜；而且有机化学学派众多，竞争非常激烈。第二阶段为1866~1895年经典有机化学时代的第二代实验室。有机化学已经从分析阶段走到合成阶段。化学家们拿着凯库勒碳价键和苯环理论，充满信心地进军"有机化学的原始森林"。第三代实验室是物理化学的时代。化学家们开始研究催化技术和氢化技术，这是合成氨、橡胶工业和石油工业所必须解决的问题。面对这一新的形势，无论是工业化学家还是学术化学家，都必须来一次工作大转向。化学实验室的研究重点也就转移到物理化学上了。

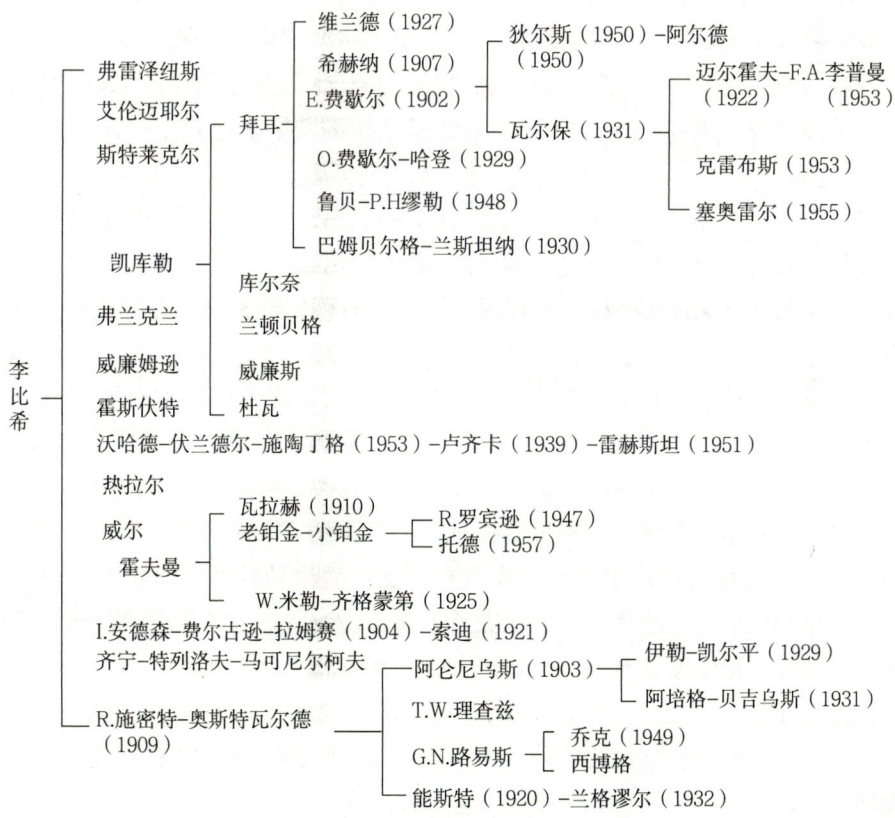

图5-5 李比希科学家谱

注：人名下或旁边标的年份是该人获诺贝尔奖的时间。

资料来源：张家治，邢润川. 历史上的自然科学学派［M］. 北京：科学出版社，1993：10.

教授和学生之间紧密联系通过大学实验室联系起来,通过实验室使科研与工业企业联系起来。现代工业研究实验室在德国有机化学工业中的诞生,它并为德国的工业繁荣创造了组织与制度条件,它的突出创新在于组织化学家们协同为雇主工作,并系统训练了一大批年轻化学家和学生。而在此前,"传统老式企业没有工业研究实验室,他们只是通过小规模的投资过程缓慢地获得新的合成染料,而'新'式企业则对工业研究实验室进行了投资,由于这种投资,它们要比老式企业以更快的速度获得新的合成染料"。最初英国的企业无论是规模还是数量都优于德国,但是英国因为"没有一个企业建有工业研究实验室",反之"德国大学所培养的化学家数量超过了德国和英国企业对化学家有限的需求"。加上新技术的发展,德国企业迅速超过比英国。

钱德勒对于工业实验室这一新鲜事物给予了高度评价:"不仅大大促进了以科学为基础的工业发展,为新材料、新产品、新技术提供了川流不息的创新源,也促进了传统创业更新换代,而且对整个国家经济发展也起着重要而又积极的作用。"

(2) 企业与大学密切合作。产学结合工程。大学云集着资深的化学教授和一大批年轻有为的化学博士,还有他们"生产"出来的大量具有商业价值的科技成果,见图5-5。合成染料企业利用这些丰富的科技资源和人力资源来提高竞争力。

但是,大学教授有其学术尊严和行为规范,他们热衷于探索自然的奥秘,从事基础科学研究。而为企业做的研究则主要是应用性的,学术价值不大。那么,企业是如何使化学教授达到心理平衡的呢?最重要的是尊重化学家作为科学家的学术尊严。一是企业课题的学术价值提高,不会让化学家感觉到纯粹为了赚钱或"大材小用";二是保护化学家的知识产权,支付成果转让费,即使该知识产权是企业协作的结果;三是付给化学家数量可观的咨询费;四是提供给化学家研究的条件,如允许化学家免费调拨企业研究人员和实验人员。

正因为如此,各染料企业争先恐后地雇用化学教授。这样大学化学家勘探新矿藏后,就交给工业化学家去开采;而工业化学家则把它开采出来。这样形成良性循环。

(3) 化学博士进入企业。产学研结合。人力资源怎样转化为人才优势乃至工业竞争优势?舒尔兹说:人类的前途将由人类的才智来决定。人力资源的形成来自教育的投资。人力之所以被称为资源或资本,是因为它是今后富足的源泉,又是今后工农业收入的源泉。在法国、英国,当科学被看成是有钱又有闲的绅士的一种业余活动时，德国开始把科学作为一种谋生的职业。

德国化学家更多地流向企业而非大学就是最好的例证。1865年，德国大学共雇用了72名化学家，而巴斯夫、赫希斯特、拜耳三家公司只雇用了3名化学家，1880年，大学化学家的数量被这三家公司所超越，如1910年，大学化学家为72人，而这三家公司化学家的数量5倍于大学，达到360人之多。而其中，有机化学家的增长速度又是最快的。可见，有机化学家和化学学生进入工业界，是人力资源优势转化为人才优势乃至工业竞争优势的基本途径。这是有机化学发展速度快于无机学等工业的重要因素。

所以，虽然在19世纪下半期开始的几十年中，英国在总体的科技实力上与德国相比具有绝对优势，但是究其一点，英国在科学家或化学家的总量方面占优势，而德国加强培养的有机化学家则使德国在有机化学工业上却绝对领先。这就使我们对德国有机化学工业"突然"崛起一点儿不奇怪，系统论告诉我们，系统的功能取决于结构而不是规模。英国著名化学工业史专家L. F. 哈伯在总结德国合成染料工业成功的原因时特别指出：德国有机化学工业吸引了大量优秀的化学家，他们为德国化学工业不屈不挠地、热情满怀地从事研究。

二、灵活的专利制度对于领先市场的作用

专利制度是一把双刃剑。一方面，专利制度有效地激励人们从事发明创造；另一方面，专利的垄断性阻碍了新技术在全社会的推广和扩散，难以实现社会收益的最大化。在合成染料工业的发展中，专利制度的双重作用表现得十分突出。专利制度是导致有机化学工业领先市场在英国和法国衰落和在德国兴盛的一个重要原因。

1. 早期形同虚设的专利法使德国大量拷贝国外新产品、新技术

1871年统一以前的德国分崩离析，39个邦国中只有29个邦国已建立了专利制度，另外10个邦国没有建立专利制度。这与专利的区域性特点形成了很大的矛盾。即一项发明如果要在德国受到专利保护的话，发明人就必须周游列国，到各个邦去申请注册专利。由于各邦专利法各异，法律程序极其繁琐，这样做需要花费许多时间和费用，其结果是得不偿失。如果一个发明者有幸过五关、斩六将，取得了29个邦的专利，而另外10个邦国由于没有专利法，可以毫无顾忌地拷贝别人的发明。总之，一项发明创新就甭想在德国受到有效的专利保护，取得独占权。相反，任何新发明会迅速扩散到德国各个角落，形成创新浪潮，使社会

普遍受益。

由于英国在1857年对染料进行专利保护，具有特定染料专利的公司，如帕金父子基于垄断，免受激烈的竞争并实现了巨大的利润。与此相反，德国直到1877年都没有有效的专利保护，这导致了一个非常不同的选择制度。企业可以自由进入以及市场竞争压力使无法跟上最佳生产者的效率的公司被淘汰了。

在德国制定统一的专利法以前，德国合成染料企业放心大胆地拷贝国外和国内的一切新产品、新技术，发明创新得以迅速扩散，带来了合成染料工业的发展。待到具有了自主创新能力时，德国合成染料工业极力促成政府制定统一的专利法，1877年达到目的，后来又帮助政府制定专利法实施细则。合成染料工业对德国专利制度的建立和完善，做出了巨大的贡献。

2. 专利法的统一与实施使德国发明了大量的新产品、新工艺

形势的发展使德国对专利法进行统一，理由如下：①1869年，德国人发明了合成茜素，这标志着德国合成染料工业进入了自主创新阶段。1871年，德国结束了封建割据的状况，建立了统一的帝国，同时也创立了统一的大市场。那时德国工业化尚不成熟，迫切需要新技术、新发明，政府则蓄意保持原来的专利制度，各邦仍执行自己原来的专利法，我行我素，与统一以前的德国一个样。②企业力促政府建立统一的专利法。19世纪70年代以后，德国合成染料企业发明了大量的新产品、新工艺，但是，由于德国专利制度太混乱，专利发明得不到应有的保护，很快就会成为公共财产，任何人或企业都可以无偿使用。例如，合成茜素专利本为巴斯夫公司所拥有，但是不久赫希斯特公司在没有取得合成茜素专利权人许可的情况下就擅自生产合成茜素，其他许多公司也是这样。靠生产合成茜素，德国合成染料企业迅速壮大起来。由于没有统一的专利法，某一企业的创新就如春风吹遍全国的企业，扩散速度很快。这有好的一面，即带来了整个国家合成染料工业的繁荣，但也有严重的负作用，就是严重挫伤了发明者的积极性。因为缺乏垄断，发明者在发明和创新上的大量投资就得不到回收，发明家和创新企业的利益受到损害。

形势的发展、企业呼吁早就引起了政府的重视。但是政府有它自己的考虑：对于整体工业落后的德国，迫切需要新的技术发明和创新的大量扩散。如果颁布实施统一的专利法，势必阻碍源于外国和本国企业的发明创新的扩散，这于繁荣国家经济是不利的。就是说，政府认为制定统一的专利法时机未到。结果是，专利侵权肆无忌惮，官司层出不穷，如果任其发展，后果将是严重的。1876年，德国政府终于认识到制定统一的专利法的时机到了，开始酝酿统一的专利法。

第五章 德国：没有技术革命的领先市场

1877年5月25日，德国正式实施统一的专利法。7月1日，建立帝国专利局，专门处理专利事务。德国统一了专利法，这大大地激励了德国的个人与企业从事发明的积极性。一些先进企业开始大量雇用科学家，建立实验室，专门从事发明创造。整个德国的专利数量大幅度上升。

据统计，普鲁士在1850~1875年平均每年授予专利仅82件。1877年专利法生效后，专利数量高达每年400~600件。有人研究过，化学工业在1877~1904年，漂白、染色方面的专利有3447项，染料、涂料、漆料方面的专利有3733项。这些专利对德国经济发展和德国竞争力提高产生了积极的作用。也大大地改变了该领域的世界专利格局，如图5-6所示。

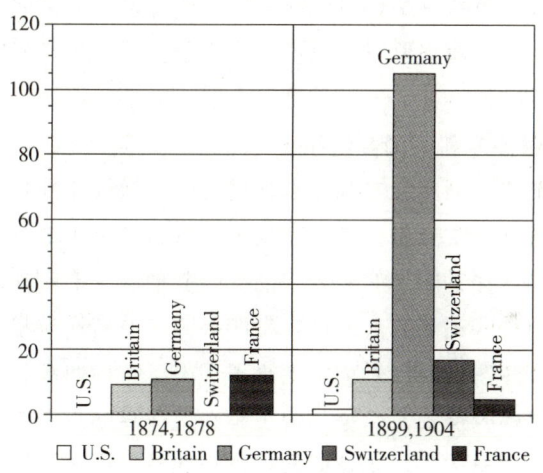

图5-6　1874~1904年各国在英国获得的染料专利数

资料来源：Murmann J. P. The Coevolution of Industries and National Institutions：Theory and Evidence [M]. Berlin：Wissenschaftszentrum Berlin für Sozialforshung gGmbH，2002.

德国专利法有两个显著的特点：一是德国专利法只对具有新颖性和实用性的化学工艺给予保护。即它只保护工艺技术，而新产品不受保护。也就是说，如果一家企业利用专利工艺制造出了一种新产品，那么，另一家企业可以采用不同的工艺技术制造相同的新产品。一些大企业为了防止这种情况，会研究出好几种工艺同时注册，这样就断了竞争者的路。在开发多种工艺的时候，企业有时会获得意想不到的新成果。1891年，德国修改专利法，开始保护新产品。这使专利的数量大大增加。二是专利局在受理专利申请时，实行严格的审查制度，以保证注册的专利是真正新颖的、具有独创性的。为此，专利局的工作人员要查阅大量的文献资料。如有可能，还会要求申请人当面演示化学实验。这种审查制度后来被英国、荷兰、瑞典、丹麦、挪威、奥地利等国家的专利法采纳。

对专利制度的建立和完善，合成染料企业做出了积极的响应。一是合成染料企业大量雇用化学家，建立工业实验室，大规模地"生产"发明和专利。二是为了妥善管理专利工作，一些企业建立了专门的机构——专利部，例如，拜耳公司1896年成立专利部，并由杜斯堡亲自来抓。三是达成专利共享协议。德国合成染料企业不仅在专利方面展开激烈的竞争，而且也加强合作。尤其合成染料企业组成卡特尔组织后，专利共享就更加普遍了。德国合成染料工业还针对外国专利制度的缺陷，实施有效的专利策略。它们到英国和法国注册专利，抑制英法合成染料工业的发展，垄断英法合成染料市场。当外国的专利制度改善后，德国合成染料企业又不失时机地到那里去投资，设立子公司，生产专利产品，保持垄断地位。

3. 德国加入保护专利的国际组织

德国与其他工业化国家就专利保护达成了多边协议，即这些国家的任何一项专利，不管它在哪个国家注册，都受到保护，这就扩大了专利保护的范围。德国合成染料企业可以就在本国注册专利，而享受其他国家专利法的有效保护。如果没有这项协议，由于专利具有区域性，发明人为了有效地保护自己的专利，就必须到多个国家申请注册，这样做成本太高了。有了这项协议，德国人的专利在其他国家也受到了严格的保护，为德国合成染料工业垄断世界市场创造了良好的法律环境。这也是德国合成染料工业能取得世界垄断地位的一个重要条件。

德国和英国染料行业的经验表明，灵活的专利制度才会对行业的长远发展有利。如果德国专利法没有在1858年生效，许多德国企业的竞争力是值得怀疑的。专利制度成为德国染料产业成功第二个关键因素（最重要制度是大学制），使德国企业抓住主导地位。

三、范围经济与规模经济促进领先市场建设

美国著名经济史学家格申克龙强调，关键是要注意新的产业出现时，现有的制度如何可以帮助或阻碍新产业的发展……在生产方面，企业不仅可以利用规模经济，但更重要的是，它们可以组织起来获取范围经济的利益。许多品种的染料产品的价值不大，市场需求也不大，一条生产线将被占据所有时间。要使生产设备不停运转，企业（如拜耳公司）在19世纪90年代，使用相同的生产线生产多

种染料和中间体。为此，企业需要能够预测染料品种的需求，然后制订出缜密的计划：在一条生产线上，何时生产、生产什么染料中间体以及如何处理意外停机时间。染料使用化工中间体和交叉利用的生产线，成本降低依靠稳定的产品需求，如果没有足够的订单，即使是最有效的生产者也不能存活下来。大范围经济和产品的合理规模化生产要求有竞争力的公司找到维持产品需求相对稳定的方式。

领先市场营造的关键要素之一是足够大的市场规模和具有竞争力技术的结合，这才是集成创新的要义。所以，一方面打造市场竞争力强的产业与产品是其前提，即产业选择的重点在于带动性和技术关联性强，能够促进相关技术的有机融合的产业。另一方面加大区域经济结构布局与调整，打造全国均质的、统一的国内大市场，才是有质量和有保证的市场规模。

德国有机化学工业（如拜耳公司）从一开始就非常重视市场营销，尤其是国际市场营销。因为德国市场不大，英国人为合成染料这种廉价的染料打开了市场，但是帕金只在英国销售。

拜耳公司等所采用的营销策略主要有：

其一，产品策略方面：品种多。德国有机化学工业的产品策略突出体现在德国的研发能力上。帕金退出产业界和霍夫曼回德国，给英国合成染料产业和科研方面以沉痛的打击。一些小型企业根本就不是德国大企业的对手。1893～1911年英国的9000名大学生中仅有1100名工程类学生和1700名科学类学生。而德国在同期有11000名工程类与科学类的学生。美国人忙于内战且热衷于农业和农业机械，在1914年以前还没有有机化学工业的研究和培训，即使是在化学工业方面也只是重视重化工业。

其二，与客户建立良好关系。德国企业加强了服务，如增强与客户的互动，不断拜访客户、与客户联盟。注重细节，针对不同国家的不同文化进行定制，如包装盒的印刷包括老虎、美女、大象、人力车夫。针对大客户设计到德国进行技术培训的课程，培养忠诚度；针对小客户也让其不会觉得自身高不可攀，成为"完美公司"。

其三，参加世界博览会等展销会并获取奖章。德国企业利用各种展销会进行免费宣传；世界博览会的公报会传递给各主要工业国家；得到奖章具有明星效应，1867年获得巴黎世界博览会银质奖，1876年获得费城博览会铜奖，1900年获得巴黎世界博览会金质奖。

其他的营销手段还包括：建立市场驱动型组织；销售机构由代理制改为雇佣

制；国外建厂，控制国外市场，避免关税；等等。

四、政策、技术与企业的共生演化

在创新过程中，各种角色的异质性使其互动和融合很困难。到了第二次工业革命的以后，技术进步和创新型国家建设的法宝之一就转化为制度与科学、技术的共生演进。比较了英国、德国和美国1857~1914年合成染料业的发展，可以得出以下结论：新兴的主导产业的形成与壮大是国家制度、技术和企业之间的共同演化的结果。德国合成染料业处于世界领先水平的主要原因是其先进的教育制度和专利法规为科学、技术知识生产和企业生产的制度环境，而企业生产与合成染料知识生产机构联系的加强则进一步巩固了这一优势地位。同时，新的主导产业不仅脱胎于旧技术与旧制度环境，同时也创造着适合自身发展的发展环境（默曼认为是企业和学术界集体游说的结果），这使承载着这些实体（即企业、技术和制度）的地理空间既作为"受体"承接着共同演化的地理结果，也作为"主体"支撑着这一共生演化的实现。这种共生演化具有"互为因果""多层级和嵌入性""复杂系统""正反馈效应"和"路径依赖"等特征，这些特征的复杂性本身就彰显了其难度。遗憾的是，现在的政府、大学与企业的互动比19世纪中期以后德国有机化学工业的互动还差一大截。当前，在以科学发展为基础的产业（包括化工、生物工程和制药工业）中采取的还是"线性模型"：大学进行基础研究，产生新的发现，企业如果认识到其实用价值，就会联合大学里的科学家一起进行开发。

第六章

美国在多次技术革命中产业领先

美国注定要像波兰一样成为农业生产国,这是美国独立战争以后的一致看法。李斯特却预言,"美国将会成为世界工业生产力的领导者",这个结论在当时是被人们(在两代人中)所耻笑,然而美国在之后的几十年就达到了。

事实上,在美国成为产业帝国之前就在第二次工业革命中的钢铁、电力和有机化学工业中建立了领先市场,或者说,正是美国占据了第二次工业革命的领先市场才使英国丧失了第二次工业革命的领先地位;19世纪末20世纪初,美国又在汽车这一主导产业占据领先市场地位,所运用的是由"美国制造业体系"演化而来的"科学管理"和"福特制"等基础上的流水线作业进行大规模生产,这是一种典型的市场需求、技术进步和组织制度相互结合的新生产模式;在20世纪40~50年代的高速公路建设中,美国利用其幅员辽阔而占据领先市场;然而在20世纪70~80年代,由于受日本的冲击,美国失去了半导体这一主导产业上的领先地位,出现唱衰美国"一边倒"的声音,这使美国马失前蹄;但是在20世纪90年代美国又"奇迹般"地维持了多年的高速增长,经济学界一时间都没有办法解释美国的增长奇迹,究其原因在于,美国在电子信息产业(IT)这一新的主导产业的领先,日本在前一轮主导产业——半导体产业上领先事实上得到美国的巨大扶持,使美国反而成为其滞后市场,但是美国没有贸然地去"夺回"半导体领先市场,而是去追踪下一轮主导产业(信息产业)的领先市场。

第一节 领先市场的政策基调:早期两条路线的斗争

美国的产业选择一直伴随着政治斗争,美国早期就存在关于"工业立国"

和"农业立国"的两条路线的斗争：哈密尔顿把制造业和商业放在经济的首位，力求使美国成为一个工商业大国；而托马斯·杰斐逊等共和党人虽然开始认识到了制造业的重要性，但又主张工、农、商业平衡发展。

1791年，哈密尔顿写道："工业生产远比农业生产更容易受到机器的影响。一个国家如果并不进行工业生产以自给而是从别的国家购买生活必需品，那么这种差别并不存在。用外国工业产品替代本国产品就是把机器生产的优势转移到外国。"杰斐逊农本思想是根深蒂固的，出于对机器大工业和城市化的厌恶，提出"就让我们的工厂留在英国吧!"。1809年6月，他在给杜邦·内穆尔的信中指出，"禁运"使"制造业精神已在我们中间深深扎根，由于它建立在昂贵代价之上，已不容放弃"。但他又认为，美国应该重视家庭制造业，因为美国公民需要最多的制造业产品在家庭中便可生产，他认为发展家庭制造业的最大好处是使消费者和农业生产者立足于自己的土地之上。

在哈密尔顿一系列经济报告中，《关于制造业的报告》（以下简称《报告》）无疑是最重要的。它由两部分组成：一是制造业的理论和政策，二是关于当时美国制造业的调查报告。《报告》开宗明义就说明为什么要鼓励国内制造业发展，并浓墨重彩地批驳了当时流行的重视农业、轻视制造业与商业的看法。[①]《报告》以大量的篇幅批驳了只有农业才生产价值和财富的观点。认为"机器的使用对提高一国工业总产量至关重要。它是一种可增加人的自然力量的人工力量，可以大大提高总的工业生产力"。

整个《报告》的中心是联邦政府应采取什么样的政策鼓励制造业。哈密尔顿首先详尽分析了当时美国制造业的基本状况。根据财政部所做的调查，美国各地制造业已有17个门类上百种产品，其中纸张、鞋帽、染料、酒类、精糖以及部分棉麻织品已能基本满足国内需要，但总体来看，制造业无论是产品质量还是生产规模都无法与英国相比，采用机器生产的制造业工场更是寥寥无几。

《报告》详尽阐述了美国开办制造业的困难和政府应采取的对策。认为最主要的困难是东部劳动力严重不足，劳动力价格昂贵（因为西部土地吸引移民迅速西迁）和资金不足。对于劳动力的不足，报告认为使用机器便可以弥补，例如，使用水力纺织机和蒸汽机，"用水与火代替人工，便可大大减少对人力的需要"。

---

① 持这种观点的人认为："在一切国家里，农业是最有利的产业，是确保国家供应和维持人类生活的最可靠的物质源泉。而试图依靠政府推进制造业，把自然产业引入或多或少人为的渠道是不明智的。"杰斐逊与南部州的不少议员正是持有这种观点，其实质是重农主义"纯产品"和"自然秩序"的理论。

机器可以大大减轻劳动强度,大量使用女工和童工可代替对成年男工的需要。对于资金不足,《报告》提出了三条解决途径：发行债券、建立银行和对外借贷。前两种方法已为联邦政府采用,后一种方法也已在对外贸易中长期使用。用引进外国资金的方法兴办国内制造产业,可以弥补国内资金的不足。

《报告》认为,在落后的农业国发展制造业必须依靠政府保护。在《报告》的 11 条保护和鼓励制造业的措施中,征收保护关税被置于首位,《报告》认为,征收保护关税能够扩大美国制造业的市场份额,也可以成为岁入的补充来源,并且符合美国的现行法律。

《报告》强调了鼓励发明和引进制造业技术特别是引进机器的重要性,指出机器的引进和使用"能给制造业以最有力的支持"。为此,《报告》建议国会授权成立一个专门委员会,把引进机器作为其最重要的事务,同时负责对国内发明授予专利,对一些特别重要的工业提供奖金,为外国技工移居北美提供经费等事项。

值得注意的是,《报告》还特别强调了改进国内信贷和交通状况对促进工商业是极端重要的。《报告》指出,便利的信贷、稳定的货币,以及地区间的汇兑对商业必不可少,对制造业尤为重要,因为只有这样,才便于制造业主在各地购买原料和推销产品。改进交通对商业和制造业的兴盛也关系极大。英国工商业的兴起表明,"对英国制造业的支持再也没有比改善国内的运输和道路更显著的了。"

与哈密尔顿截然相反,杰斐逊提出了"农业立国"的路线。1780 年,托马斯·杰斐逊写道："如果上帝挑选自己的子民的话,他会挑选那些在土地上劳作的人……只要我们有可供劳作的土地,我们就不应该期望离开土地去工厂做工……城市中的乌合之众对纯洁的政府所做的贡献,与人脸上的痤疮对人的强健身体所起的作用没有两样。"

政策方面,杰斐逊在《关于商业的报告》中也对哈密尔顿进行了反击。自由贸易原则是整个报告的中心论点和理论基石。杰斐逊在报告中集中论述了自由经商对改善人类物质条件的作用,指出通过不加限制的自由贸易,对人类生存和幸福有益的产品能被大量生产出来,社会的人口会大大增加,生活条件也会大为改善。因此,"每个国家都应努力生产大自然赐予其生产的产品,都应互通有无,自由地进行交换"。显然,杰斐逊的上述论点与亚当·斯密关于自由贸易的论述是完全一致的。杰斐逊详尽叙述了各国贸易情况,指出欧洲各国普遍实行对外国商业实行限制的政策,其中以英国最为明显。它颁布的《航海条例》对贸易的限制最为严格。因此,他认为要实行自由贸易,首先要"在世界各地解除使商业陷入困境的条例、关税禁令以及一切管束"。

这和杰斐逊旨在与 16 个欧洲国家签订商约《关于欧洲条约的决议案》有关,他去的第一站英国就拒不改变对美国的商业限制和歧视政策,这使杰斐逊确信,与英国在自由贸易基础上签订商约是绝对不会成功的。于是,他把实行自由贸易的希望寄予法国,认为法国是唯一给美国可靠援助的国家。作为实行自由贸易的第一步,应首先建立"美法贸易轴心"。他认为美法两个共和国家理应在自由平等原则上实行自由贸易,以成为各国友好通商的榜样。因此,尽管自由贸易应成为各国通商的基本原则,但在实际贸易中却很难行得通。

可见,此时两人的矛盾已无法调和。于是,华盛顿最担心的事情终于发生了,1794 年共和党人和联邦党人的对立已经表现得日益明显了。然而,匪夷所思的是,杰斐逊上台伊始便向联邦党人频频伸出橄榄枝,声称联邦党和共和党人"不过是有着共同原则的兄弟""我们都是联邦党人,我们都是共和党人"。果然,1812 年战争以后联邦党逐渐地退出了政治舞台,作为一个政党已基本灭亡。然而,无论是杰斐逊还是哈密尔顿,无论是共和党人还是联邦党人都没有意料到,共和党正在逐步成为哈密尔顿政策的遗嘱继承人。可见,杰斐逊对哈密尔顿的斗争属于纯粹的政治斗争。

第二节 美国学派:领先市场建设的主导思想

美国在探索产业领先市场的过程中,最突出的是"三位一体"的制度安排——美国学派、美国体系和美国制造业体系。其中,美国学派为美国的产业选择与发展提供智力支持;美国体系为美国产业提供诸多的政策保障和国内市场建设;美国制造业体系为美国技术发展和微观企业的效率提高铺平道路。美国的这种"三位一体"的制度安排包含了美国产业发展有五大战略理念:制造业立国,贸易保护主义,政府的重要作用,高工资战略,内需、教育以及技术创新的重要性。正是基于这种安排,美国在多次技术革命中产业领先。

美国学派是指从 1791 年的哈密尔顿到 20 世纪头十年在美国经济思想史上,以英法古典政治经济学的批判者身份出现的、指导了美国经济崛起的经济学流派。其提出了国内市场、保护性关税、生产率立国、利益和谐与国民银行等产业发展思路。它在19世纪美国崛起中，支配了美国的政治经济生活；它为制定美国经济崛起的大政方针提供了理论基础；其学说被美国辉格党和1854年之后的共和党作为竞选和施政的纲领；美国学派同时也是美国国家创新体系建设与美国崛起的思想渊源。

与古典经济学"沉闷的""悲观的"经济学相比，美国学派是"积极的""乐观的"经济学。例如，亨利·凯里进行的研究否定了李嘉图有关农业报酬递减的理论，并以无限乐观的笔调描绘了人类社会的经济演进，认为土地的利用并非沿着人们所认为的从优等地向劣等地的扩展途径，而是相反的。但土地一经开垦，就必须在农业活动与维持土壤肥力之间找到平衡。现实是，农产品的输出使土地肥力被耗尽。这使城镇与乡村之间必须创造出一种地方化经济的平衡，工厂与农场也应比邻而居，由此工业与农业的利益才能实现和谐共存（赫德森，2010）。

美国学派所追求和发展的被李斯特称为"生产力理论"。丹尼尔·李是保护主义的代表，他推进的是能够反映美国潜在和未来生产力的统计指标的编制，而非只是列表显示现有产出和它们的市场价值。相反，自由贸易者相对来说就不关心未来物质生产力的最大化，他们只满足于列表说明每年农作物的产出及其销售值，而没有考虑到提高每英亩产出的任何措施及其将来的变化。可惜的是，至今比较优势理论依然以主流的身份统治着国际贸易。

一、运用关税政策发展制造业的思想

首任财政部长哈密尔顿是美国关税思想的创始人，他于1789年请求国会为以下目的制定关税：一是支持政府开支和清偿美国的债务，这两方面都是属于财政关税；二是鼓励制造业发展，不过他在这方面的目的有两个特性——鼓励幼稚产业和临时性。对于第一点，与刚刚建国时期美国财政捉襟见肘有关。而第二点则与哈密尔顿的认识有关。毕竟哈密尔顿是美国早期关税和保护主义的提倡者，他一方面反对亚当·斯密自由经济思想，另一方面却还受其影响。从现实的角度来看，当时资本主义还在展开过程之中，还没有认识到保护主义即使是在发达时期也有其突出的作用。

美国学派早期的关税思想以李斯特为代表。李斯特关税体现为两点：一方面，李斯特认为关税水平的调整将使本国制造业生产者有足够的动力和持续的压力去改进其产品和生产方式。可以说，这一个体系确保了过程和激进创新的持续性。另一方面，实施关税和保护的目的就在于追赶并最终超过英国，这一手段被视为临时手段。这一点与李斯特后来在《政治经济学的国民体系》中的三阶段论理论是一脉相承的。关于这一点李斯特在美国期间是否受到哈密尔顿思想的影响，我们不得而知，但两者在这点上是一致的。在这段预言式的陈述中，英国式的发展战略得以重现，强大的英国的衰落与其提倡的自由贸易思想是不无关系的。而20世纪80年代受"华盛顿共识"（其本质思想就是自由主义，具体体现为自由化、市场化、金融化、全球化）思想影响而衰落的50多个新自由主义重灾区也见证了李斯特关于第三阶段预言的失败。

晚期美国学派对关税的关心更加系统化，而不仅仅关心关税的数额，即高关税的目的不在于关税数量本身。丹尼尔·雷蒙德（Daniel Raymond）的《政治经济学理论》为"美国制造业体系"提供了首要的理论基础。雷蒙德在书中指出，关税不是对幼稚产业偶然性的临时援助手段，而是美国制造业体系中持久的一部分。拉贝罗强调指出李斯特和哈密尔顿一样，将保护主义当作一种过渡阶段的政策。只有凯里认识到保护关税是一种永久性的政策。凯里要求不仅要把高额关税推行于加工制造业，也要扩展到采矿业甚至农业。他极力宣称低关税会引发工业集中，从而引发大资本专制。

晚期美国学派严重地偏离了哈密尔顿和李斯特所主张的幼稚工业的逻辑。美国至今还保留了保护主义传统，只不过保护的方式不是通过关税，这也是美国在多次主导产业领先的一个重要秘诀。正是在这个意义上说，美国是现代保护主义的发源地和顽固的堡垒。

二、在西进运动上的不同态度对工业的影响

在李斯特时代（19世纪20年代）美国学派反对向远西地区（Far West）移民，即反对西进运动。这源自辉格党与共和党的工业化纲领——在东部城市中心集中工业。具体的目的包括：一是赞成城市化，反对支撑民主党"天命论"纲领的马尔萨斯和李嘉图的经济理论，认为"保护主义的辉格党人却指出，相对于人口的稀疏，广袤的土地使美国背负了沉重的经济负担"（赫德森，2010）。二是力图遏制奴隶制蔓延的事实，认为西部扩张是民主党扩大奴隶制和种植园农业的政策，在一个保护性关税是联邦政府税收主要来源的时代，美国南方经济是以外国市场为目标且以棉花和烟草生产为主的经济，它需要来自西部的廉价粮食供养其奴隶。

晚期美国学派出于扩大制造业的国内市场的考虑，支持西进运动。例如，拉贝罗摒弃"开垦偏僻的荒地需要大量资本"的观念，认识到边疆在美国史上最重要的影响是扩大国内市场，不像英国那样严重地依赖于海外市场。19世纪40年代以后美国的工业品需要西部的市场（尤其是农机）和需要西部提供原材料。凯里等人也有如下信念：在美国边疆被完全开发和移民之后的较长时间里，美国国内市场的扩大将能促进国民经济的增长。相较于英国而言，美国的保护主义倾向于更低程度的贸易导向，这归因于其生机勃勃的国内市场和高工资水平。这就为美国扩大国内市场、进行国内改善（如路网建设）和工农业相互提供市场提供了理论依据。

遵循美国学派思想的《莫里尔赠地法案》于1862年由林肯总统颁布。这一法案的表层意思是以农业教育为目的的赠地大学的建设。实际上，其真正的意图在于，以大学与工农业的合作作为发展的起点，导致一场农业革命最终向工业经济转移。其逻辑理路是：赠地给大学，大学利用土地收益办大学，起初是农业大学，免费讲授农业课程，如土壤学、良种学等，通过学习农民经营能力增强了，耕种土地扩大了，就有了对农机的需求，于是大学增加对农机的研究，大学就逐渐转化为工业大学了，农机企业建立起来了，接下来生产农机的企业也就出现了。事实上这就达到了"就地工业化"的效果。

第三节　美国体系：领先市场的政策体系探索

在1812年战争后美国产生了国家主义，亨利·克莱的"美国体系"仍然是历史上政府资助项目的最显著例子，它协调和平衡了国家的农业、商业和工业三者之间的关系。

美国体系（也被称为"美国方式"）最早是辉格党和一些政治家（包括约翰·卡尔霍恩和约翰·昆西·亚当斯和亨利·克莱）提出来的，是用以加强和统一国家的计划。该体系是新的联邦制形式，包括支持高关税保护美国产业，为联邦政府创造收入；维护较高的公共土地价格以提高联邦收入；保护国家和地方银行，以稳定货币和控制风险；发展内部改善（如道路和运河）的系统，使国家统一起来，由关税和土地销售收入进行资助。这个"系统"包括三个相互增强的部分：贸易保护、内部改善和国民银行。在亨利·克莱看来，大力维护这种经济相互依赖的体系,将有机会不再屈服于自由贸易的"英国体系"。"美国体系"是哈密尔顿战略和政策的具体化,并进一步系统化,对美国影响深远。

首先,经济上主张保护关税政策,以促进制造业和这个民族经济的发展;强调加强各州之间的经济往来,主张建立国内市场,由联邦政府出资支持国内改进;极力主张重建联邦银行,增加税收,建立常备军和海军,采取一切措施增加国家的财政资源。对进口货物征收20%~25%的保护关税,避免本国企业受到来自国外的竞争。国会在1816年通过了关税法,使欧洲商品更加昂贵,鼓励消费者购买相对廉价的美国制造的商品。1816年关税法案后,关税逐步提高,直到1828年"可憎的关税"达到顶峰。1833年危机后,关税仍然以同样的速度发展直到内战。

其次,内部改善的目的是实现工农业相互提供市场、城乡和谐,即通过发展现代制造业和农业建设广阔的国内市场。克莱认为,对于反对关税的西部,应该支持它,因为城市工厂工人将是西部食品的消费者。在克莱看来,应该支持南方(也反对高关税),因为北方为棉花准备了市场。最后一个论点是薄弱环节。南方从未真正实施美国体系,因为它的棉花有足够的出口市场。"农业收入的恶化只有靠培育国内工业才可以抵消,把现有的农业劳动力转移(和引导新移民)到城市工业,为农产品创造国内市场"。而由于新兴的制造业不具备在海外市场竞争的条件,只能以国内市场为主,依赖农村人口的收入水平和农村市场,美国的工业革命走的是一条以工业和城市影响、渗透、帮助、推动国内农村和农业经济的发展,城乡互动,从而促进国家经济较为全面、相对平衡、持久的发展道路。美国体系下,最重要的内部改进是产生了坎伯兰公路。内部改善的主要目的在于建立统一的国内大市场,这一点是与德国的关税同盟以及铁路建设有异曲同工之妙。国家基础设施的改善,特别是运输系统,使每个人的贸易更容易和更快,反之,恶劣的道路,使交通运输慢且费用昂贵。①

再次,政治上采取了国家主义的立场。针对"严格解释论",认为建立保护关税、成立合众国银行和支持国内改进都是完全符合宪法的举措,是联邦政府固有的权力。在联邦和各州的关系上,亨利·克莱等人虽然仍主张保留部分州权,但是已经完全站在联邦的一边,采取了国家主义的立场。他们所主张的保护关税、建立银行和推进国内改进的政策不但旨在促进整个经济的发展,而且是想借以加强各地区之间的联系。卡尔洪认为,建立保护关税和改进国内交通是把联邦

---

① 在这之前,林肯用竹筏沿着密西西比河载货物到下游出售。

的各个部分更紧密地结合在一起的"新的和最强有力的黏合剂",不难看出,美国体系与联邦主义一样,包含着国家主义的内核,因而提出用第二银行付给政府的款项修建从马里兰通往俄亥俄的国家公路;支持以工业关税形式实施国家干预(关税收入应被用于国内改善)。据此,张少华认为亨利·克莱等人的"美国体系"实际上是有关经济、政治和外交政策的纲领(张少华,1996)。

最后,国家银行的成立将推动单一货币,使贸易更容易,并发出所谓的主权信用,即国家政府承担信贷而不是从私人银行系统借款。在1816年,国会创建了美国的第二银行。

本处突出说明贸易保护对美国制造业领先市场的重要意义。

如果说,在哈密尔顿时代保护"幼稚"的制造业尚存在于理想阶段的话,那么,作为一个持续的"美国体系"关税保护到1819年则正式被启动了。贸易保护是"美国体系"的核心思想,贸易保护包含许多政策,如关税政策、禁止国外直接投资、财政补贴等。表6-1所示的是美国各个时期的关税税率水平。

表6-1　1789~1939年美国主要关税法及其大致税率

年份	法案	平均税率
1789	第一个关税法	平均税率8.5%
1828	"可憎关税"法案	平均税率为44%
1836	妥协关税法	高关税开始下降至18.8%
1861	莫里尔关税法	猛增至1866年的48.3%
1890	麦金利关税法	平均税率49.5%
1894	威尔逊—戈尔曼法	平均税率降至37%
1897	丁利关税法案	平均税率46.5%
1913	安德伍德—西蒙斯法案	平均税率40%以上降到27%
1921	紧急关税法	平均税率38%
1922	惠特尼—麦康伯法案	平均税率创美国历史上关税率新高
1930	霍莱—斯穆特关税法	平均税率53.2%
1930~1939	互惠贸易协定法	平均关税率为43.6%

另外,一说到高关税,人们总会想起德国,但是从1820~1931年的同期的比较来看,美国各个时期的关税水平远远高于德国(当然更加高于1860年以后实施自由贸易的英国),如表6-2所示。在运输费用高昂的年代,美国远离欧洲

大陆，这本身就是其产业保护的"天然屏障"，再加上美国的高关税，可以想见当时美国保护主义的思想之盛。

表6-2 英国、美国与德国的关税税率对比　　　（加权平均值：%）

国家	1820年	1875年	1913年	1925年	1931年
美国	35~45	40~50	44	37	48
德国	8~12	4~6	13	20	21
英国	45~55	0	0	5	—

可见，美国的制造业几乎是在"铜墙铁壁"之中发展起来的。高关税对美国经济赶超产生了何等的积极作用？

一、保护对美国制造业的重大作用

今天，人们几乎只把关税看作刺激国内工业或保护国内工业，使之免遭外国严酷竞争打击的一种手段；但在1789年却不是这样——当然部分原因在于当时工业很少，几乎没什么可保护的。确实，早期哈密尔顿关税思想的初衷几乎纯粹是为联邦政府寻找一个收入来源，在南北战争以前的大部分时间里，联邦政府的主要财政来源（80%左右）来自关税。但是，随着形势的发展，高关税政策对美国的制造业产生了意想不到的经济作用。

（1）高关税为美国制造业创造了广大的国内市场。美国在19世纪初有两大问题：市场缺乏与劳动力价格偏高，因而制造业缺乏竞争力。内战、西进、铁路建设、移民、农业人口向工业人口的转化等因素提供了一个大规模的国内市场。而其中高关税起了不可或缺的作用。

（2）高关税为美国实现农业国向工业国转变创造条件。高关税的保护使制造业迅速发展，但并不是所有的制造业都受到保护，当某个产业被认为不够重要时，或是这个行业的企业家没能向国会证明他们行业的重要性时，它们就得不到关税保护。美国的保护主要针对内战前的纺织业和内战后的钢铁业，而这两者恰恰是这两个时期的主导产业，对主导产业保护而对其他一些产业不保护恰恰是国家创新体系建设的精髓所在，通过不保护行业的低关税，可以"稀释"高关税，造成贸易自由的假象。同时工业在国民生产总值中所占的比重越来越大，人口结构也发生了巨大变化。高关税促进了美国工业的集中与垄断。

（3）高关税的理论意义。重商主义的资产阶级国际贸易学既是李斯特"生产力经济学"理论的实践来源，也成为经济学"另类教规"的重要思想渊源。19世纪美国保护关税思想也与此一脉相承，它反映的是经济不发达国家独立自主地发展民族工业的愿望与要求，是落后国家进行经济自卫并通过经济发展与先进国家进行经济抗衡的保护贸易学说。

19世纪的美国，通过保护关税思想和政策摆脱了成为欧洲工业国的附庸和被殖民的命运。高额关税在美国在赶超时期成为成就美国"制造业帝国"的法宝，也跻身于"美国体系"的核心内容。可见，高关税政策对美国赶超时期的工业发展所起的作用是不容忽视的，它成为了19世纪末20世纪初美国繁荣富强的政策支柱，也为"二战"后日韩等国所效仿。

二、保护是美国制造业持续升级的保证，多次技术革命中领先的秘诀

按照哈密尔顿和李斯特的主张，关税主要是对幼稚产业的保护。即国家在起步阶段需要进行高关税保护，国家一强大，则要拆除高关税的屏障，让自己有竞争力的商品去开拓市场。美国在1894年工农业全面领先，已经建成了产业帝国，应该由关税保护转向自由贸易政策了。但美国汲取了英国的教训，没有重蹈英国的覆辙。直到1914年美国的工业都是在"铜墙铁壁"的保护下进行的，平均税率一度达到48.3%。第一次世界大战以后，美国的保护主义走向超保护阶段，保护的重点转向了农业。如1921年紧急关税法提高农产品的关税；1929年，随着大萧条到来，美国率先竖起来以邻为壑的保护大旗，超保护政策达到极致；1930年的斯穆特—霍利关税法是美国历史上税率最高的法案，到1932年，进口商品的平均税率竟达53.2%。可见，被认为是保护主义鼻祖的李斯特在美国保护主义实践面前也是相形见绌的。著名的经济史学家保罗·巴路殊也曾经把美国称为"现代贸易保护主义的发源地和堡垒"。

新自由主义思想的主要阵地是美国，他们鼓吹自由化、全球化。英国在运用自由贸易政策以图"衣被天下群生"时，美国则认为英国的自由贸易政策只是有利于英国，而断然拒绝开放市场给英国。但今天美国效仿当年的英国，也企图把自由贸易这样的"坏政策"强加给不发达国家，隐瞒美国自己赶超时期抵制自由贸易的经济史和经济政策史，这绝对不是对历史的无知，而是自身国家利益使然，即要将它们自己往上爬的"梯子"抽掉，而将它们曾经拒绝的"梯子"——比较优势与自由贸易推荐给发展中国家，目的是不让发展中国家沿着正

确的"梯子"爬上来，让发展中国家永远被奴役。实践中，美国依然是现代贸易保护主义的堡垒。只不过保护形式不断变化，转变为采用更具灵活性、歧视性和隐蔽性但保护效果更佳的非关税壁垒。

所以，国际贸易保护与否与该国所处的发展阶段是没有关系的。只不过起步阶段是对幼稚产业是较全面的保护，而发达阶段则是结构性保护。因为经济增长都是"情景脉络特定的"，主导产业随着时间的推移会发生变化，当新的主导产业出现时，对于任何国家都是"幼稚"产业。这也就是当有机化学工业与钢铁业将成为主导产业时，英国却实行自由贸易政策，从而失去主导地位，未能建立领先市场的原因，美国则汲取了这一教训。因此，美国一直以来的经济政策其实就是重商主义的翻版。这也是美国要维持国家创新体系所必需的。

第四节　美国制造业体系：领先市场的产业组织化

1851年，首届世博会在童话般的水晶宫里举行，见证了英国维多利亚时代的辉煌。同时赢得赞誉的还有"美国制造业体系"（The American System of Manufacturing）。参展的美国柯尔特（Colt）左轮手枪、胜家（Singer）缝纫机和麦克科米克（Mc-Cormick）收割机等产品所体现出来的特点是，机械零件的标准化、可互换性以及高效率大批量生产，在这些方面，就连当时世界工业霸主英国都自叹不如。为此，最早由英国学者提出"美国制造业体系"这一概念。美国制造业体系发端于惠特尼，其突出特征和优势是可互换性技术，从而使生产效率极大提高。在19世纪中后期，可互换性技术成为了企业竞争的新前沿，并成为了企业生产最成功的模式，奠定了现代大工业生产的基础，事实上这成为美国发动产业革命的标志，尤其是其今后的发展催生了美国的工业化。

后来这一生产模式不断地得到发展。①从生产模式来看，由大批量生产发展成为生产过程和设计的标准化，不必依赖熟练工人就可以操作。②这一制度随着美国市场规模与范围的扩大，也在不同的产品上得以延伸，从武器制造扩散到拖拉机、缝纫机、钟表等行业中，不断的技术创新还大大提高了产品的质量。③从管理模式来看，导致泰罗制的出现，以科学实验为基础，设置最佳的工位、制定最优劳动定额、选择最佳工具，设计标准化的操作方法，最大限度地发挥工人潜能，极大地提高劳动生产率。④从综合的角度来看，导致福特制这一新型组织模式的出现。进入20世纪以后，需求不断增长，"美国体系"不能满足需求，为此福特（Ford, H.）在美国制造业体系的基础上，在汽车装配方面用大规模生产方式替代欧洲的单件生产方式，尤其是流水线生产等。"福特制"以"美国制造业体系"为基础，在效率、成本等各方面方面比"美国体系"更胜一筹。因而在更加广泛的产业得以扩散，同时也在更广的地域进行传播。

美国制造业体系的商品符合以下特征：专业分工的机器生产出来的商品；高度标准化的商品；由可以相互调换的零件组成的商品。罗森伯格认为美国制造业体系是英国人杜撰出来的，因为在19世纪中叶的时候，美国在枪管制造技术上还是落后于英国。但是，为什么不是工业技术领先英国而是美国发展出了制造业体系？除了美国劳动力昂贵和缺乏，美国的市场需求巨大以外，与当时两国对于工业的价值观有关。英国沉迷于完美的技术，即深厚的手工艺传统，引以为傲的精工细作，对个性、产品质量高标准的强调，这些传统观念不利于实现低成本高质量的生产或者产品设计标准化修改。而美国制造业体系是以没有任何感情色彩的方式来处理产业的生产流程的。所以这一体系中，纯粹的商业考虑压倒了一切，英国人一直认为标准化和大规模生产技术不可避免地会导致产品的质量粗劣，并以此来安慰自己（罗森伯格，2004）。

制造业组织制度的根本性变化，大型制造工厂逐渐取代家庭小型手工工场，成为提供市场巨大需求的生力军。随着市场规模的扩大，产生了对装备制造产业的需求，从而导致产业的纵向分工。如纺织业中，纺织机器生产从纺织品生产独立出来，这一重大转变首次出现在美国钢铁业诞生之后。与英国的工业化相区别的是，美国制造业技术过程的共同特征是，用钢铁等金属材料制成零件，并与其他配件进行组装，成为从事特定产品生产的机械设备，并被大量运用于冶金、采矿、纺织、消费品制造乃至电力行业。在这种机器制造、使用、改进和维护过程中出现的"技术趋同"的"美国制造业体系"，是由于各种机器极其相似的工艺所造成的，而这一成就的基础就是美国钢铁业的发展。19世纪40~80年代是美国装备制造业的快速发展时期，这一时期满足特定需求的大批装备制造业发展起来，技术提高也很迅速。反过来，装备制造业技术网络的建立，进一步促进了美国在19世纪后半叶产业尤其是钢铁业的发展。总而言之，装备制造业的出现，不仅使美国技术进步的速度加快，而且使创新成本下降，极大地推动美国工业化进程。

美国制造业体系最重要的成果是促成了经理制的产生。19世纪50年代，美国制造业体系在铁路产业中大量使用，铁路成为现代管理的先驱。由于美国制造业体系业务的复杂性和规模性，经理们几乎一夜之间就成为国家一级管理企业，并且在其他业务中作为一种"通用模式"扩散开来。钱德勒指出，在较大的铁路线上企业中，几乎没有股权的经理们制定经营决策，在铁路发展和竞争战略上起着关键性作用。他们的操作方式是，将其业务进行分块处理并设立科层结构。如铁路业务分为列车运行、车辆管理、行人管理、动力设备及轨道的维修、会计核算与管理几块。负责列车运行的经理是该线路的直线长官，在该铁路线上行使的权力从总裁到一般经理、一般监督者，再到分部监督者。负责其他职能的经理（如车辆、行人通行、维修、财务）被任命为参谋人员。铁路线长官调度列车及人员；参谋人员确定各职能部的标准和政策（钱德勒，2006）。同时，经理制还产生了其他的制度创新，如丹尼尔·C.麦卡勒姆（在19世纪50年代）和艾伯特·芬克（在19世纪60年代）设计出财务核算及信息制度，对列车及车辆、行人通行进行控制，核算管理资金，并对几个经营单位和企业总体上的损益作出决定。这一决定反过来使美国制造业体系进一步完善。

  同时，美国制造业体系为美国的技术学习与赶超插上了翅膀。19世纪美国的"追赶"是一个复杂过程，包括工业和农业应用的外来技术转让和本土的创造。大部分技术的外来转让依靠人的流动而不是技术离体流动（通过专利和正式的知识产权保护有关的使用许可协议）。本土的新技术创造在开采美国的丰富天然资源方面特别重要，如矿产、农业以及相关的资源密集型产业，通过对这些领域的支持增加研究、技术转让和教育投入实现。

  英国在建国初期技术水平明显落后于英国，而在英国不让美国生产"马蹄铁"以及英国技术人才外流的情况下，美国认识到技术人才的重要性，哈密尔顿就认为："打开每一条可能的外来移民之路，是美国的利益所在……"。为鼓励移民将技术带入美国，美国设立优惠政策吸引优秀人才，如在经济上，廉价出售土地、免费提供农具和良种以及高额奖金；在政治上，提供宗教自由、给予成年男子较多的人身自由和政治权利等。塞缪尔·斯莱特就是化装为农民于1789年11月来到美国，凭记忆于次年仿制英国了最新纺纱机，并建立了美国第一个水力纺纱工厂，后来他被称为美国"制造业之父"，"美国的工厂制度的确是从斯莱特和他的帕塔基特工场开始的"；1803年其兄弟约翰·斯莱特也带来了英国最新的纺纱技术和大量英国的纺织工匠。另外，机械工匠乔治·基奔根据法国传来的技术设计了美国最早的新式水轮机。据美国政府统计，1820~1920年迁入美国的移民达到惊人的3440万人（而1920年美国的人口才1.06亿），其中有职业者的比重不断上升，从最初约占移民总数的30%增加到79%左右。由于严格限制低素质人口而鼓励高素质人口的入境政策，对美国的技术创新体系产生了以下作用：①带来最新技术；②带入大量美国急需的资本；③培育的大量本土技术人员；④扩大了市场规模。

美国人还利用一切机会出国考察，偷艺回国。1811年美国商人罗威尔利用访问英国的机会悉心记下卡德莱特式水力织布机的结构、原理，经过改装于1814年建成世界上第一个从梳棉纺织到织布生产的综合工厂。而今天美国这个"偷猎者"却成为了"狩猎者"。

在科学基础型工业上，美国的经验跟德国类似。德国的化学工业首先进行了探讨性尝试。1825年李比希在吉森大学建立的教学研究实验室和德国染料工业的成功经验都给美国工业实验室以启发。美国第一个工业实验室是爱迪生于1872年在明洛公园创建的。该实验室组织了一批专门人才从事应用研究和发展工作，共同致力于一项发明，被誉为"发明工厂"。其他大公司模仿建立实验室，开创了美国工业研究时代，如钢铁工业在卡内基等人的大力提倡下于19世纪80年代也创办了工业实验室；1889年贝尔创办了"贝尔电话实验室"。化工（如杜邦化学公司1902年创建工业实验室）、其他电气公司（如通用电器公司1900年成立工业实验室）、汽车制造、精密机械、光学和其他大型工业企业也都先后创建了工业实验室。到第一次世界大战前夕，工业实验室已发展到375个，从大学吸收了近万名科学家和工程师。到1930年发展为1650个，科研人员达3.4万人。1940年进一步增加至3480个，科研人员7万人。这都为美国工业领先地位的确立和巩固奠定了基础。大批工业实验室的建立，使产学研结合为美国技术赶超培养了大量人才，同时促进了相关产业的发展。

知识产权保护在美国的第一个宪法中占据突出的位置，它告诫美国国会"促进科技和有益的艺术进步，在尽量短的时间确保作者和发明者独占各自著作和发现的专有权"。与此同时，1790年美国乔治·华盛顿在他第一次在国会发表的国情咨文讲话中说，"采取一切适当的措施来促进农业、商业和制造业……对于鼓励引进外国实用的新发明和新技术，发挥人们的技能和才干，应给予同样有效的鼓励"，并表示了获得国外发明以及国内资源的强烈兴趣。

早期美国专利制度的重要特点是：①与英国的专利法相比，美国法律不允许进口发明专利，美国专利法对"新颖"的要求是在全世界新的，而不仅仅是在美国。其结果是，美国企业家在外国获得了发明专利反而在美国没有获得。1793年的专利法规定只有美国公民方可以在美国申请专利，这就鼓励美国人通过各种途径拿到外国发明，一经拿到手，在美国生产就是"合法"的；1800年的专利法修正案才对定居美国2年以上的外国人给予专利获得权。这样更加鼓励外国人带入专利发明。②美国专利申请审查工作最初是一个由国务卿、国防部长和总检察长组成的委员会担任。不足为奇，这个审查体系是无效率的。该机构只运行了3年便宣告结束。1793年，专利申请的审查被一个简单的注册程序取而代之的①。但注册专利的费用为35美元，如此高的费用既不能奖励发明，也没有起到保护作用。主要原因在于当时美国技术处于模仿、引进甚至盗取阶段，因而所谓的"没有奖励"是没有奖励国外发明人，所谓"没有保护"更加是没有保护外国人。加上当时人们在政治上把州而不是邦联（松散）看成是自己的国家，民族意识和国家意识淡薄，专利法的执行就可想而知了。另外，申请注册制导致大量存在质量问题的专利被授权，专利权属冲突不断，难怪有人说"其所授予之专利，多数为没有价值、无效以及和他人之专利权相冲突。抄袭、欺诈等竞争案件日增，专利法之立法精神，受到严重打击"（曾陈明汝，1977）。

1836年，法案解除了外国人获得美国专利的所有限制，但所交纳的专利申请费则10倍于美国人（英国人要申请则费用更高），这种申请费的差别一直延续到1861年。同时，外国人申请专利适用类似于强制许可的制度，即在授权之日起一年内不在美国实施专利，则专利权人的专利无效。而在1883年签订的《关于保护工业产权的巴黎公约》——第一个关于保护工业产权的多边国际公约，美国却极力反对。

由此可见，美国在不同时期适用不同的专利制度：起步阶段创新能力差则采取宽松的专利制度，而本国的发达后，为保护本国专利则采取严格的专利制度。而人们常常津津乐道的林肯名言是"专利制度就是将利益的燃料添加到天才之火上"，那是1850年以后的事情。如图6-1所示，美国专利在1850年以后专利数增加，尤其在1851年伦敦水晶宫的世界工业博览会②之后实行严格的专利法，到19世纪末，美国专利局审查人员在世界上是最多的。

---

① 在43年后的1836年，又重新恢复专利申请的实质审查。1836年授权给一支专业审查官（1838年成立专利局）。

② 水晶宫的世界工业博览会上美国生产模式引起英国人极大的兴趣，称之为"制造业的美国体系"（American System of Manufactures），简称"美国体系"。

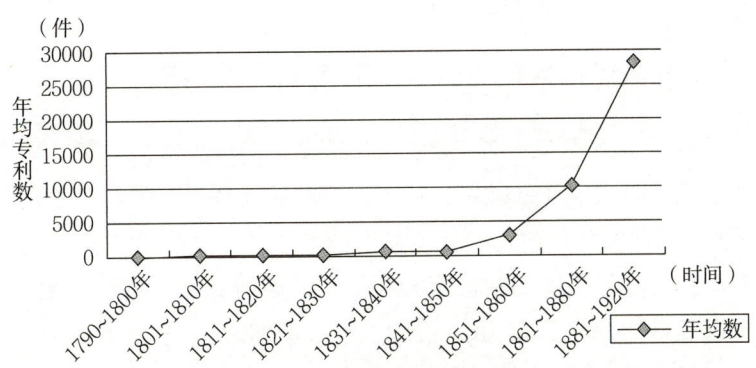

图 6-1　1790~1920 年美国年均专利

资料来源：韩毅．美国赶超经济史 [M]．北京：经济科学出版社，2006：41.

第五节　美国领先市场的逻辑起点

美国虽然在 1783 年政治独立，但经济上却受制于英国，美国不惜通过两次战争来换取经济上的独立，即"杰斐逊禁运"（1807~1809 年）和 1812~1815 年英美战争。对于这两次战争的不同看法，成为新古典学派与演化经济学派研究美国崛起的分水岭，即以生产为经济学为研究核心还是以交易为核心的差别。新自由主义对这两次战争的态度是压倒性的一致批评，他们将两次战争与战前、战后的两个"无双的繁荣期"的贸易量进行对比，目的是论证自由贸易的好处（战争是最激烈的保护）。其中以道格拉斯·诺思最为典型，他以对外贸易的数据说话，认为"杰斐逊禁运"之前以及 1815 年英美战争结束之后的短暂的自由贸易时期是美国"无双的繁荣期"，他还指出该特点被"无数文献描述"肯定。笔者想这种状况不需要被"无数文献描述"也是可以想象的，因为战争是极端的贸易"保护"形式。以"禁运法案"为例，它对渔业、航海业乃至对外贸易的打击十分沉重。由于大量商船被困于港口，外贸规模迅速下滑，出口更加出现雪崩式垮塌，从 1807 年的 1.834 亿美元跌到 1808 年的 2243 万美元，同期的进口由 1.385 亿美元骤降为 5699 万美元。如果说他们的研究旨在说明自由贸易的优势的话，那就大错特错。从生产主义角度，我们对两次英美战争可以得出相反的结

论：两次英美战争是美国崛起的逻辑起点。

一、商业资本转化为产业资本：制造业得以起步

禁运与战争对于经济来讲意味着贸易的中断，是最极端的封锁。但是对于贸易的破坏并不意味着对经济的破坏，或者说美国的战略意图就是要通过中断这种"无效"的贸易来发展独立自主的美国经济体系。从这个角度来说，商业资本转化为生产资本，促进了美国的制造业的发展。1808~1819年十多年间，美国的公司注册数量迅猛增加，尤其在1812~1815年战争期间，美国的公司化在加速进行。因此两次战争获得了杰斐逊所害怕而汉密尔顿渴望的情形——工业化的萌芽，这为美国几十年后成为产业帝国奠定了坚实的家底，或者说两次战争成为美国发展战略的转折点。这种战略转移不亚于壮士断腕。这一转变就是基于演化经济学先驱之一的李斯特提出的"产生财富的原因，远比财富本身更为重要"的重要思想。牺牲的是短期的交换价值与利润，为的是远期的国家利益。关于这一点，反对禁运的旗手道格拉斯·诺思不无尴尬地说禁运在美国制造业方面的确有促进作用。可见美国早期两条路线的斗争的结果是，哈密尔顿的"工业立国"战略获得了胜利。

关于两次战争对制造业的促进，财政部长加勒庭在1810年1月《关于制造业的报告》中也得到了证实。报告认为由于禁运和对外贸易的中断，美国的制造业有了迅速的增长，制造业的生产总值已达到1.2亿美元。同时，外国货输入的减少，居民的消费习惯的改变，正在形成不亚于国外需求量的国内市场，这对制造业的增长提供了有利的条件。但报告又指出，"处在新生阶段的制造业仍面临着许多困难，其中缺乏资金是发展制造业的主要障碍，其次则是外国制造业品在价格和质量上对美国制造业形成的竞争。因此，国内的新生制造业迫切需要联邦政府予以有力的支持和保护，其中最有效的方法是予以奖励、增加关税和发放贷款"。显然，加勒庭是在重新提出哈密尔顿早已论述和提出过的政策。

我们从制造业的规模来看，以当时的主导产业纺织业为例，在1815年之前，美国的棉纺织业对于英国的生产规模几乎可以忽略不计。但到英美战争结束时，美国的纺织业似乎是从地底下突然冒了出来，关于这个问题引起了当时经济学家的注意，如马克思·恩格尔曼也指出"美国制造业的重大突破是1812年在洛厄尔（Lowell）建立起来的第一批纺织企业的发展"。图6-2描述了美国国内的纺织生产的扩张情况，从中可以看出美国的工业发展的起点就是1807年的禁运法案和1812年的战争。

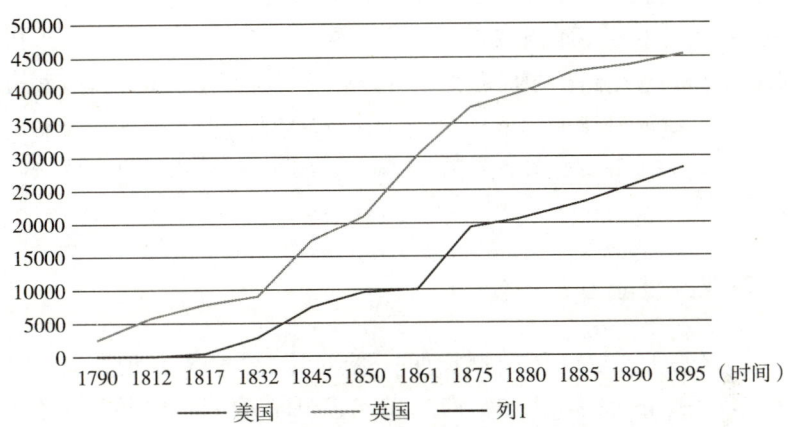

图6-2 1790~1895年美国和英国棉纺织品生产能力比较

资料来源：美国商务部普查局的《美国历史统计数据：从殖民时期到1970年》。

二、产业结构变化导致贸易转化，经济质量全面提高

再以两次战争为基点。战前，尤其是1789年，美国中立于英法两个宿敌，与英国进行自由贸易，美国的进出口贸易出现了繁荣昌盛的景象。然而这种贸易是"非对称贸易"条件下最坏的贸易：美国向英国出口原材料并从英国进口制成品。贸易结构反映的是产业结构，可以说刚刚成立不久的共和国根本就谈不上制造业。首先，在英国殖民时期，英国在整个英帝国的范围内进行"产业布局"，北美殖民地连马蹄铁都不让生产（事实上，有制造业的英殖民地国家也得服从这种布局，如印度发达的棉纺织业"迁移"到了英国）。其次，美国政治独立后的，由于与英国进行自由贸易，英国物美价廉的商品如洪水猛兽般涌入，使美国根本无法发展自己独立的制造业和工业体系。所以，寻求美国经济独立和独立自主的工业体系才是两次英美战争的真正目的。

反观英美战争之后的一段短暂自由贸易时期。道格拉斯·诺思一方面承认"杰弗逊禁运"对美国制造业的作用，另一方面否定这一发展路径，认为它不符合当时美国的比较优势，认为这种制造业是人造工业，在战后竞争中会很快衰败，禁运对美国经济发展没有实质性的促进。诺思认为，美国工业在"战后竞争中很快衰败"是一句大实话。但这是由于战后自由贸易氛围中，还处于襁褓中的美国工业当然竞争力不够。也还是居于这一理由，美国在1819年以后才逐渐正

式走向了保护主义。所以从这个意义上说,两次英美战争是美国建立独立工业体系的成功实验,当然历史不容假设,因为战争的代价是惨痛的。

产业结构的转变使得美国的贸易结构改变。改变出现在1815年以后,美国最为可喜的变化在于出口的制成品在出口份额中不断上升,反之进口制成品的比例在逐渐下降,这就是"好的贸易"。在当时特殊的历史条件下,我们可以大胆地推测,除了英美战争,有利的美国的产业结构与贸易结构还可以通过什么形式来达到?

三、争取经济独立的再努力

"无双的繁荣期"却导致美国仅有的一点可怜的制造业极度衰退,究其原因就是经济主权还攥在英国人手中,即1783年美国在政治独立了,但经济远未独立于英国。这表现为非对称贸易,美国以开放的姿态向世界敞开大门,不过只是制成品的进口和原材料的出口的大门是敞开的,而不是相反。这种价值实现与实物实现都能够成功地进行,可见当时美国人民短期生活水平是不低的。但是表面的繁荣无法掩饰的事实是,产业体系尤其是工业体系构建无望;"耕完即走"式农业造成生态危机;经济危机乃至社会危机都受制于人。两次美英战争对于美国工业化的影响不容小觑,即排除了最大外患,振奋了民族精神,具备了集中精力进行经济建设的外部环境。在经济独立这一点上,对于今天美国制造出来的五十多个"新自由主义重灾区"来说,美国这位老师的历史上所为(而不是美国今天所说)就是最好的借鉴。

两次战争开始执行哈密尔顿的工业立国思想,初步奠定了工业体系;打破了英国对美国经济上抑制的谋略,导致最初的纺织制造业在美国的扩张,尤其促进了美国东北部地区工业的发展,从而开启了美国从政治独立走向了经济独立的漫漫征程,这又反过来巩固了美国的政治独立。美国建国后的实际发展道路,就其主导方面而言,基本上是按哈密尔顿的设想发展的,杰斐逊上台后亦步亦趋地采用了哈密尔顿的政策就足以说明了这一点。

第六节 美国内战促成领先市场最终形成

美国由殖民地式经济社会结构转变为以制造业集团为中心的自主型经济社会

结构，经过了多次的斗争与冲突。北部制造业集团主张的贸易保护与南部种植园主、大商人集团、航海集团所主张的自由贸易的矛盾构成了中央集权和地方分权、废奴主义与奴隶制、共和党和民主党斗争等诸多重大矛盾的核心。渐渐地自由贸易与保护主义的矛盾成为了国内的主要矛盾，并延伸到政治、文化、宗教等领域，直至爆发南北战争。

虽然"杰弗逊禁运"和1812年战争确立了关税保护原则，但美国工业还是很弱小，如1820年以前，美国的铁产量还不及殖民地时期；铁矿的开采与冶炼完全控制在英国人手中。1824年的关税法才成为第一个真正对炼铁工业起到保护作用的法律，其后是1828年的关税。在1861年为增加财政收入而提高关税之后，共和党立法者又利用南方脱离国会之机将关税税率越提越高。这避免了国内产业受到来自国外的不公平竞争。保护主义也趁机以联邦代理人在加拿大以外的秘密行动为借口，废除了从1854年起就允许自由贸易的互惠协定。到战争结束时，平均关税税率已经上涨到47%，免税货物的名单已经减少一半。19世纪30年代初，自由贸易集团一度控制了政权，关税降低了，炼铁业也很快走下坡路了；1842年在新的高关税法催生下，铁产量又恢复迅猛上升的势头。

从某种意义上说，南北战争是独立战争的继续。即南北战争既是内战，又是外战。英、法等欧洲大国都站在南方一边。英国自称为中立国，把南方称为交战国，实际上承认了南方政权，使英国成为南方的军火供应基地。

在美国内战之前，共和党官方就已经采取了辉格党的政策——联邦资助国内发展政策。1862年共和党通过了政府在战前支持修建横贯大陆铁路的计划，在1862年共和党通过了《太平洋铁路法》，而这在之前是无法通过的。该法特许了两家私人公司：联邦太平洋公司和中央太平洋公司。他们沿着中央线路每修建一英里铁路便获得10万平方英里的公共土地，公共财政也对其慷慨贷款。

林肯政府还争取了在立法和行政支持下的其他好处。1862年的《莫里尔法》将大量公共土地赠与各个忠诚的州，目的是捐赠给提供农业、机械和军事指导的学校。这不仅是国家对高等教育的支持，也是为了促进缺乏类似活动的军事训练。几乎没人注意到国会将无人居住的荒地退出市场，为尽可能地将其建成政府管理的保护地和公园迈出了一小步；在1864年，国会准许将优胜美地作为加利福尼亚州的自然保护区。

联邦的战争动员普遍依靠经济上有利可图的战争合同。这些使私人企业和各级政府之间形成了新的、紧密的伙伴关系。战争造就了军事和工业之间的紧密联系，恢复了被废弃的17世纪的重商主义。北方军工产业的蓬勃发展，造就了普遍繁荣。现代历史学家认为这种繁荣是假象，内战事实上阻止了经济增长。因为从即时的数据来看，有学者根据统计数据测算，1840~1930年美国经济最差的时期，人均实际收入降低了3%，从而认为大多数的工业在战时都陷入了下滑状态，虽然制造武器带来了钢铁产量增加，但是那种增长更多地被为修建铁路的钢铁产量减少所抵消。马萨诸塞的靴子产业降低了30%，军事合同不能弥补丢失南方市场造成的损失。这种即时的短视观点是不符合历史现实的。因为内战之初，北方经济由于受战争影响和失去南部市场而陷入严重的经济衰落之中。正是这个时期，政府大量战争物资的需求使北部经济在1863年经济危机和战争中取得了双重的胜利。枪炮、弹药、军服、军靴等战时订单源源不断，导致生产复兴。苏必利尔湖区铁矿运输翻了一番；中西部的新炼钢厂纷纷树立起来；缝纫机得到前所未有的大量使用；煤炭产量增加了21%；割草机、收割机、旋转犁等农业机械的年销售量不断攀升；互换部件在武器生产等制造业中大量使用。

　　内战前的南部虽然工业用原材料充足，却无法将原材料转化为商品，资金、技术与设备都很缺乏，无法满足战时军事与国内需求。在战争初期，没有什么本土工业可以依靠，南方没有大炮铸造厂，只有马萨诸塞州的斯普林菲尔德的工厂制造步枪，邦联已经将弗吉尼亚哈布斯费里的兵工厂停产，兵工署控制了另外4家生产装备和弹药的兵工厂。

　　尽管在内战期间，北方共和党的新重商主义取得了胜利，南方各处的产业也遍地开发。联邦政府基于制造业的缺乏，采取的办法就是直接奔向自己的战时生产。经济具有严格的战时性质，1863年7/8的货物和2/3的乘客，都通过弗吉尼亚中央铁路进行运输，收入都归政府账下。戴维斯总统占领了所有尚未占领的南方铁路、汽船和电话线，将其雇员和官员纳入军队系统。政府经营面粉厂、肉食加工和蔬菜罐头场、酿酒厂、12个军队面包厂、一家军械制造厂、两部轧棉机和一家海军制鞋服工厂。这个城市主要的私人工厂——奥古斯塔纺织厂，92%的产品为政府生产。政府在辛辛那提和费城设立制衣厂，在田纳西和肯塔基设立肉食加工厂，还成立了几个制药实验室，设立政府印刷部和联邦雕刻印刷局，使政府可以控制自己的印刷和出版。1863年，国会创立的国家科学院以追求有利于战争的技术创新。

　　乔赛亚·戈格斯将军担任联邦军械署的主席，带头建立了自己的工厂。到1863年，联邦到处都有自己的轻兵器工厂、铸造厂、军火工厂和化工厂，它们都属于并由戈格斯的军械署经营。邦联海军也建立了自己的大炮厂、炸药厂以及大量的造船厂，采掘硝石和矿业，提炼煤、铁、铜、硝酸钠和铅。邦联的军需局经营自己所有的制衣厂、鞋厂和车厂。南方各州政府也经营兵工厂、炸药厂、纺织厂、面粉厂、盐场以及很多其他企业。

强制的工业化保证了以农业为主的南方绝对不会缺乏武器，甚至在濒临饥饿边缘的时候也不缺。伴随着这些政策，还有公开的劝诫口号——为共同的事业牺牲。一份南方分离主义运动的先锋杂志在1862年写道："每个人都应该感到他以这个国家息息相关，这个国家在一定程度上依靠他，它应该唤醒自己去大胆英勇的奋斗，好像一切都依靠在他的右臂上……那就意味着在精神上时代要求所有的私人利益，让位于公共利益，国家就是一切，个人什么都不是。"

第七节　美国领先市场建设：以钢铁业为例

一、美国钢铁业领先市场的形成

直到1835年前后，美国制造业的基本特征还是家庭经营或小型工厂等，落后是其代名词。从地域来看，主要集中于大西洋西岸地区狭长地带，如新英格兰等，从产业来看，以纺织业为主，从动力来看，主要是蒸汽和水力动力，现代化的企业生产模式还未见踪迹。"直到1850年，绝大多数的美国一般制造业仍然是在工厂和家庭里，通过家庭劳动或是通过雇用学徒的私营店主而进行的。"但在1894年总统威廉·麦金利（1897～1901年就任）就宣布：我们成了第一大农业国；我们成了世界第一大矿业国；我们也成了世界第一大工业国。事实上此时的美国已经跃升为全球最大产业帝国了。从此以后，美国将世界头号工业强国的地位保持至今。究其原因，美国启动和领导了历次技术新浪潮并主导了各个时期的主导产业。

在工业化与现代化进程当中，钢铁业因其物理和化学属性，所起的基础性的作用是首屈一指的，钢铁既为基本建设和基础设施提供支架，又为耐用消费品、机械工业、装备工业等产业提供原材料。所以19世纪下半期以后，各国都大力发展钢铁产业。虽然钢铁业创新发源地在英国，但是作为第二次工业革命浪潮主导产业的钢铁业的领先市场却是美国。

"历史计量学"或"新经济史学"诞生的标志性事件就是福格尔的《铁路和美国经济增长：计量经济史学论文集》的出版。福格尔在计量的基础上，说明铁路对经济增长并不像人们（库兹涅茨、罗斯托）所认为的那样起到不可替代的决定性作用。其所用的数据就是铁路对 GDP 的直接拉动作用。但是福格尔恰恰忽略了铁路的最重要作用——因为铁路（尤其是铁路桥）对钢材大量的使用，而使美国成为了当时代主导产业（钢材）的领先市场。

钢铁业的领先市场为什么没有出现在英国？19 世纪 80 年代初以前，世界主要钢铁出口国还是英国，美国则是主要进口国（虽然 1880 年前后，美国钢铁产量超过英国，但是美国国内需求大），美国就连斧头、钢锯等小工具也是从英国进口的。但是到了 1910 年，美国钢产量达到 2651.4 万吨；然而，在 1910 年英国的钢产量仅仅为 647 万吨。不及美国的 1/4，每年钢材进口量超过 200 万吨，这就使英国由钢材的主要出口国转化为不折不扣的主要进口国。贸易格局的这种逆转反映的是英国和美国在钢铁产业上生产效率与成本的变化：19 世纪中期，美国钢铁产品的成本几乎是英国的 2 倍；而 19 世纪末 20 世纪初，美国的生产率反过来高了英国 15 个百分点。[①] 究其原因，可以参见第四章第四节，这里再补充一点。英国发明钢材以后，只是在刀刃上少量使用，岛国英国的国土上每个点到海洋都不到 90 英里，因而对铁路需求不大，没有大力发展钢铁产业的动力。所以，钢铁业成为第二次工业革命的主导产业既是现实的需求，也是历史的偶然。

1875 年卡内基（Car-Negie）在宾州所建的第一家制造钢轨的转炉钢铁厂成为第二次工业革命的一个重要的标志性事件，这使美国在 19 世纪 70~90 年代率先实现钢铁产业生产力和产量的爆炸性的增长。统计表明，1870 年，英国钢铁产量达到 50 多万吨，美国的钢材才起步，产量不足 7 万吨。在不到十年时间，美国钢材超量超过英国后就遥遥领先于世界。1910 年的钢材产量为 2651.4 万吨，40 年时间增长 378 倍，年均增长 16%（如表 6-3 所示）。到了 1918 年，世界钢铁总产量的 60% 在美国。

---

① Robert C. Allen. International Competition in Iron and Steel, 1850-1913 [J]. The Journal of Economic History, 1979, 39 (4).

表 6-3 欧美主要工业国家发展状况（19 世纪后期至 20 世纪初）

国家	年份	生铁（千吨）	钢（千吨）	煤炭开采量（百万吨）
英国	1868	5080		104.7
	1873	6710	580	129.0
	1878	6500	1000	134.7
	1883	8640	2040	166.3
	1891	7520	3210	188.5
	1893	7110	3000	166.9
	1896	8840	4200	198.5
	1899	9550	4940	223.6
	1902	8440	4990	230.7
	1905	9750	5900	239.6
	1910	10160	6470	268.6
美国	1870	1692	70	30.0
	1880	3896	1267	64.8
	1890	9350	4346	143.1
	1898	11963	9076	199.6
	1902	18107	15187	273.6
	1905	23361	20345	356.3
	1910	27742	26514	455.0
德国	1870	1262	170	34
	1880	2468	624	59.1
	1890	4100	2162	89.3
	1898	6367	5734	
	1902	7450	7781	
	1905	9507	10067	173.81
	1910	13111	13700	222.4

资料来源：齐涛，王玮，黄尊严. 世界通史教程教学参考（近代卷）[M]. 济南：山东大学出版社，2005：246.

下面我们引用另外一个资料，用折线图更直观地对比英国与美国 1870~1920 年的钢铁产量（如图 6-3 所示）。

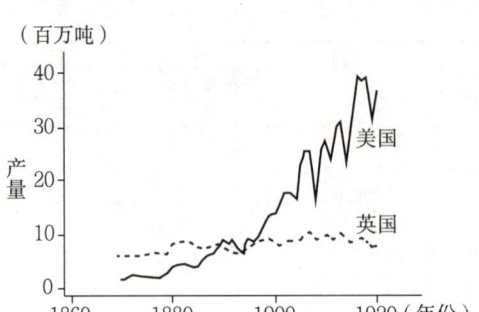

图 6-3　1870~1920 年美国与英国的钢铁年产量

资料来源：Kanda Naknoi. Tariffs and the Expansion of the American Pig Iron Industry, 1870-1940 [EB/OL]. http://citeseerx.ist.psu.edu/viewdoc/download? Doi=10.1.1.630.2035&rep=rep1&type=pdf.

究其原因，美国冶金业初期发展的 30%~50% 产量增长都归功于充足的国内市场需求。19 世纪后半叶美国快速工业化，尤其是美国体系中的国内改善中铁路（尤其是铁路桥）对钢材的需求以及"美国制造业体系"大量的金属加工对钢铁的需求极大，钢铁企业因此在短期内可以获取充足利润，进一步改进技术，扩大产业规模。钢铁冶炼技术的主要进步如表 6-4 所示。

表 6-4　钢材冶炼技术的主要进步

工艺名称	酸性工艺	在技术和经济上的后果	碱性工艺	在技术和经济上的后果
贝塞麦	使用相对稀有的无磷矿石，以生产比碱性工艺更硬的钢面长期闻名	脱碳过程只需半小时或更短；生产的迅速要求普遍推行机械化；因而实现了重要的规模经济性	使用便宜的矿石，成本较低；生成的副产品——磷酸盐是极好的肥料；矿渣比例高的缺点可通过扩大生产规模来补偿	长期被认为是廉价钢中的最廉价者，而生产的钢具有高韧性和高焊接质量——尤其适于用作管道和线路
西门子—马丁		脱碳过程是 6~18 小时；可实施更加精密的质量控制；生产规模较小，成本较高；但由于可灵活应用生产废料，使成本上的差别有所缩小		由于大部分熟铁均含磷，故产出的矿渣特别丰富

资料来源：查尔斯·辛格：技术史（第五卷）：19 世纪下半叶 [M]. 上海：上海科技教育出版社，2004.

同时，钢铁产业作为新一轮技术浪潮的主导产业，不可避免地也催生了新的技术—经济范式，如超大型的企业、经理制、垂直一体化生产、科学管理、生产和销售国际化网络、成本会计制度等。

二、美国政府对钢铁业国际和国内市场的不同态度

美国保护主义政策在不同时期有不同目的，如哈密尔顿的目的是增加财政收入和保护幼稚产业，美国学派的目的在于后发国家如何实现工业赶超，但客观上都是对不同时期的关键性主导产业提供壁垒，避免来自国外的竞争干扰，以期在短时间内掌握和控制核心技术，实现主导产业集群，并使国家得以赶超强国。美国19世纪的保护政策主要针对核心的制造业，南北战争前主要是保护纺织业，内战之后主要保护的是钢铁业。① 对于钢铁业的保护始于1820年前后，当时出于两个主要目的：增加政府财政收入和发展幼稚产业，其中增加政府财政收入是最主要的。之后，随着钢铁产业成为主导产业，在美国钢铁业发展过程中，其关税保护程度处于全世界最高水平。对外保护的最主要目的是建立统一的国内大市场，所以国内国外两个市场是联动的。19世纪，美国统一的国内大市场建设主要得益于铁路建设，它使制造业的规模和区域得以扩张，也使农产品、工业原材料、工业产品、人口的远距离陆上运输更加顺畅，真正国内统一的工农业市场建立起来了。钢材功不可没，同时铁路与钢材的交互作用使美国经济好像"被裹挟"着迅速发展。首先美国铁路网的建设产生了对钢材的最大需求，同时铁路网的建设又可以将钢材远距离运送，进一步促进其他制造业的飞跃发展，如随着钢铁技术的突破及纺织业对蒸汽机技术的传播，美国的制造产业争相运用蒸汽动力代替人力、畜力和水力，也带来了对钢材的巨大需求。钢铁业的迅速崛起带来了美国19世纪后半叶装备制造业②的发展和"美国制造业体系"等的确立，使必需的技术发展网络、人才素质基础和产品需求市场。

可见，美国经济质量的决定性提高来自于抓住了19世纪后半叶至20世纪初第三次创新浪潮的机会窗口，其中对于两个市场的截然不同的态度及其联动是美国在主导产业钢铁业的领先市场建设的秘诀之一。所以，市场建设不仅仅是亚当·斯密所指的简单的市场规模，它是一个系统问题。

---

① 斯坦利·恩格尔曼，罗伯特·高尔曼：剑桥美国经济史（第二卷）——漫长的19世纪 [M]. 北京：中国人民大学出版社，2008.
② 装备制造业在这里是指为国民经济提供生产技术装备的制造业，即制造装备的装备——工业母机产业，是制造业的核心组成部分。"装备制造业"这一概念为我国首创，但在这里使用它来代表美国19世纪中叶发展出来的机械设备制造产业（machine-tool industry），并强调其对工业发展的重要作用。

三、发展钢铁产业的技术政策

基于知识产权保护的专利制度与发明在推进美国钢铁业的发展上起了重要作用。

专利法的目的在于在社会利益与专利持有人之间的财产权利进行权衡,更加直接的是为技术交易提供有组织的发展动力。美国知识产权保护,最早见诸于1789年美国宪法,目的在于建立一套促进知识、技能和工商业发展的新型体系,以及提供知识信息分享平台。专利法一方面严格保护专利权人的利益,另一方面要求专利一经被承认就必须立刻向社会公开。1790年美国的《联邦专利法》规定的申请费用很低,还不到英国申请费用的5%;接受专利申请的渠道也很宽。专利交易市场在美国出现,大大降低了新技术商业化所需的时间和交易成本。同时,技术中介,如专利代理机构和法律顾问的专业水平逐步提高,指导发明人如何申请专利,以及对发明的前景提供建议,并在专利购买者和持有人之间提供中介服务,为新技术发明人与投资者之间建立联系等。这样,美国专利申请数量增长速度惊人。此后,美国对专利法适时地进行了修改,主要目的就是提高申请专利的便利性。

意想不到的结果是,美国的专利制度吸引了大批技术移民。同时美国通过组织海外参观的机会,引进甚至"盗取"了大量外国技术。如美国利用欧洲专利制度的漏洞获取了钢铁冶炼的多项先进技术,还成功地在美国注册,并进行了广泛使用和扩散,如利用焦炭炼铁的先驱托马斯就是"移民潮中英国技术创新的走私者"。

美国在19世纪的钢铁技术发明经过了三个过程:个别企业和独立发明家发明阶段、集体发明阶段和大企业、政府和科研院所的研发家研发阶段。

在19世纪早期,美国的技术进步往往依靠引进和个别企业、独立发明家的创新工作。在钢铁业还没有形成熟的科学理论,机器设备的最优设计和投料配比无法做到标准化,技术创新仅仅来源于熟练工人的经验,这种创新尝试的风险和成本都很大。同时,专业从事发明的个人创新带来的技术改进仅仅能够涉及参数细微变化,不仅无法获得专利,而且极易泄露。

为此,美国专利制度显著地推动了另外一种技术创新形式——集体发明,它在工业领域特别是钢铁冶炼行业发挥了巨大作用。如提高美国钢铁业效率的最重要两项的工艺——压力送风技术和减少熔炉中石灰石投入量的工艺,就是集体发明的最重要的成果。

19世纪70~80年代是美国钢铁业集体发明频繁出现的时期，原因在于，从19世纪70年代开始，来势凶猛的美国工业化进程对钢铁产品产生了巨大的需求，探索技术改进的企业不断增加，因此集体发明的技术网络也不断得到扩展，集体发明的氛围也就日渐浓厚。

集体发明活动是一种共享机制，即钢铁企业既相互竞争又分担创新风险，实现渐进式的技术进步并共享这种正外部性。集体发明的流程如下：某企业发明了某种具有成本优势的新型技术或设计；这一信息将通过正式或非正式的途径提供给其他厂商，正式途径如发表论文，非正式途径如主动提供信息或允许参观；其他厂商跟进，并在同行业公布其获得的有用成果。产业内的厂商既相互竞争又共享信息就是集体发明的特质。集体发明在知识产权保护缺失状态下，在同行业企业之间形成了一个小范围的技术网络，实现技术进步外部效应的内部化，既竞争又互利的企业，生产力和创新频率都得以提高。不过，资本积累规模大和利润率高是集体发明的两个必要条件，因为只有这样，才会有更大能力承担创新的高度不确定性，利用创新成果进行设备和工艺改造的可能性才会更多，才会进一步导致渐进创新的积累并分享。这是19世纪末期英国钢铁业被美国赶超的重要技术原因。在此之后，企业通过兼并出现特大型企业，它们的R&D活动逐步取代集体发明而成为技术创新的核心方式。相比较而言，英国在1875年以后，由于市场规模缩小等原因，资本积累速度逐渐下降甚至停滞，集体发明的氛围也就无法形成，这进一步使从事技术创新的企业越来越少。

四、衰退还是其他

美国钢铁业从1868年开始起步算起，增速出现了明显的阶段性特点。1868~1880年第二次工业革命时期，美国钢铁产量迅猛增长，年平均增长率达到不可思议的40%左右，奠定了美国钢铁业超大的生产能力，并且技术比较先进，产品品类齐全，产品质量好。到了1881~1920年，美国钢铁产量年均增速虽然跌落为10%，但相较于法国、德国、英国等欧洲国家，还是算快的。1920~1955年，美国钢铁产量年均增速再度跌落为7%。但1953年的钢产量突破了1亿吨，还是世界第一。1956~1975年，美国钢铁产量以年均0.5%的增速缓慢增长。1973年，1.368亿吨钢产量是美国钢铁发展史上最高纪录，之后，美国钢产量开始滑落。如何看待美国钢铁业的这一历史发展脉络？美国钢铁业是否衰退论？

"衰退论"认为美国钢铁业在20世纪70年代开始陷入了衰退的境地。原因有四方面：①产业向"非钢化"转换使国内对钢材需求总量减少。②20世纪六七十年代美国钢铁工业竞争力明显下降，如设备更新未跟上国际上技术更新的脚步，导致设备老化；工资成本过高；钢铁企业为摆脱困境选择了"多元化"策略，反而使资金分散；反垄断法使钢铁联盟未能形成。③日本钢铁工业的竞争。④贸易保护措施给美国钢铁工业限制了发展的空间。

如何做到美国钢铁业衰而不退？有学者也提出了不少建议。如钢铁企业需要重新调整生产和市场策略等。

认为美国钢铁工业衰退也好，衰而不退也罢，都没有居于产业结构的动态变化的角度来讨论问题。每一轮技术周期都会存在一个主导产业，它的领先市场才是每个国家需要关注的。从美国钢铁工业诞生至今的150多年里，主导产业已经发生了多次变更：电力、汽车、半导体、IT产业……尤其是20世纪90年代以后，美国进入了以信息技术为代表的现代产业以及服务业，事实上IT产业成为20世纪90年代以来世界性的主导产业，而在这一轮主导产业上，美国又是拔得头筹，这就是美国在多次技术浪潮中领先的主要原因。

事实上，在19世纪70年代以后，钢铁产业就不再是主导产业，世界各国发展风起云涌，该产业已经进入完全竞争状态，已经不存在创新租金。所以钢铁产业已经不是美国最为关注的产业。但是由于钢铁产业依然还是每个国家的支柱产业，但不是主导产业。这个问题也是《领先之源——七个行业分析》的最大缺陷。西方主流经济学没有进行产业结构（即生产什么）分析，这一点极易迷惑人们，将发展中国家引向过度关注经济规模而不是经济质量。比如我国进行供给侧结构改革的原因就在于近些年来经济结构出现了重大问题，尤其是在钢铁行业早已成为夕阳行业的情况下，依然一路向前抢占了世界第一位，我们还为此沾沾自喜。

另外，美国在多次领先市场中占优，但也有马失前蹄的时候，如20世纪80年代在半导体产业上却让位于日本，所以当时一片唱衰美国的声音。然而，20世纪90年代，由于主导产业转换到了IT产业和互联网，美国又奇迹般地"复苏"，重登领先市场，其他理论的解释力是很弱的，主导产业理论就更加具有说服力。这也告诉我们，由于主导产业的动态性，领先市场也会出现动态变化，"强者恒强、弱者恒弱"的宿命论是不存在的，经久不衰的霸权也会随着主导产业而发生变化。在20世纪80年代没有追上日本的半导体产业而成为滞后市场，美国索性就不去抢占半导体的领先市场，转而探索新的一轮主导产业（如IT）的领先市场。

五、美国钢铁业的成功经验的启示

第一,主导产业成功的基本条件在于调整产业结构而不仅仅是经济规模。系统论认为系统的功能取决于系统的结构,所以经济结构尤其是产业结构才是经济的要义。

高端制造业,如装备制造业、先进制造业等的发展才是穷国赶超的重要前提,它也是其他支柱产业,如冶金、化学、机械和电子等所组成的工业体系的基础。历史反复表明,每一次技术创新都存在一个或几个主导产业,它们在技术浪潮中会出现技术水平和生产率的爆炸式增长,出现报酬递增的现象,带动依附性产业提高效率或降低成本。这一点在美国工业化过程得到了证实。美国在第二次工业革命中的主导产业——钢铁产业中的集体发明带动了矿石采掘、冶金以及机械制造的技术进步,并最终促使整个国家的经济实现机械化、电气化。

第二,主导产业的领先市场,为大部分产业的生产力水平提高提供前提,并且使经济走向良性循环。原因在于主导产业产生大量创新租金。这种有质量的大蛋糕使投资者、企业家、劳动者和政府有了分享创新租金的机会:生产率快速提高,带来实际工资提高,从而使市场规模扩大,形成规模经济与范围经济,反过来会形成更多的投资以及利润,也会进一步使人才累积与技术创新,而居民收入提高同时可扩大税基从而使税收增加,使政府更有能力提供基础建设、社会保障以及更好的教育,而更好的投资环境又可促进企业投资、人才培养以及科技发展。这就是19世纪美国高工资战略的精神实质,也是当今各发达国家在工业化过程中屡试不爽的模式。反之,依靠比较优势和自然资源通常不是经济发展的必要条件。

第三,发展中大国领先市场建设必须以国内经济大循环为前提。美国自从政治独立以来,经济一直无法独立于英国,所以美国不惜以多次战争和准战争以及贸易保护主义政策为代价建立起国内经济大循环,因为生产率水平低和人工成本高等使美国制造业的产品无法与英国相竞争。作为第二次技术革命的主导产业的钢铁业在美国崛起,就是搭建在这一平台之上的。这一战略起点就是通过长期保护和完善国内大市场,使经济在国内进行大循环,催生出对制成品的大规模的市场需求,才有机会培植初生的主导产业,并有可能实现产业内的学习效应和产业间的溢出效应,新的主导产业的工业体系才能形成,最终目的是要形成居民收入水平普遍提高的利益格局。

第七章

行驶在别人轨道上的半导体领先市场

20世纪80年代,当世界性的主导产业——半导体产业在日本如日中天时,石原慎太郎狂妄地发誓"日本可以说不",甚至沃格尔大声疾呼美国向日本学习。然而这些话音还未落定,自20世纪90年代以来,日本在信息革命中就被美国远远地抛在后面,日本先后出现了"失落的十年"和"失落的二十年",至今"失落"快三十年了。日本的起落当然与领先市场的得失有关,为什么没有像抓住半导体的领先市场一样在20世纪90年代占据信息革命(IT)的领先市场呢?原因并不是日本没有认识到信息技术的重要性,也不是日本没有采取行动。

第一节 "二战"后日本在半导体产业领先市场的形成

第一,从外部环境来看,在美国主导的西方战后世界秩序中,美国为了对抗苏联,与西方盟国进行利益交换:西方国家同意接受美国霸权领导,条件是在一个开放的世界中获得美国的市场和技术。美国市场的进入为日本的经济起飞提供了前提,同时朝鲜战争和越南战争所带来的巨大的战争特需采购为日本经济带来了生机,是"二战"后日本历史转折点。日本也成为美国防卫技术转让最多的国家。在美国的保护之下,日本没有沉重的军费负担。

"始惊次醉终狂"是日本学习能力能力强的突出表现。日本引进消化吸收再创新能力的提升和美国技术创新能力的相对下降是导致20世纪80年代美国贸易逆差剧增的根源。20世纪五六十年代,日本是全球产业转移的主要目的地,其制造业处于全球产业链的低端,引进的技术大多是欧美逐步淘汰的技术专利,产品的附加值也不高。日本科技厅的一项研究表明,20世纪60年代后期,日本的技术发展能力指数仅为美国的14.6%,20世纪70年代前期有所提高但也仅为美国的 30%。1973 年爆发的石油危机使日本低附加值产业遭遇到成本上升（石油涨价）和美国需求疲软的双重打击。这促使日本政府和企业开始改变技术引进方式，大力提升产业能级，逐步形成了以企业引进技术为主导的科技体制。20 世纪 70 年代中期，日本基本引进了欧美 20 世纪 30 年代以来较为先进的重大技术项目。此后日本企业开始侧重于购买处于实验阶段的基础工业技术，并加强员工的职业培训，从引进的技术中广泛吸取各国之长，加大消化吸收再创新的力度，抢先把实验技术投入规模化生产，进而占领国际市场。

可见，日本的成功在本质上具有极强的选择性，它把创造性模仿的重心放在那些美国工业曾经具有传统优势的部门，如机械、汽车、电子设备上。1986 年，日本这几个产业向美国的出口量占出口总量的 80%。日本模仿成功的因素中，最重要的是源自不对称性军事同盟的不对称性经济，表现为美国单方面向日本出售核心技术和单方面向日本开放市场；其次是日本对于在大规模生产技术中非常关键的形形色色的小问题，提供了有效的解决方法。一时间，经济学家无法搞明白、无法用详实的语言来解释日本的赶超，因为相较于基础研究，研发的活动带有隐蔽性。

第二，从内源性创新制度来看，日本充分重视国内市场规模与需求的基础性作用。例如，早在 1960 年的时候，日本就提出《国民收入倍增计划》旨在通过提高国民收入求得经济持续、稳定增长，其最终成为日本经济起飞的基础和转折点。日本收入倍增计划的核心是引导产业结构走向高级化，并辅以改革收入分配体制、扶持中小企业、鼓励技术创新、促进外贸和国际经济合作等系列配套措施。对于技术创新，《国民收入倍增计划》指出，"技术的进步，过去往往是依赖于引进外国技术，今后，决不能只停留在这种消化、吸收外国技术的地步，必须进一步发展本国技术……尤其应在国内确立能开发新技术的科学技术的基础……尽快提高从基础研究到应用研究以及科研发明各阶段都相互协调的这样一种研究水平"。①

在实施计划的十年间，日本国民生产总值和国民收入的实际年平均增长率都超过了计划规定目标。居民收入的大幅提升不仅有力促进了产业结构升级，而且引发了消费者革命，有效扩大了内需，实现了经济转型。

国内市场是创新设计必要条件，但不是充分条件。因为在一国内处于滞后市场的那些行业中，本国创新设计不可能取得成功。因为本国创新设计可能会被领先市场国家的设计挤出市场。同时在滞后市场背景下，运用本国"创新设计"

---

① 日本经济企划厅. 国民收入倍增计划（1961-1970 年度）[M]. 北京：商务印书馆，1980：43-44.

可能让一国陷入"技术锁定"中,并延迟全球标准的运用。[①] 在这种状况下,一大批领先用户至关重要,在日本,美国与日本政府就是充当了领先用户的作用。

第三,日本战后经济体现为典型的追赶型经济——渐进创新。一般来说,创新活动区分两种类型:渐进创新和激进创新。创造新产业的活动主要是由激进创新来完成。激进创新通常建立在重大的科学和技术突破的基础上,是产业的跳跃或不连续谱系,大部分需要通过政府、科研院所或企业的大型实验室大量资金投入、反复研究,因而,激进创新是产业结构突破的最有生的力量。但是激进创新一经形成,未必能够对人们的生活和生产产生重大影响,必须通过大量长期或短期渐进创新来完善。唯有如此,在整个经济体系中,具有扩散性影响的主导产业才能最终形成。可见,渐进创新与激进创新的关系就类似于哲学的量变与质变的关系,激进创新需要大量的渐进创新来成就,这是量变达成质变的结果。所以,渐进创新对生产率增长、成本的下降、人们收益的增加的影响等是非常明显的。但是渐进创新相较于激进创新来说,它的特点是来得快去得也快。

以追赶为目标的后发国家聚焦于渐进创新,这通常是一条终南捷径。由于激进创新一经出现,技术范式开始显现,不确定性与风险降低,信息经由各种途径被充分透露,通过政府干预或企业的学习先发国家的经验,成功的可能性较大,甚至可以在该产业成为主导产业时,取代先发国家成为其领先市场。所以,国家的竞争优势不是源于短暂的技术知识垄断,知识一经流出并被他国的企业使用,该国就可能失去了竞争优势。这也就是产业霸权国家各自只领风骚几十年的最主要原因。曼斯菲尔德在比较日本公司和美国资公司创新活动的差别时,指出在把来自外部的技术进行商业化方面花费的时间上存在重大的区别。日本公司要比美国的公司要迅速得多。日本在探索机器人技术步伐越来越快,原因在于,制造商进行大量的投入,改进机器人的技术适应消费者的需求,日本机器人技术用户不断调整和简化设计,满足机器人技术的要求。这样的话,就把研究、开发和消费者形成了一个系统。与之强烈对比的是美国公司将功能割裂,即将研究功能和生产功能割裂,更别说消费者了,这样的话,研究、开发和消费者都是隔离的。

冷战时期,北约组织希望日本成为远东永不沉没的航空母舰,日本以此作为谈判的筹码,从西方引进大量技术。1950~1978年间,日本从西方购进了大量的新技术,这些技术都发明于1940~1978年(包括战时产生的许多技术)。1950~

---

① Marian Beise. Lead Markets, Innovation Differentials and Growth [J]. International Economics and Economic Policy, 2005, 1 (4): 305-328.

1979年，日本共引进了来自40多个国家和地区的31000多项世界先进技术，其中一半来自美国。日本为技术引进共支付了90亿美元，包括专利费、技术买断费以及股份分红等。若按1978年美元汇率计算，这个数据还可能更高。

纳谢德·福布斯在《从追随者到领先者》中认为，日本奇迹的秘密主要是渐进创新。日本的教育、科研体制甚至是国民心态等组成的创新体制，最适合于渐进创新，这一优势在20世纪50~80年代无疑天下无敌。日本在战后仅仅用了短短的15年时间就集中了世界各国历时50年的开发成就。其突出的秘诀就是"逆向工程"（事实上就是盗取知识产权，但西方国家任其发展），首先是工程师和技术人员对一件发明提出改进意见（"干中学"），其次是用户提出改进建议（"用中学"）。同时，日本企业常常进口在商业上没有进入试验阶段的技术，如日本精工公司石英钟表技术的发展就是一个很好的例子。20世纪50年代，瑞士企业发明了石英钟表技术这一突破性创新成果，但瑞士企业拒绝石英表而固守机械表。日本精工公司（Hattori-Serko）则抓住这一突破性技术，对品质高而价格低廉的石英表进行渐进创新，引发了日本国内的钟表业大规模的变革，进而向世界扩散，并牵头制定了石英表的行业技术标准。这一事件致使瑞士企业在20世纪80年代才重新赢得手表市场（如图7-1所示）。

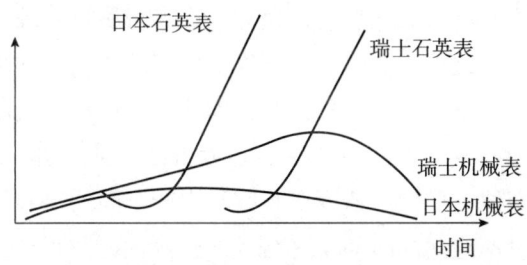

图7-1 手表市场的领先市场

第四，从产业的特点来看，第五次技术革命的特点是形成了"模块化"生产方式。从"模块化"生产周期来说，系统内部的联系规则一经确立，系统整合者对子模块之间的接口模式在不同阶段有不同的策略。在产品系统形成期，系统刚刚建立，接口模式处于磨合时期。这一时期，"创新窗口"较大，技术创新自由度大，容易导致创新浪潮，竞争也比较激烈，子模块通过不断升级换代，逐渐强化自身的优势；在产品系统成熟期，子模块之间的磨合完毕，接口规则渐趋于稳定，模块化完成，系统整合者就不倾向于鼓励和支持各个环节进行模块层次的升级和创新。同时，系统整合者通过各种契约，完善产业价值链。在这个阶段,后来者要进入产品体系是非常困难的。但是由于利益最优化的驱使,系统整合者会将价值链低端的模块外包到成本低的地方。为此,产品系统形成期(20世纪60~70年代)日本利用了"机会窗口",通过反向工程完成了"引进、消化、吸收再创新"的模仿创新,增强了本国创新能力,提高了本国的技术水平与竞争能力。

第五,车间里的竞争优势。20世纪60年代末,主导美欧获取新的科学知识和从事技术激进创新与渐进创新的科技制度的企业研发实验室,其独立的和集中化的研发活动由于企业之间作为创新的生产者和使用者缺乏有效的合作;与之相关和同样严重的问题是企业内部在设计、开发、生产和营销等各功能部门之间缺乏"水平"信息交流和合作。即美欧大公司的工业实验室和研究机构一直是只顾基础科学研究而很少关注市场和用户的需求,致使美欧主要工业部门的创新乏力现象日趋明显。

随之兴起的是日本在汽车、家用电器和半导体等产业中独特的创新体制。与垂直信息流为主的美国企业组织构架相异,日本公司以横向信息流为主要特征。青木昌彦将这种企业模式称为 J 模式。为了达到企业信息横向流动,工人和管理人员应该尽量掌握整个系统的知识,为此"岗位轮换制"应运而生。企业通过岗位轮流,降低了不同层级之间信息传递的高成本。质量管理小组成员也是来自各个环节的技术人员,这种横向组织就可以确保产品质量。如果把日本企业比作打橄榄球,那么美国竞争者仍像跑接力赛,即日本的这种开发战略把整个工厂都作为实验室。他们把研发、生产和销售活动紧密结合成一体,科学家、工程师、工人成为创新的共同体,模糊了研发实验室与生产车间的界线,从而大大缩短了从产品设计到实际投产之间的时间,这是日本企业在创新管理上的重要成就。

以丰田生产方式为代表,他们创造的准时制(Just-in-time)是一种以需求为导向的看板式生产计划体制①,即按需生产。与其他生产方式相比,其优势就在于加快半成品和资金的流转速度,减少库存甚至可以达到零库存,同时人人都成为质检员,保证产品质量。总之,看板制度在高质量、低成本和差别化产品方面具有明显优势。这种生产组织的出现使日本出口出现爆炸式增长,同时针对20世纪80年代多样化需求也能迅速、准确地适应。20世纪90年代美国的"企

---

① 看板式生产计划体制是指根据标有前工序组装零件数量的标识牌,实现信息从生产工序的下游向上游顺序流动的方法。这种方法可以使各种零部件只在必要时根据需要来提供,免去了不必要的库存。因为它对应于经销商的每个订单,所以是以需求为导向的。

业流程再造"就是在学习日本经验的基础上提出的。

第二节 日本丧失 IT 产业的领先市场的原因

以上分析表明，日本无论从市场角度还是从技术角度，非常典型地符合了"领先市场"。

但是日本近二十几年长期经济萧条的原因有所谓泡沫主导说、复合萧条说、政策失误说、经济长波说和制度疲劳说，最近人们对日本经济制度的反思和批评则日益增多。当然，日本经济大萧条的原因是复杂的和多方面的，所以，以上解释都有自身的合理性。日本丧失超越式发展机会的根本原因在于 20 世纪 90 年代以后没有赶上战略性信息产业的变化，具体原因在于不独立的经济、自由化的金融改革、忽视基础科学和制度僵化。

一、不对称、不平等的日美政治军事外交盟友

美日同盟这种所谓的"政治军事外交盟友"关系是不对称、不平等的。第二次世界大战后日本经济的崛起，是建立在美国市场和美元崛起的基础之上的，所以高速运转的日本经济火车，却行驶在别人的轨道上[①]，也即杜鲁门总统的特使说的"高跷经济"。日本的经济崛起不是建立在经济独立的基础之上的，它的经济命运完全在美国的掌控之中。如美国一方面提出"非关联性"原则，即一项双边议题和另一项双边议题是彼此独立的，不发生交叉影响；另一方面又利用"自愿限制出口"对付日本经济的强劲发展势头，从 1956 年的纺织品到后来的钢铁、汽车、计算器等产业，"自愿限制出口"层出不穷，其实质就是利用军事上的"美日安保条约"来压制日本经济，可见，关联还是不关联就是美国说了算。不仅如此，美国要彻底让日本屈服，还得对日本进行战略性、制度化的改造——自由化改革。按照黄树东的说法就是"一个中心，三路出击"（黄树东，2009），即美国以新自由主义的自由市场体制为中心，打击日本的三大命门，即汇率改革、金融开放和对关键性产业的削弱。日元升值导致日本出口导向型产业失去市

---

① 黄树东. 选择与崛起 [M]. 北京：中国人民大学出版社，2009：238.

场；金融自由化改革使日本制造产业脱离了银团体制，也破解了日本政府对经济干预的体系。由于以上"组合拳"，日本关键产业的衰落已经就没有悬念了，日本在第五次技术革命浪潮中只能半途而废了。从这个意义上说，日本是较早掉入"新自由主义陷阱"的重灾区之一。为此，日本自觉不自觉地"迎合"了美国却失去了市场。

二、追赶型而非超越型发展战略

从历史角度来看，继明治维新、民主改革之后，20世纪80年代以后的日本经济已经基本完成追赶阶段，开始步入成熟阶段，有些有识之士认识到，如果不改革，日本经济就无路可走。如界屋太一的《现在为日本决断之时》认为，日本正处于历史岔口上，日本下一步的发展有了两条路：一条是走老路，这将使日本退化为发展中国家；另一条是选择自由主义市场经济。事实上，日本面前的路肯定不至于只有两条，第一条我们暂时不多谈，界屋太一这里所指的"老路"指代不明，因为恰恰是"老路"促使日本崛起的。而日本选择的是第二条所谓的"明路"。这条路恰恰就是今后20多年内让五十多个国家成为新自由主义"重灾区"的"华盛顿共识"。按照这条路，日本所经历的不是界屋太一所讲的"较长时间的阵痛"，而是"较短时间的快活和长久的痛苦"，可以说日本爬上了山巅却掉入了深渊。

虽然20世纪50~70年代日本追赶阶段的经济体制非常有效，被世人奉为奇迹。但自20世纪80年代末以来，日本经济先是"失落十年"，然后"失落二十年"，至今都快三十年了，仍然未见好转，体现为创新乏力、主导产业缺乏、内需启动难、基础研究和尖端技术落后等。笔者认为，日本的经济和产业发展属于追赶型，不适应成熟经济。追赶型经济与成熟经济的差别如表7-1所示。

表7-1 追赶型经济与成熟经济的差别

项目	追赶型经济	成熟经济
产业定位	单一和明确的追赶目标，可学习先进国家的经验	无经验可寻，不确定性和风险增加
创新类型	主要以渐进式的工序创新为特征	以突变式的产品创新为特征，从而创造新的产业
反应类型	适应性反应，团体合作适求一个明确的目标，可能很有效率	创造性反应，更需要个人的独创性

续表

项目	追赶型经济	成熟经济
经济推动力	以出口导向为目标，创造性的推动力则相对匮乏	内需是其产生熊彼特所谓新技术、新产业和新组织形式的重要动力源

通过追赶型经济与成熟经济的对比，我们发现，所谓"日式管理"虽然很有效率，但却带有明显的追赶型经济特征。在成熟经济阶段，追赶型经济方式的两个突出方面成了经济发展的障碍：一方面，年功序列制与终身雇佣制虽然可以稳定员工队伍和员工的忠诚，从而提高企业的生产效率，但其前提条件是产业结构不调整或者小的渐进创新，这会阻碍人员流动进而阻碍激进创新，熊彼特所指的创新需从旧产业中夺取资源已经成为不可能；另一方面，日本在追赶时期形成的一致对外起过重要作用的企业关系形态是一种长期交易网络，它带有封闭性、等级性和僵化的特点，其严重缺陷在于压抑中小企业的创新活力，抑制了竞争，与现代网络经济的要求相去甚远。

三、基础研究欠缺

日本研发投资的最大特征是以企业为主导，日本科研经费近80%由民间企业负担，而美国的科研经费中由政府负担的近50%。日美技术创新活动的优势对比如图7-2所示。

根据1968年OECD研究报告，在"二战"后139项技术革新项目中，日本只有五项：晶体管收音机、新干线弹头型火车、电子显微镜、袖珍磁带录像机和维尼纶合成纤维。1953~1973年的二十年中，世界五百项重大技术革新中日本仅占7%。这在某种程度上说明了日本在基础研究上的能力不足。因而日本科学界感叹：非常富裕的日本，为什么在实行了一个世纪普遍教育后和有世界上第三强大经济、日本科学研究投入世界第二的情况下，却更表现的像是一个中等水平的国家？日本的科学研究投入达到德国的两倍。

其中关键性的问题就在于日本在高新技术研发方面的制度僵化。我们可以看到，导致信息革命的许多制度创造都是在20世纪90年代的美国涌现出来的，如大学—产业合作、风险资本、网络组织和学习型组织等，而日本却一项也没有。20世纪80年代，当硅谷在信息革命中不断孕育出新的制度、组织和技术创新时，日本的筑波科学城却成了官僚化的"科研飞地"。20世纪80年代，美国国家创

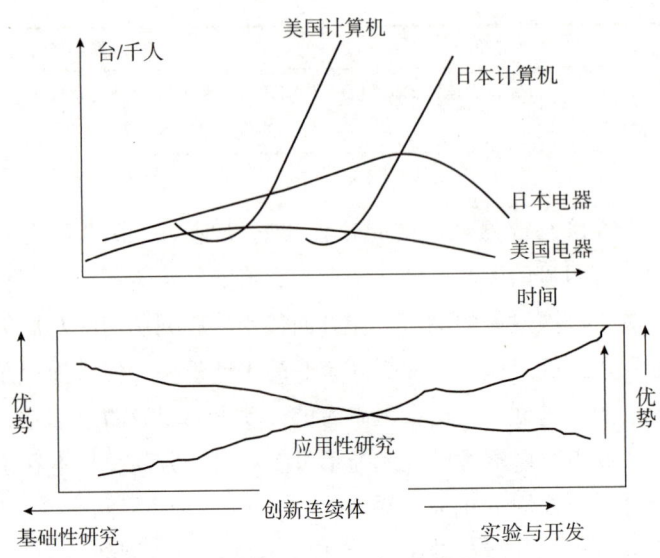

图 7-2 日美技术创新活动的优势对比

资料来源：陈杰. 日本经济增长过程中的技术创新体系研究［D］. 复旦大学，2004.

新体系有两个重大变化：一是把大学、科研机构、生产厂家、供应商和政府等连接在一起的创新网络初具雏形；二是以 Spin-offs 形式产生的科技型中小企业大规模兴起。但在日本，这两方面的问题只是在事隔十几年之后才开始被重视的。例如，Noboru Maeda 在 2004 年的工作论文中写道，在过去的两年中，日本大公司的工程师精英们开始通过 Spin-offs 形式建立他们自己的企业。又如，直到创新网络得到很大发展的今天，在日本经济产业研究所召开的《日本的创新体系：强项与弱点》会议上，经济学家们才普遍认识到，日本企业还未形成能灵活吸收外部资源的创新机制。组织变革和制度创新的严重滞后使日本错过了跨越式创新体系建设的良好机会。原因在于忽视对基础科学研究，这主要表现在以下几个方面。

第一，"二战"结束后，美日在科技投入方面有重大差别。美国一直重视基础研究投资，而日本则将科研资源集中于应用开发研究上。这与"二战"后日本急于追赶的岛国心态和特殊的美日关系有关。"二战"后，由于冷战的需要，美国需要日本成为远东永不沉没的航空母舰，日本就此在经济上提出条件：一是美国向日本出售技术而不是相反；二是美国向日本开放市场而不是相反。再加上美国对"逆向工程"的纵容，逆向工程的表象是渐进创新，实则是知识产权侵权行为。为此从 20 世纪 50 年代开始，日本向美国购买了大量由美国发明的、即将成为主导产业的半导体的技术。可以说"二战"中战败的日本急于追赶，正好遇到了这么一个绝佳的赶超机会，也正好与当时日本技术立国发展战略密切吻合，日本抓住了，而且打造成其领先市场。例如，1996年日本研发经费的14.3%为基础研究，85.5%为应用和产品开发研究。这种以企业为主体的技术引进战略成功地使日本在20世纪80年代初实现了产业升级，成为名副其实的世界工厂和世界第二经济大国。而美国虽然在20世纪80年代提出了"星球大战计划"，引导一大批人才和创新资源推动互联网技术在军事领域的开发与应用，但这还没有形成真正的生产力。正是传统制造业的节节败退和新兴主导产业的青黄不接使美国在20世纪80年代初出现了巨额贸易逆差。

但是日本在半导体的先发劣势却在20世纪80年代末期显现出来，因为当时半导体产业已经风光不再。回顾日本追赶的历史，只强调技术的短期效益而忽略了基础科学的长期效益的劣势在主导产业转换时期就显露无遗了。到20世纪90年代初，在世界基础科学的研究上，美国与欧洲大约分别占50%和40%，而日本只占10%左右。

第二，日本忽视基础研究当然还与其长期的大学传统有关。第二次世界大战以后，美国大学基础科学研究的主要赞助人是联邦政府，理由是大学从事基础研究，而基础研究需要政府投入，从20世纪60年代中期开始至今，几乎每个领域的科技都是美国大学领先，这是美国在高新技术上处于领先地位的重要原因。而日本由于对于科技投入的区分度差和急于赶超的心态，大学在新的科学知识的生产上很差，几乎没有造就美国模式——研究导向型大学，日本从1870年以来所谓极好的学校教育体系，主要是造就了大批工程师的资源库。

第三，事实上，随着科技的发展，20世纪90年代以后美国也出现了公司花自己的钱从事基础研究的状况，这使美国的科学进一步得到加强。在日本，虽然相关设计与开发主要由企业完成，但与美国的公司科研相比，日本企业基础研究的理念与美国公司相差甚远。若杉隆平从这个角度指出了日本科研的弱点。①在全部研发经费中，"经常性研究经费"占比不到50%。其他人的研究认为，这一占比更低，为40%~47%。②企业研究人员存在"学而优则仕"的晋升途径，即从研发人员升为项目管理人员，再升为部门的主管。这样一来研究队伍的稳定性就成为大问题。同时在岗的研究人员也存在为了晋升而"急功近利"的浮躁思想，"创造性构思"放了"技术性研究"的后面也就理所当然了。研究人员不重视基础性研究，这种基础不牢靠的基础研究就不存在基础了。

第四，基础研究的缺失，导致激进创新的迟缓。熊彼特曾经指出，汽车技术不能从对马车的工序改进中产生。激进创新通常不是深思熟虑的研发活动的结果，而渐进创新更具连续的特点，渐进创新最为重要的功能是提高生产效率，而且通常是在原有的产业上进行，很难创造出新的产业。

美国政府大量资助大学基础研究的同时还不干预其独特的制度创新——产学联盟。这就为其高新产业奠定了雄厚的科学基础，同时像硅谷这样的高科技产业园区等也得到充分怒放，为科技成果转化提供实验场所，这是创新链条中关键的一个环节。所以美国高新技术产业的领先地位来自技术创新，而技术创新在很大程度上又源自于制度创新。与美国相反，一方面，日本政府很少资助基础研究，这使日本政府在创新中的作用大为削弱；另一方面，日本政府还对基础研究反向干预，使产学研的完整链条无法形成，研究成果转化率较低使仅有的技术创新也无法走向商业化，即无法开发新产品并为其找到潜在市场，提升传统基础科学研究的体制也导致了日本科学研究中心筑波科学城成为了"科学的乌托邦"。

所以，日本在主导产业上对于我们有经验也有教训。日本在渐进创新和抓住半导体产业这个主导产业并将其做成领先市场方面，为我们提供了很好的借鉴，但日本在激进创新和错失新一轮主导产业方面为我们提供了很好的反面教材。这与19世纪中期以后的英国丧失钢铁、有机化学和电力等主导产业的领先市场有异曲同工之妙。所以，历史会经常重演，在过去，也绝不只英国如此，今后也还会有很多国家会重蹈覆辙。我们国家现在成为第二大经济体，有的学者判断中国也完成了追赶阶段，如果是这样的话，建立良好的创新体系就必须借鉴日本19世纪五六十年代的经验和吸取其八九十年代的教训。

从历史上来看，19世纪末的德国在基础研究上还比不上英国，但它很快就在20世纪20年代取代英国成为世界科学研究的中心，这与德国长期注重基础科学研究的传统是密不可分的。"二战"以后，美国长期的技术领先地位得益于自20世纪30年代世界科学研究中心逐渐向美国的转移，得益于"二战"后初期美国对基础科学研究的大量投资。随着工业经济向知识经济的转变，基础科学在技术赶超和技术领先地位的保持上越来越重要。

日本产业发展的历史局限性其实在20世纪80年代追赶结束后就已经显露出来了。我们知道，自19世纪末以来，技术创新从基础科学研究中所获得的机会越来越重要，如信息和生物这些以科学为基础的产业在很大程度上取决于基础科学研究的进步。历史表明，20世纪许多重大的创新没有不是以基础科学知识的积累为前提的。当日本在半导体跨入领先市场之时，基础科学研究没有着力寻求新的主导产业，比如IT产业，因此当半导体产业不成为其主导产业时，日本就因为缺乏新主导产业而饱受长期经济危机之苦。

更深一步看，与美国相比，日本高等教育体系的突出之处在于，政府对高等教育机构的管理较为严格。文部省出台了《大学设置基准》，不仅对大学的一些硬性指标进行审核，如师生比、生均校舍面积、生均图书册数等，同时对很多软性指标也作了详细的规定，如所设学部、专业的名称，教学课程的编制方式，应开设的教学科目等。严格管理当然能够保证高等教育事业有序进行，但这种管理方式的不足之处在于，它束缚了高等教育机构的手脚，扼杀了高校之间的个性。最终，虽然为经济发展提供了大量标准化人才，但对劳动力创造性的基础研究能力的削弱也是显而易见的。高等教育入学率名列前茅，但研究生比率则相对较小。1994 年，美国每千人研究生数是 7.74 人，远高于日本 1996 年的 1.31 人。日本从事高水平研究与开发工作的研究生（尤其是博士毕业生）的数量较低。这种教育结构显然不利于基础研究能力的培养。吉川弘之指出，"虽然日本现在被列为经济大国，但是日本创立出了什么新型产业吗？像钢铁、汽车和半导体这类日本已取得成功的产业都是从国外引进的。可以说，没有一个产业（至少在制造业领域）是日本自己创立的"，"当今日本的大学没有足够的力量创立新型产业"；相反，"美国的大学教育创造了人们所知的信息产业这一新型领域。从中可以看出大学与产业界的相互支持这一模式"。

四、企业管理

自 20 世纪 90 年代以来，日本汽车等产品在世界市场上的相继失利，显示了日本创新体制的优势已是强弩之末了。这在企业管理方面可见一斑。

第一，灵活生产方式在 20 世纪 80 年代末向两个不同方向发展：一是以美国为代表的"少零件，大批量"生产模式，二是以日本为代表的"小批量、多品种"，旨在实行产品差别化。美国方式结合了美国历史上"美国制造业体系"和从日本学习来的生产模式，成本低是其最大的特点。日本则过度追求产品差别化以期满足多元化的需求，结果是研发资源的巨大浪费和产品成本的上升。美国著名的管理学家雪恩伯尔格曾指出，日本在"灵活自动化"上已做过了头，其结果只能是生产能力和资金上的灾难。

第二，日本在采用信息技术方面极度迟缓。与美国汽车等传统制造业积极采用信息技术相反，美国的"少零件，大批量"生产模式成功的根本原因就在于迅速利用 20 世纪 90 年代新出现信息技术改造传统产业。这使美国重新夺回汽车业的世界霸主地位。

第三,日本由于新的主导产业的欠缺,企业大量资源要么停留在半导体和汽车等传统制造业寻求渐进创新和产品差别化以求得世界"领先",要么投入到金融领域寻求列宁所讲的"创业利润",这就是日本长期陷入经济危机的重要原因。

20世纪70年代,日本在家电、汽车和钢铁等领域的生产技术上已处于世界领先的地位。因此,在20世纪80年代,许多专家曾预言,世界经济和科技中心将由日本取代。在那时,美欧国家的许多管理学家、产业组织专家和企业家也到日本虚心学习先进的管理经验。日本经济学家正村公宏在1987年宣布:21世纪必定是日本世纪。而进入20世纪90年代以后,与高速增长时期相比,日本不仅出现了负增长,而且与美国经济的蒸蒸日上形成鲜明对比,日本经济陷入了至今仍没有什么起色的大萧条之中。如果我们把当时的舆论与日本今天的经济状况进行比较的话,人们可能就会对这种惊人的变化感到吃惊。日本"二战"后的国家创新体系究竟出了什么问题呢?

第三节 近年来日本产业创新体系的调整

在20世纪70年代中期以前,日本的科学技术政策对产业的技术基础采取了倾斜的政策,以至于日本经济学界有人把20世纪70年代中期以前的日本的科学技术政策称为"产业技术政策"。因此,20世纪70年代末,日本的一些政府官员和学者就认识到了偏重应用技术研究而忽视基础研究有可将对本国的长期持续发展带来不利的影响。因此,他们试图改变这种状况。对日本创新体系产生影响的国家政策主要是1980年和1994年的两次重大政策调整。

1980年,日本通商产业省的产业结构审议会发表了《80年代通商产业产业政策的构想》。文件分析了日本的经济形势,认为日本通过"模仿和追随",已经赶超西方发达国家,现在需要的是"首创和领先"以开辟新时代。这份文件提出了科学立国的战略,指出有效利用智力资源,创造性地进行技术开发才是日本提高产业竞争能力和经济水平的不二选择。同年,日本政府又为"科技立国"战略制定了两个重要的政策,即"研究下一代产业基础技术制度"与"推进创造性科学技术制度"。根据这两个制度,20世纪80年代科学技术发展的重点应放在电子技术、能源技术、生命科学、材料科学、宇宙开发、海洋开发等高科技领域，为新世纪的划时代技术革新做好准备。

进入20世纪90年代以后，随着国际市场的竞争日益激烈，日本政府经受了国内需求不足的困境，决心调整产业结构，这就必须加快发展科技力量，扶植新技术产业。于是在1994年6月，日本政府又重新调整战略，提出了"新技术立国"战略。紧接着日本政府就将高新技术经费增加一倍。经过几年努力，到2001年，日本已成为世界第二大科学技术强国，研发支出占国内生产总值的比例名列世界第一，每万人中研究人员的数量也是名列世界第一，但研发支出中，来自政府基金的比例低于其他发达国家。

目前，日本创新体系的发展仍面临着许多的新挑战。首先，如何激发和进一步培育国民的创造性精神或企业家精神。"把事情做好"的战略很适合日本的国民性、文化和历史，日本人非常擅长具有类似性的集体活动，这种活动对于大量生产的操作性改进是必需的。在持续增长的大量生产体系中，独特的活动对总效率是障碍。日本经济在世界上曾经被人们所羡慕，但在追赶模式取得巨大成功之后，非常需要从"把事情做好"的范式向"做不同的事情"的范式转变。这包括日本推动新企业的建立；在大学所发明的技术的基础上开办新企业；以脱离大公司（Spin-offs）的形式开办新企业。

其次，推动大学—产业联盟。2005年2月14日，在日本经济产业研究所召开的《日本的创新体系：强项与弱点》会议上，中马先生首先提出了这样一个问题："日本虽被称是加工组合型产业强国，而在最典型的加工组合型产业——半导体露光装置产业中，一直领先的两家日本公司却被荷兰的ASML公司赶上，市场占有率正在减少，原因何在？"随后，他就该问题进行了阐述。中马先生认为，产生这种情况的主要原因之一是ASML公司善于利用大学和政府的研究资源，从那里学习科学技术知识。日本企业重视企业内部的研发，擅长于收集分散在企业内部的知识，将其汇集成连贯的知识以资利用，但不擅长利用外部知识，然而，当尖端的科学知识对于产业日益重要之时，就必须有效利用这种外部科学知识。在这次会议上，日本许多学者指出，在日本经济的复苏中，信息家电产业起了很大的作用，信息家电的科技含量虽然很高，但收益率却相当低，10家生产厂商的收益率平均只有2%左右。比起美国P&G的20%和韩国三星的18.7%，简直不能同日而语。那么问题究竟出在什么地方呢？有学者在研讨会上指出，造成日本信息家电产业低收益率主要有以下几点：①日本国内激烈的市场竞争。②相对于流通行业形成的寡头垄断的局面，生产厂商处于相对劣势。③软件平台尚未形成。④还未形成能灵活吸收外部资源的创新机制。⑤未能充分发挥日本文化方面的潜力（信息、内容、文化）。

最后，需要进一步加强基础研究。日本的所谓基础研究与西方国家的基础研究在含义上是不同的，主要是指产业技术研究中的基础性部分，其重要目的是开发前所未有的新技术，并在研究开发过程中发挥先导性基础性的作用。日本目前科学技术的重点是生命科学、信息和通信技术、环境技术、纳米技术和材料技术。因此，日本的所谓基础研究主要是指围绕这些带有实际应用目的的基础性技术研究，这可能在很大程度上仍将制约着日本在激进创新上的领先。同时也应该注意，虽然日本在激进创新上存在差距，但是因其在渐进创新上的竞争优势，日本高新技术产业的竞争力仍然占据高位，所以日本作为第二大科学技术大国的地位很难动摇，这是我国在制定科技发展战略时需要加以注意的。

而近年来安倍政府推行的所谓安倍经济学完全没有脱离凯恩斯经济学的藩篱，旨在通过传统的、诟病良多的财政政策与货币政策重振经济。具体地说，就是宽松的货币政策、积极的财政政策和结构性改革，安倍经济学有三个主轴：政府投资、发行货币和日元贬值政策。

第八章

万顷良田一棵苗：移动通信产业领先者

"靠山吃山，靠水吃水"是一种典型的资源决定论和比较优势的思维，但并不是所有国家都是依托资源发迹的，甚至现代强国在赶超过程中，没有任何一个国家是依靠资源发迹的，芬兰就是其中之一。本章探讨没有集群的"孤星"案例诺基亚，为什么能够成就小国大业，在信息产业上为什么能够走在世界前列？又是如何衰落的。

第一节 芬兰诺基亚的领先市场建设历程

芬兰，北欧的农业小国。它在第二次世界大战以后的40年间迅速地完成了工业化进程。在"二战"后的20年中，它顺利地实现了信息化，曾经一度还获得全世界最具竞争力的创新型国家的殊荣。技术迅速发展，使芬兰在20世纪八九十年代的生产和出口结果逐渐转向知识产业，如芬兰的电子通信产业增长率在20世纪80年代为年均15%左右，而20世纪90年代则达到20%以上。

诺基亚始创于1865年的芬兰，早期从纸张、橡胶、电缆业务做起并逐渐发展起来。在发展的100年间，诺基亚本质上就是一个以造纸为主的百年企业，并不具有领先优势。1967年，到了诺基亚百岁之际，诺基亚合并了芬兰橡胶电缆厂（该厂于1922年由芬兰橡胶厂、芬兰电缆厂合并而成），并大量投资于电子工业。至此，诺基亚已经发展成为综合性生产企业，主要产品为纸张、橡胶、电缆等，同时诺基亚在电缆厂成立了电子部，逐渐将企业的核心产品转型为光电传输。可以说，诺基亚正是在半导体技术从实验室走向产业化的关键时期，奠定了其发展电子产业的基础。诺基亚成为世界电子通信产业发展的"领军者"的历程引领了芬兰移动通信产业的演变。60年以来，诺基亚产业发展历经三个发展阶段：

第一阶段，华丽转型到移动通信业。1968~1991 年是诺基亚向移动业务转型的时期。到 20 世纪 60 年代，诺基亚的业务范围转变为生产电缆、橡胶，诺基亚成为一个综合性企业，主要产品是电缆。

20 世纪 60 年代，世界性的主导产业转向半导体，诺基亚抓住了这一市场机遇，果断出售了仍处于成熟阶段的橡胶产业（事实上，任何一个产业达到成熟期以后，即使是领先企业也只能攫取一定时期的最后的利润），并将发展战略转移到电子部。20 世纪 70 年代，诺基亚在电子市场并不被世人瞩目，因为芬兰决定不在半导体产业中发展当时人们熟知的家电产业，而是另辟蹊径发展电信行业。例如，芬兰在 1982 年学习外国先进技术，向市场推出新一代的程控交换机，诺基亚利用这一大好时机，迅速开发了适应于北欧移动通信系统标准的移动电话。1982 年，诺基亚生产了当时世界上第一台移动电话。这次成功转型对诺基亚具有里程碑意义，也是芬兰的移动通信产业发展的重要标志。

第二阶段，领先市场阶段。20 世纪 90 年代初，通信产品发展势头强劲。1992 年，诺基亚新任总裁约玛·奥利拉铿锵有力地指出："未来将属于通信时代，诺基亚要成为世界性电信公司。"为此，诺基亚推出了以移动通信为中心的专业化发展新战略，将公司业务重点放到移动通信业务。

此时的诺基亚，经过几十年的摸索和转型，已经发展成为拥有 13 个业务项目的电子行业的高新技术企业。诺基亚为了能够专注于通信产品和服务，决定从多元化向重点行业发展，90% 以上的人力和资金集中到移动通信研发领域，这一举措加快移动通信设备和多媒体技术的发展。

1992~1999 年，诺基亚开始了对 GSM 制式移动电话的生产，将一些传统业务压缩、出售或独立出去，如造纸、轮胎、电缆、家用电子。即使诺基亚是欧洲最大的电视机生产商，诺基亚还是将该业务割掉了。恰在此时，世界移动电话的需求量高速增长，诺基亚的业务得到飞跃。

之后诺基亚的发展顺风顺水。1994 年，诺基亚推出最轻便小巧的数码手机系列；1996 年，世界上第一部多功能手机在诺基亚诞生。在之后的 15 年，诺基亚在手机市场上份额始终保持第一。1998 年诺基亚的销售额同比增长了 51%，利润率比上年同期增长了 66%。到 1998 年，诺基亚在移动电话方面的生产规模达到世界第一，成为第一个电话产量过亿的企业。同期又进入日本市场，推出重量只有 92 克的新型手机。2010 年第二季度，诺基亚的市场占有率不可思议地达到 35.0%，领先于三星和摩托罗拉。2009 年诺基亚的市场份额达到了顶峰，为

39.3%。可以说，不断地创新，迅速地转型，抢占市场先机，是诺基亚成就辉煌的法宝。

第三阶段，突然崩塌并被收购。2007年手机市场出现了新的市场格局——智能手机出现了。虽然诺基亚的衰退是否与苹果和三星有关，学界与业界还有争议。但是，2007年1月，苹果的智能手机——iPhone的突破式变革给市场带来了一股清新的空气；2008年，三星的Android系统又加速了智能手机的革命。苹果和三星用触屏技术革命性地取代了键盘、鼠标和平铺界面管理，简洁又方便，前所未有地满足了客户需求，为客户带来了全新的体验。苹果和三星迅速挤压了诺基亚公司的塞班系统，塞班系统开发难度大，而且不兼容其他程序。这对诺基亚公司是致命的打击，短短几年之间，诺基亚就濒临崩溃，市值不断下降，利润不断降低，如2011年诺基亚市场份额从巅峰时期的33%下降到了14%。就高端市场来说，诺基亚远远地落在了苹果、三星后面而失去了领先地位；而在低端的手机市场上诺基亚又受到大批后起之秀（如中国的华为、中兴通信等）的挤压。可以说，诺基亚作为手机行业的帝国大厦，在还没做好心理准备之时，就迅速坍塌。这一情况不得不让人深思。

几个事件可以看出诺基亚的节节败退：2011年2月11日，诺基亚被迫与微软合作，参与微软的Windows Phone系统的研发；2012年9月，诺基亚推出搭载Windows Phone 8系统的Lumia820和Lumia920，这被看作诺基亚的"最后一搏"；然而，这"最后一搏"也未能挽回它的市场地位，诺基亚于2013年9月被微软收购。另外，从企业的价值来看，诺基亚在最辉煌时市值为1100亿欧元，却以一半的价格贱卖；随之，股票价值从2000年最高的62美元降到2012年的2美元左右。

第二节 诺基亚产业领先的经济学分析

一、芬兰的创新政策系统

芬兰已经从一个中等发达国家发展成为世界上最具有竞争力的国家。声誉斐然的瑞士日内瓦世界经济论坛，在2001年发表的全球竞争力报告中称芬兰成为竞争力和发展潜力的冠军，在国家创新力排行中，芬兰在2002年和2003年连续排名第一，一时间"芬兰奇迹"引起了国际关注。芬兰的成功固然有多方面因素，但是重视教育、发展科技、促进创新的国家政策首当其冲并且是至关重要的。

1. 芬兰创新政策的阶段划分

芬兰创新政策起步的时间比较晚，直到20世纪60年代科技政策研究开发才被提上政府的议事日程，这比其他发达的OECD国家要晚得多。20世纪70年代，尤其是80年代初，创新政策的快速发展弥补了起步上的落后。

芬兰从20世纪60年代后期开始的创新政策，可以根据其内容分为3个阶段，但是，这个阶段的划分并不是完全明确的。芬兰这三个阶段产业政策比较如表8-1所示。

始于20世纪60年代中期的第一个阶段，重点放在创新政策框架的构建和数量的扩张上，这一阶段的主要驱动力是国际化和自由贸易的加强，因为其对芬兰的生产结构产生了较大的威胁。当时芬兰的生产主要是以造纸为主，而芬兰的造纸技术与主要竞争对手相比，水平又很低。因此，加强研发和教育的投资成为芬兰当时最重要的手段。

开始于20世纪80年代初的第二个阶段，重点放在信息技术和全球性的R&D研发合作上，而促成这一政策转变的因素是当时的经济和社会环境，20世纪70年代中期石油危机使芬兰经济增长明显减缓，失业率和通货膨胀率上升。而这个阶段也恰好是微电子革命时期，积极探索由微电子带来的，促进经济增长和就业的机会成为这一时期芬兰创新政策的核心。

最近的一个阶段始于20世纪90年代早期，芬兰的创新政策包括科学和技术的发展，考虑了促进创新的因素，如强调了技术转移、扩散和商业化的远景。这一改变也是由经济危机所引起的。20世纪90年代早期芬兰经历了远比20世纪70年代更严重的经济危机，但这次危机并没有从根本上动摇芬兰从20世纪80年代创新政策打下的基础。一方面，芬兰强化了研究体系范围内的创新趋势和趋向，另一方面，也坚定了芬兰政府和私人部门创建芬兰"知识经济社会中心"的决心。

表8-1 芬兰三个阶段产业政策比较

项目	20世纪70年代	20世纪80年代	20世纪90年代
主要背景	研发的投资水平低，技术发展上的差距，国际贸易的自由化	来自技术的威胁和机会，技术的竞争	构建知识经济社会全球性的竞争

续表

项目	20世纪70年代	20世纪80年代	20世纪90年代
主要目标	大学 技术研究中心 企业	大企业 联合的风险投资公司	中小企业 工业产业集群 全国领先企业
干预的范围	全国性的	全国性的 全欧盟的	全国性的 全欧盟的 全球的 区域的
政策的主要类型	政府研发机构的财政支持 直接的财政支持	全国技术发展纲要 直接的财政支持 欧盟研究纲要	直接的财政支持 欧盟研究纲要 区域技术转移倡议 集群发展纲要 风险资本

资料来源：陈劲，王飞绒. 创新政策：多国比较和发展框架 [M]. 杭州：浙江大学出版社，2005：261.

2. 芬兰创新政策的主要举措

（1）对教育的重视。作为北疆极地小国的芬兰，既没有丰富的石油等自然资源和充足而廉价的劳动力，也没有竞争力强大的重工业。造成芬兰长治久安的基础是芬兰在世界上首屈一指的清廉政府，这在世界上获得了很高赞誉。多年来芬兰政府在国际透明组织的评分中一直很高，甚至多年被评为第一。同时，芬兰的教育整体表现极为出色，芬兰的教育投资占国内生产总值的比重位于前列，1995年达到6.6%。这一数值明显超过OECD国家的平均水平（如表8-2所示）。芬兰的所有教育经费来自公共资金，小学和中学占芬兰教育支出的大部分。表8-2中数据表明，芬兰、瑞典和丹麦，投入初等和中等教育的经费及其在国内生产总值中所占的比例都很高。

表8-2 OECD国家的教育经费占GDP的比重（1995年）

国家	教育经费占GDP的比重（%）	国家	教育经费占GDP的比重（%）
丹麦	7.1	匈牙利	5.5
瑞典	6.7	奥地利	5.5

续表

国家	教育经费占GDP的比重（%）	国家	教育经费占GDP的比重（%）
美国	6.7	葡萄牙	5.4
芬兰	6.6	爱尔兰	5.3
法国	6.3	冰岛	5.2
韩国	6.2	荷兰	4.9
德国	5.8	日本	4.7
捷克	5.7	意大利	4.7
西班牙	5.7	希腊	3.7
澳大利亚	5.6	平均	5.6

资料来源：OECD。

但是，芬兰人重视教育是其他国家所不及的。芬兰认定教育是其抢占国际竞争力的最主要源泉。芬兰有意将每一个公民培养成为有用之才。20世纪60年代起，芬兰国家政策的重心就转向了普及基础教育。之后，芬兰实行免费高等教育，只要通过考试，任何人（包括外国人）都可以进入大学学习。为此，芬兰将教育经费不断提高。目前，芬兰的教育经费占GDP的比重达到7.5%以上，这在国家预算中占第二位。芬兰不仅政府重视教育事业，产业界也十分重视和支持教育。除了政府资助的办学方式，学校与企业的结合、学校与研究机构的结合也是芬兰实施高等教育和研究生培养的重要途径。

（2）持续不断地增加研发的投入。芬兰政府技术创新政策突出表现在对研发投入持续不断增加。20世纪80年代，芬兰的研发投入增速很快，在世界上名列前茅。1998年，芬兰研发经费占GDP的比重已达到了3.01%，超过了日本。

芬兰研发支持政策更为突出的特点是结构性支持，即直接支持企业研发活动的政策。按照美国等一些西方发达国家的理论，政府对创新的支持只能集中于基础研究，而不能直接支持企业的技术开发活动，否则就会导致寻租和不公平竞争。然而芬兰政府根据国情特色，直接支持企业研发。具体办法如下：芬兰技术开发中心等机构出资的国家技术计划项目，吸引和鼓励高校、研究机构、大中小企业参与；企业的项目必须有高校或者研究者参加；高校、研究机构的项目必须有企业参加才能获得技术开发中心的资金，真正将协同创新落到实处。

诚然，这种经费支持的数额与企业本身的研发经费相对比例很小，但这种直接支持对企业研发投入的激发和引导作用非常明显，并将企业、高校、研究机构联系在创新活动当中，效果很好。据评估，没有得到芬兰技术开发中心支持的项目中，有 1/4 根本无法实现，2/3 受到限制或者要推迟实现，每 100 万芬兰马克的投入就可以创造 4~5 个永久性就业。现在，芬兰的研发经费当中，政府占 30%（近期的目标是政府要占 40%），企业占 70%。20 世纪 90 年代初以来，在经济衰退、债务剧增、失业率居高不下的艰难时期，政府对研发投入依然逐年提高，政府研发占 GDP 的比重由 1989 年不足 1.87% 上升到 1994 年的 2.4%，1998 年达到了 3.01%，在全世界仅居瑞典之后。

（3）为企业的技术创新营造良好的环境。政府为企业创新创造良好的环境是创新政策重点，其中支持科技园的建设是其最重要的举措。芬兰 1982 年建立了第一个科技园，现在科技园已经达到 190 家。园内的公司和研究机构共有约 1000 家，雇用员工约 8 万人。高效的管理机制、较好的服务、团队合作精神以及完善的设施是芬兰科技园的特色。芬兰的科技园不以产值和利润为目标，也不以引进外资或大公司为目标，其工作重心在于科技成果转化为商品。这些方面都是发展中国家在对外开放中应该学习的。所以，芬兰科技园虽然在规模上相对很小，但对技术创新和高新技术的促进效果明显。如在传统产业中心的坦佩雷市科技园中，高技术企业的成功率竟高达 90% 以上，科技园所支持的 250 个项目中，失败的只有 7 个。

（4）通过风险投资解决创新资金。资金是创新和技术转化的瓶颈之一，芬兰通过风险基金解决创新资金问题，同时国家扮演着重要的角色。芬兰在 20 世纪 80 年代不发达时，国家在提供风险基金方面一直是主力。国家研究和发展基金是芬兰首只科技创新的风险投资基金，隶属于国会，依法独立运作，以支持中小高科技公司为己任。投资的主要方式是种子和启动基金，为创新性的高科技小公司和研发成果的商品化提供资金支持。基金在支持项目成功后所获取的回报用于扩大投资。该基金还对外实施风险投资，目的在于借助世界范围内的投资网络，跟踪世界投资趋势与技术创新的方向，从而反过来为芬兰高科技企业提供信息。

（5）加强国家创新体系建设是创新政策的核心。有效的国家创新体系的建设在近些年的政府政策尤其是科技政策中备受青睐。芬兰是第一个将国家创新体系概念用于建立国家科技创新政策框架的国家。芬兰于 1987 年成立国家科技政策理事会，取代以往科学政策理事会，由总理出任主席，理事由财政部长、贸工部长、教育科学部长等内阁要员以及劳工工会主席、诺基亚等大公司的总裁和 10 位专家组成。国家科技政策理事会每年举行 4 次例会来讨论国家的重大科技政策问题，这表明芬兰在进行产研结合，将分离的科学政策与技术政策结合起来、科技与产业融为一体方面的决心。

国家创新体系已经成为了芬兰国家科技政策与计划的基本框架。芬兰把国家创新体系作为科技政策的基础，表明其主要目的是促进体系中各要素各环节的相互作用。芬兰把许多要素、许多环节构成的创新系统看成是一个整体，不过分强调其中一个环节或一个要素。简而言之，就是由政府、企业、科研机构、高校、金融机构等组成一个相互作用的网络，最终促成技术创新，解决科研成果产业化的问题。

诺基亚曾经的成功不仅仅是企业内部技术创新独自作用的结果，国家政策、科研院所的参与、金融支持的加强以及中介组织的信息沟通等同样重要。诺基亚由辉煌到没落的转变不是这些做得不够好，相反，这些机构对于诺基亚占领国际主导地位具有极大的正面促进效应。越是激进创新越需要其他设施投资和组织及社会层面的支持。2004年芬兰的理工学院已经达到29所，学院开设信息技术相关专业，提供ICT培训。2004年理工学院登记就业的学生人数达到3.2万人，是大学学生人数的1.5倍。

芬兰拥有北欧最大的综合研究机构——芬兰国家技术研究中心（VTT），该机构1942年就已建立。芬兰重要的金融服务机构有国家技术局（Tekes）和国家研究发展中心（SITRA），Tekes鼓励创新和高风险性的项目，SITRA资金用于促进科技成果转换和商品化。芬兰政府重视技术创新，政府专门成立国家科学和技术政策理事会，直接由总理组织并由总理亲自主持会议。除此之外，芬兰中介组织也积极参与技术创新的信息沟通，使信息从一个部门或地区有效的流通到另一部门。这些促进产业创新的外部性政策对于一国主导产业占据国际领先市场具有重要作用。

3. 芬兰创新政策的特点

（1）相对完善的科技体系。芬兰"三执政"的科技管理体制早在1983年就确立了。芬兰庞大的科技体系如图8-1所示，国内工商业的资金扶持是这一体系得以长效运行的保证。国务院科学政策理事会负责科学技术政策的组织工作。教育科学文化部管辖各综合大学和芬兰科学院，教育科学文化部的芬兰科学院负责科学技术政策中的基础研究部分，科学院也是对基础研究拨款以及制订计划的主体；工业贸易部是对技术研发拨款与制订计划的主体。研究所、高校是芬兰主要的研究机构，其中从事国家技术研发的最主要研究所是芬兰技术研究中心（VTT）。为了更好地贯彻科学技术政策，政府通过对优先领域研究课题的选择性财政资助来影响公司的研究开发活动。其他各部负责本领域的研究发展项目，大部分分类研究是由各部所辖的研究所完成的。同时，各部也可对大学、企业和其他部辖研究所承担的研究项目提供资金。

芬兰国家研究与发展基金会（SITRA）直属国会，职能包括提供风险投资，对基础研究与社会应用之间的衔接提供资金。芬兰国家创新体系的另一重要要素是理工学院。它的作用涵盖两个方面：一是高标准职业教育的提供者，二是新型教育的研究发展组织者。

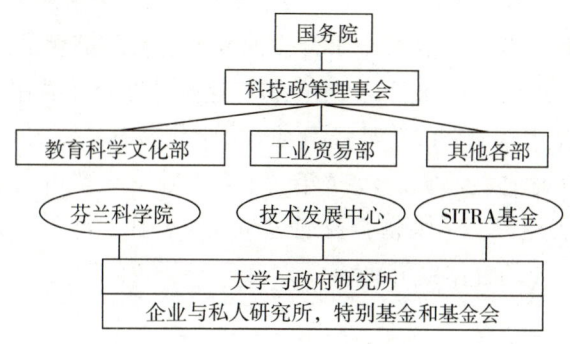

图 8-1　芬兰的科技体系

综上所述，芬兰的国家创新体系较为完善，国家政策、高校与科研院所的参与，金融机构的服务和中介组织的信息交流都对芬兰产业领先作用巨大。

（2）保证教育优先投入，培养学以致用的人才。芬兰成为欧洲教育体系最完善的国家，没有其他秘诀，就是教育投资的保证。芬兰政府保证教育经费处于优先的地位，即使芬兰经济出现衰退时，教育经费也是不减反增。巨大投资教育带来的回报就是芬兰经济的高速发展。政府对基础教育、高中及职业教育、大学阶段的投资年人均分别为 5100 美元、6500 美元和 11800 美元。高比例的教育投资使芬兰每 25 万人拥有一所大学，人均大学和图书馆的拥有量居世界前列。

（3）独特的国家创新体系促进产学研结合。首个将国家创新体系概念用于构建科技创新产业政策框架的国家就是芬兰。芬兰的国家科技政策理事会是国家创新该体系的最高领导机构，负责创新政策的制定；国家技术局（隶属于芬兰贸工部）是国家创新体系中的执行者和协调者，是创新项目的"赞助人"；国家开发基金（隶属于国会）和芬兰科学院（隶属于教育部）也为科研机构与创新企业融资提供贷款。此外，芬兰政府还建立了官方的国家技术研究中心，这是北欧地区最大的综合研究机构。所以，芬兰的国家创新体系正是通过政府进行宏观协调与指导，促使产学研密切合作，推动科技开发以及科研成果的商品化。

（4）风险投资为创新提供资金。政府的导向和激励的风险投资是为各国实践所证明的，创新是重要的外部动力。在风险投资中，芬兰政府的作用也不容小觑。从20世纪80年代中期以来，政府风险投资公司与私营风险投资公司就一直共同为创新提供资金。国家研究与发展基金是芬兰第一个风险投资基金，它就隶属于芬兰国会。同时，各级地方政府也支持和参与地方风险投资基金，如"斯平诺风险投资种子基金"就是由爱思堡市与赫尔辛基市政府合股的。政府参与可增加投资人的安全感，强化风投的信誉，为创新的良性发展提供保障。

（5）产研合作。芬兰政府对产研合作的高度重视使芬兰的企业与大学的合作质量达到世界一流水平（如图8-2所示），这被芬兰企业看作改革的动力。如1993年，企业委托大学研究的总经费相当于大学研究总经费的4%和预算外研究经费的10%，达1亿芬兰马克。1997年，来自企业的经费占大学研究总经费的5.2%，为1.8亿芬兰马克。大型企业通过与大学合作，凸显了竞争优势。同时大学与高科技小企业的合作也很活跃①。

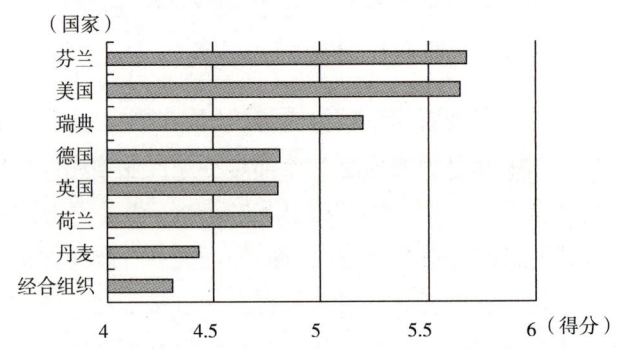

图8-2　大学与产业合作的得分（0=没有合作）

资料来源：IMD（1997），WEF（1997）。

4. 诺基亚与芬兰国家创新体系的互动

在芬兰，政府是国家创新体系中的"心脏"。例如，在芬兰国家科技政策理事会中就包括了诺基亚总裁等一些特殊成员。芬兰政府只对信息通信技术公司（ICT）的恶性竞争进行干预，不对其业务等进行政策干预。20世纪90年代初，芬兰政府就制定建立信息化社会的战略目标，并于1995年出台了信息社会发展

---

① 陈劲等．"科教兴国"的成功范例——芬兰国家创新系统研究［M］．北京：科学出版社，2003：72.

的纲要。为此,芬兰政府在立法和通信基础设施建设方面,为信息产业的发展提供了良好的宏观环境。同时,芬兰政府的一系列创新计划提高了创新投资。多年以来,在国家政府的总投资份额中,创新资金每年达到30%~40%的增幅。

(1)诺基亚充分利用政府的信息产业政策。芬兰是世界上最早发展移动电话业务的国家。原因在于北欧地广人稀、气候恶劣使有线通信成本极高,为此芬兰在基础设施上的投入领先于世界,如1971年,覆盖全国的辅助人工系统的模拟式移动电话网率先在芬兰建立;1982年,又建立了首个国际移动电话通信网(NMT),使北欧5国都被移动电话网覆盖了。伴随着芬兰信息化步伐,诺基亚开始研制移动电话。芬兰政府一方面放松对电信业的管制,另一方面又对企业战略提供支持,这大大加快了芬兰电信业的发展。

芬兰移动电话的历史可以追溯到20世纪70年代,当时芬兰国家军队和芬兰国家铁路开始进行点对点的通信研究工作,最初的研究成果为消费者带来了单向汽车电话。后来,由Lauri Kuok kanen等研发的双向滤波器专利技术将双向对话变为现实。1971年,芬兰拥有了直拨汽车电话,并在1982年建立了北欧移动通信标准(Nordic NMT system);1992年,芬兰拥有了电子全球移动通信(GSM)系统。在激烈的竞争中,芬兰新一代技术脱颖而出。

政府早期的创新性采购能够给具有领先市场潜力的企业注入资金和活力,促使企业继续进行研发,改进目前技术、制度、结构等方面的不足,为创新扩散寻找更好的突破口。[①] 政府对诺基亚的支持还体现在直接采购上,这是一种典型的需求方创新政策。当然芬兰的创新采购不是针对企业而是针对产业,这为诺基亚的起步阶段注入了资金。如20世纪70~80年代诺基亚信息产业开始时期,其开发的DXZOO就获得了政府强有力的支持。芬兰创新体系中的公共部门——芬兰国家技术局(芬兰技术发展中心)持续对诺基亚提供研发资金,诺基亚是长期获得研究发展资金的主要公司,这使诺基亚研发支出约占到全国企业研发投资的50%。诺基亚利用芬兰政府对电信放松管制和积极支持企业发展的政策来发展自己,如1994年电信法修改对许多中小运营商有利,既打破了大运营商的垄断,又促进了企业间的竞争,实现了本地长途和国际电信业务的自由竞争。

(2)与其他企业合作形成合作网络。芬兰的电信业是以诺基亚为核心的创新网络,诺基亚统一技术标准,使众多中小企业的技术、产品结合到诺基亚品牌

---

① 刘刚,熊立强.消费者需求动态响应、企业边界选择与商业生态系统构建——基于苹果公司的案例研究[J].中国工业经济,2013(5).

的旗下。这样形成的网络体系的特点是，分摊开发成本，分享新技术，缩短产品开发时间，形成交互式创新。在芬兰电信产业的合作网络中，诺基亚起到了"领头羊"的作用，在电信业网络乃至芬兰经济中作用巨大。

（3）从大学获得智力支持。诺基亚与大学的关系非常紧密，教育为诺基亚提供了人才。诺基亚可以在本国找到信息通信所需的几乎所有的研发人员，因为当时芬兰大学毕业生中每年有1/3以上是通信或相关专业的，这是诺基亚的总部始终不离开芬兰的最主要的原因。根据芬兰经济研究所的数据，2010年诺基亚约60%的员工年龄不到30岁，其中43%曾从事技术专业学习，37%拥有硕士或更高学位。

二、诺基亚成功的内部基因

诺基亚曾经的辉煌除了与国家创新体系等的促进作用有关外，诺基亚两次成功地战略转型、自身的创新实力、市场的认可以及对R&D的重视程度更是不可小觑。本节将寻求诺基亚成功的内部基因。

1. 调整产品结构实现战略转型

众所周知，诺基亚由木材转型到橡胶，后来又转到电缆，但最成功的是由电缆转向移动通信，并一度发展成为移动通信产业的领先市场。100多年的历史表明，正是诺基亚产品战略的精准预测和及时调整才使诺基亚实现了质的飞跃。

为此，20世纪80年代初，移动电话在西欧和美国还是奢侈业务时，诺基亚就瞄准了移动通信的广阔发展前景。他们认为未来是"无线"的，可以越过传统的电杆与电线而直接向移动电话领域发展。发展移动通信就比架设固定电话线路来得简便并能节省投资。

1985年，诺基亚的营业额达到110亿芬兰马克，电信设备营业额只占14%。诺基亚忍痛割掉其他业务，在之后的10年中，诺基亚的营业额翻了3倍，其中80%为电信设备营业额。在此基础上，诺基亚又作出最大的减法：裁掉作为欧洲最大生产商的电视机业务。这种壮士断腕式的调整是基于对主导产业动态演进的特性的考量而不是出于攫取传统产业利润最大化的动机。诺基亚转型是非常及时的。诺基亚根据电子产业发展迅速的特点迅速转型，没有延误抢占移动通信市场的时机，迅速占据了移动通信产业的领先市场并获取了该产业的巨大利润。

2. 快速反应引领市场需求

首席执行官奥利拉指出："未来将属于通信时代"，诺基亚不可能在众多领域都做到世界顶尖,但必须在某种业务做到最好。结合诺基亚的实际和产业发展规律,诺基亚预计自己成功的最大可能性是在移动电子通信的方面,所以诺基亚对其选定的移动通的是高增长点领域深信不疑。

市场的认可是一项产品或者创新能否成功的关键。诺基亚秉承"消费者主导企业文化"(或"科技以人为本"),在20世纪80年代预测到了市场对无线通信的广阔需求,并成功创造产品迎合了消费者的这一需求。

当然,在市场预测到商业化再到领先市场有很多链条需要衔接。诺基亚的全球研发机构与采购、营销、生产等机构进行密切沟通,各个部门从自身角度提出建议(客户需求变化的信息尤为重要)。这不仅减少了组织成本,最重要的还在于大大缩短了研发与产品推向市场的时间。这样,市场预测到商业化再到领先市场的各个链条的衔接就非常顺畅,传导机制非常有效而且成本低廉。

决定一个产品"卖不卖座"最重要的是对市场需求的嗅觉灵敏程度和最终满足程度。诺基亚组建了市场分析小组,以期对市场需求进行迅速反应。该小组的成员根据问题的性质再行分组,一个小组有针对性地负责产品的一个方面,如某些小组专门关注物价指数是否稳定,某些小组专门盯住某一机型的销售状况并每天报告市场情形,不同渠道的信息交给不同小组分析。同时,这些小组不只是分析信息与提出解决方案,它们还负责问题的落实。若产品销售碰到问题,相应小组就有权决定解决方案,如制定促销奖励方案。而当遇到超出小组职权的问题时,还可以寻求高层支持。遇到涉及多个部门的紧急问题时,小组可以调动所有有关部门随时参与决策与执行。这是保证诺基亚快速反应的因素之一。电子产品的更新速度就像时装一样,变化迅速。通过这种机制,诺基亚新机型的开发周期最短为35天。

3. 重视技术创新

诺基亚有效利用国家、区域等创新体系资源,注重与政府部门的合作,加强与高校以及研究机构的联系,并积极采取科学院所的研究方案。此外诺基亚作为曾经的手机"领头羊",其强大的创新能力与其在R&D上持续不断地增加投入有关。

首先,诺基亚重视技术研发并积极创建创新系统。诺基亚不惜花费巨额研制经费(营业额的9%)开发新产品,以期研制出用户最需要的高质量产品,诺基亚的研发支出约占芬兰全国研发总费用的1/4。同时,诺基亚还与外部企业联合研发,联合的方式有兼并、收购等形式。最多的时候,诺基亚与400多家公司建立了业务往来关系。这样诺基亚创立的产业创新体系也带动了芬兰其他产业的发展,这种企业创新网络同时也成为芬兰国家创新体系的不可或缺的组成部分。

其次，不断权衡变化迅速的市场与企业长远发展战略。诺基亚能够发现和较好地掌握领先科技的切入点——技术延伸为合适的应用，为人类带来价值，做到技术与市场的结合，这就是创新的本质含义。诺基亚也能很好地利用用户创新，消费者的期望与梦想成为诺基亚创新的主要组成部分。诺基亚利用低价位策略生产的5110手机，本来只是针对中国市场设计的，但是却阴差阳错地使移动通信由商务功能转向了家用市场，这点对于手机市场规模来说是革命性的。诺基亚不仅没有局限于技术与市场结合，还利用技术领先优势来创生市场、引领市场潮流以拓展企业成长的空间。如7110手机的诞生将上亿的互联网用户和手机用户转变为全新的媒体电话用户，这又是手机生产的一场革命，是激进创新的革命，它给用户带来巨大的增值服务和沟通自由。顺便说一下，诺基亚的致命错误就是止步于此了。

最后，诺基亚重视人才，特别是高素质人才。"科技以人为本"是诺基亚手机成功的关键，也是诺基亚的人才理念。诺基亚重视每位员工，坚信企业价值和企业动力源蕴藏于每位员工中，为此诺基亚尤其重视创新人才能力的发展。"以人为本"的理念使诺基亚不仅在企业经营上大获成功，而且在企业文化和管理方面的突破也是显而易见的。诺基亚注重人才的结果是诺基亚拥有强大的研发实力和专业的研究团队，在诺基亚全球55000名雇员中，技术研发人员超过17000名。

第三节　诺基亚的领先市场败退分析

芬兰完善的国家创新体系在诺基亚取得全球领先地位中的作用是显而易见的，然而诺基亚还是走向了败退，是由产品生命周期导致的还是因为市场竞争者的挤兑？

诺基亚与芬兰整体经济的发展是如此密切相关。诺基亚的产值曾经一度占芬兰GDP的4%，出口贡献达20%，这种"万顷良田一棵苗"的状况一方面是诺基亚的辉煌，另一方面也被看作芬兰国家创新体系的威胁。究竟是什么原因导致芬兰主导产业的领先地位的丢失？研究表明，诺基亚的成功因素以及固守其产品恰恰是失败的导火索，诺基亚是被自己的错误所打败的。本节展开探究诺基亚败退的具体原因。

一、产业周期性：智能手机的挑战

智能手机的问世促成了通信行业激进变革，也引发了竞争的加剧。市场份额的争夺、行业增长放缓、产品差异小成为趋势。竞争的加剧使挖掘最具潜在需求的、最受市场偏好的创新设计的可能性增加。最初的产品模式可能不能反映市场的偏好，于是一代一代创新设计应运而生。因此激烈的竞争环境促进了变革的产生。

在领先市场中，国家竞争力不能直接归因于一国创新数量的多寡，而是在于一国更多有效偏好的出现。[①] 激烈的竞争态势使创新设计"一波未平，一波又起"，如何在琳琅满目的创新设计中引导消费需求并独占鳌头才是抢占市场先机的关键。早在2000年诺基亚就开发出了触屏技术，甚至开发出几年前还红火的3D技术。2003年诺基亚的研发费用大概有58亿欧元，是当时苹果的四倍以上。诺基亚拥有庞大的研发资源，但是却没有将其转化为战场上的武器，高效率的成本控制固然是其优点，但是过分追求成本，固守"岌岌可危"的模拟手机的市场份额，必然走向没落。

20世纪90年代，手机还被视为仅限于一小部分用户使用的技术。然而，在北欧，通过降低价格和提高技术来接纳更多的用户，一个更为广阔的市场就可能被发觉并有针对性地形成了（贝瑟，2001）。可以看出，领先市场持续了相当长的时间。虽然可以说领先市场的作用是持续性的，但当生产向国外转移到那些能提供更好要素条件的国家时，源于领先市场作用而出现的竞争力就会结束。这也是创新经济学家弗里曼认为的，在科学技术发展的推动下，一种"技术经济范式"中的主导技术体系会发生变化，经济发展的技术基础也会因之改变，经济发展的轨道和规模也会随之发生变化。

在一个企业的发展历程中，不同的产业周期采用的技术也应不同，创新的实质意味着打破均衡，寻找新的利润增长点。门施认为，创新活动出现在经济衰退时期，原因在于由于市场饱和，商家无法从原有的成熟产品中获得利润，只得求助于新产品，而经济萧条的恶劣经济环境为新产品的出现提供动力，而这在早先更为友善的环境中却屡遭拒绝。从产业周期的角度看利润仍在增长，但是实质上利润已经暗含下滑的趋势，产业已经到了生命的夕阳阶段。

[①] Marian Beise. Lead Markets, Innovation Differentials and Growth [J]. International Economics and Economic Policy, 2005, 1 (4): 305-328.

在领先市场中，企业通过不断学习可以获取持续的竞争优势，进而使国家的领先市场地位得以持续。但是，当产业竞争态势或制度环境变化时，领先市场就会发生转移。吴家喜和吴桂生（2007）把领先市场转移定义为因市场、制度、技术环境等发生变化而使一国在某个领域的领先地位转移到另一个更具活力的市场的过程。① 当诺基亚的领先地位被其他通信企业挤占之后，诺基亚要做的是打破路径依赖，由路径依赖转为路径创造，寻找新的突破口，将产业升级或转型，进行新的创造。

另外，由于市场是检测创新是否成功的重要因素，对创新的不确定性导致企业看不清技术变化带来的所有商业机会，企业也不可能以利润最大化的方式来实施它们。对创新先发劣势的恐惧以及对目前现状的固守导致诺基亚错失转型良机，失去了领先市场地位。很多情况下市场机会的出现是区域性的，一国企业往往先行一步察觉到消费者的需求和偏好，并随之与市场进行最有效的互动。一国的竞争力不是来源于一国所创造的创新的数量，或一个特定的创新不是早期就受到推崇和采用，而是在全国范围内受到推崇的同一个创新设计在全世界市场得到广泛采用。

诺基亚只是众多企业的一个典型代表，正如1975年，柯达公司也没能认识到革命性创新数码化带来的巨大利益，固守着胶卷占有的市场份额不敢进行转型，最终退出了市场舞台。移动通信在技术上是半导体技术集成电路的升级；在产品上是IT产业微型化，同时也是与通信业的结合。2008年诺基亚销量达到顶峰（市场份占有率竟达39.3%），辉煌的背后暗藏危机。此时诺基亚应该做的是激进创新，打破旧的技术模式进行路径创造，紧紧盯着市场的异动，发现消费者所关注的新的价值因素，而不能只顾及市场占有率。

产业内竞争态势或市场、制度环境的变化，会导致领先市场的迁移。诺基亚曾经是全球移动通信行业的领先市场，其领先的源泉主要在于技术优势，但技术优势在很多产品领域都是暂时的。2008年以后，诺基亚固守模拟系统而对智能系统的漠视，使其失去了领先地位，芬兰也由模拟手机的领先市场转化为智能手机的滞后市场。图8-3表明了智能手机全球市场份额变化（按操作系统划分）。由图8-3可见，从2007年安卓系统和苹果的iOS系统出现以后，诺基亚塞班系统的市场占有率逐渐下降。

---

① 吴家喜，吴桂生：领先市场转移动因分析 [J]. 工业技术经济，2007（9）.

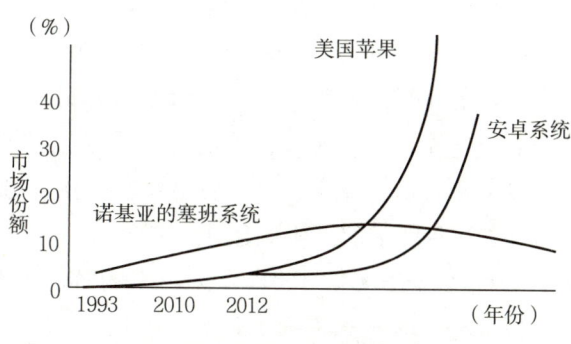

图 8-3 智能手机市场状况

二、技术产生了路径依赖

由于知识存在路径依赖性，技术轨道也会成为新技术产生的屏障。所以，知识的创造性遗忘为新知识的产生开辟道路，防止学习活动"锁定"在既有的轨道中。[①] 新知识与新技术的出现一般是对已有知识的重组或延伸。同样，对于诺基亚来说，防止路径"锁定"的办法就是忘掉过去，开启未来。在企业层面，这需要一种"多元领导力"（Pluralistic Leadership），即包容各种对立观点。当企业出现路径锁定时，时刻关注全球领先市场的动态，尽快组织结构，提高组织灵活度，调整企业产品结构才是正途。

技术进步不仅可以满足消费者需求，也可以激发消费者新的需求，当主要需求得到满足后消费者还会产生新的需求。诺基亚抱着"老大"心态，坚持自己已有的核心技术，没有及时创造新的市场需求，所以在产品生命周期日益缩短的时代输得很惨[②]。在激烈的竞争中，苹果就是靠创造消费者需求占据领先地位的成功案例。苹果利用破坏性创新技术带来了市场变革。哈佛大学克莱顿·克里斯坦森教授提出"创新者窘境"的概念，指的就是大企业成功的管理方式以及技术创新，当其试图改革时却面临失败。成功是成功的敌人，"创新者窘境"是一种商业现象，更是自然法则。

笔记本电脑和手机哪个重要？放在五年前问，90%人选择笔记本电脑，但是今天大家都认为，手机的重要性将会越来越超过电脑。为什么？因为智能手机待

---

① 梁正. 科学、技术与创新经济学 [M]. 北京：科学出版社，2004.
② 李力. 跨国公司：技术创新研究 [D]. 吉林大学，2005.

在身上的时间远远超过笔记本电脑，随着芯片功能越来越强大，智能手机功能越来越全，智能手机集通信与电脑功能于一身。诺基亚的问题就在于，认识到未来属于无线通信，但是有两个问题，未来有多长？无线通信的技术还可以怎么样发展？事实上，任何产业都有周期性。所以，搞清楚"需求"的动态含义就非常重要。互联网的出现使消费者消费需求、习惯发生重大变化。与其说人才重要，不如说研究满足消费者的这种需求的人才组合更加重要。

所以，诺基亚的"科技以人为本"的理念刚出来的时候，人们对这一理念肃然起敬：这是一个技术与市场结合很好的理念。所以，一谈到诺基亚人们就会如数家珍地说它的研究实力如何强大，公司如何重视研究人员。

但是如果只是将重点放在"科技"或"研究和开发"上，那就太偏颇了。因为科学到技术到商业化再到消费者的认可和忠诚还有很长的路。同样，拥有上万项专利的柯达倒闭了，是否存在研发悖论？答案是否定的。问题的实质在于"以人为本"中，以什么人的什么需求为本？目标客户群的需求才是根本，但是"目标客户群"及其"需求"都是动态的。从技术角度来看，触屏在诺基亚看来根本不是高技术。但触屏的智能手机出现后，上网方不方便，能否找到奋斗的"小鸟"就成为比打电话更为重要的需求。诺基亚面对手机智能化的选择时，选择正确就可能再续辉煌，否则就是一败涂地。产业发展的历史一再表明，看似强大市场领先者如果不能顺应消费者需求的变化，最终大而必倒。

三、产品缺乏市场预见性

在全球激烈的竞争市场中，企业要保持竞争力，就必须专注于市场的变化，在恰当的时间，将恰当的产品进行商业化，将其销往恰当的地点，销给恰当的客户。

由于对移动通信市场需求预测准确，诺基亚的激进创新赢得了市场，之后通过连续的渐进创新对手机进行了诸多改进，如按键、外观、屏幕大小、浏览器、摄像头等。同时伴随着追随者的跟进，移动通信产业进入了成熟期，需求急剧增加，诺基亚作为移动通信的巨头，市场占有率和利润率也不断上升。但根据产品周期理论，当产业进入成熟期以后，接下来的就是产业衰退期。诺基亚应该没有认识到产业周期本质特征，仍然把模拟机型的市场占有率和垄断利润作为主要目标，着眼于不同机型之间的市场表现以及渐进创新。诺基亚错过了产业转型的良好时机，追求的是"耐摔""待机时间长""质量稳定"等性能。反观爱立信，它在企业尚未出现亏损之时,将手机价值链中的生产和供应业务外包给了专门公司,而将资金、精力聚焦于核心业务,当然爱立信也仅仅是外包了生产和供应业务。

当然智能机对模拟机的替代,不能被完全认定为激进创新,但是至少是重大的渐进创新,基于上述原因,诺基亚后期无力进行这样的革命性创新,因而就退出了成为引领消费者需求的领先者的舞台。随之而来的是,诺基亚给消费者的印象迅速变成了"古板""守旧""反应太慢",从而并被人冷落。所以,诺基亚单纯以鲜艳色彩、简约造型、直观界面来招揽顾客,这在 2G 时代对它有很大帮助,但是 3G 时代的核心竞争力是系统。系统的缺乏使诺基亚实现品牌突围的设想化为了泡影。

四、产业战略转型不够

拥有 140 多年历史的诺基亚,历经多次企业产品转型,对每次挑战都能够成功应对并逐渐走向辉煌,这足以证明其生命力的强大。诺基亚生命力的源泉就是敢于挑战变化。这种不畏竞争的精神使诺基亚一次又一次战胜国内和国外危机。但历史的成功,只证明它历史上曾经淌过了危机,代表的是过去,并不意味着应对新的危机依然成功。2008 年以来的危机诺基亚是怎么处理的呢?

2011 年 2 月,诺基亚新总裁埃洛普毅然决定跳下"着火的平台",对外宣称牵手微软,与微软建立战略合作伙伴关系,事实上就是被微软收购了。Windows Phone 将成为诺基亚智能手机的首选操作系统。诺基亚将高端智能机的全部希望押在 Lumia 系列手机上,希望通过最新款 Lumia 系列手机鲜艳的色彩、简约的造型、直观的界面来重塑品牌,重拾河山。

可见,诺基亚极力想改变颓势,但在消费者的心目中,它和那个时代的摩托罗拉、爱立信一样,一去不复返了,因为 Lumia 始终未能成为与 Android 和 Apple 充分抗衡的第三个生态系统。与微软建立战略合作以后,诺基亚未来的市场地位事实上需要取决于微软的市场地位。而微软自身在智能手机中也仅仅是一员"小将",这与微软在 PC 行业绝对的领袖地位是极不相称的。

同时,在智能手机的操作系统竞争中,不确定性仍然存在。2016 年,风光多年的 Android 和 Apple 又被中国的华为和中兴等甩在后面。年轻一代人对诺基亚根本没有了认知。如果 Lumia 系列手机救不了诺基亚,这个昔日的霸主是否会和柯达一起退出历史舞台呢?大跨度的转型是诺基亚 100 多年发展中经久不衰的法宝，只在移动通信产业内的战略转型是不够的。因为就市场环境而言，智能手机竞争激烈，众多手机厂商纷纷进入后，看似处于增长期的手机行业利润率已经趋于下滑，在成熟产业维持领先，都是暂时的战术行为。从历史来看，创新是一个波浪式前进的长久过程，在这个过程中，国家在培养创新系统、支持主导产业新选择上至关重要，即产业竞争本质和竞争战略恰恰应该成为国家的核心。诺基亚是芬兰"万顷良田"中的独苗，难以维持领先市场，毕竟万紫千红才是春。

第九章

领先市场模型及其策略

据说历史的作用就是避免事情同时发生。文艺复兴开拓者之一搏丹指出，历史循环具有一个累积的向上的趋势，也就是进步。因此，经济学家和历史学家试图用一种建立时段序列或发展阶段的方式去组织历史。

科技革命犹如汹涌的浪涛，一轮又一轮，主导产业的领先市场也先后在不同国家出现。主导产业选择与领先市场建设是一个艰苦的过程，并且受到社会制度、历史状况、民族习惯甚至是地理等因素的强烈影响。经济霸权更替的根本原因在于在新的主导产业面前，老牌发达国家由于固定资产更新和人才知识更新难以短期实现等问题，产生了"路径依赖"而锁定于旧的产业之中，可能保持着"技术先进"，而新的主导产业很可能就在他国异地形成。与旧的主导产业的领先市场相比，研究滞后市场如何成为领先市场更为重要，我们需要对历史上的领先市场进行发掘性研究，研究当今发达国家在追赶时期如何利用领先市场从贫困最终走向富裕，以便为目前发展中国家的经济发展提供借鉴。所以，主导产业选择与领先市场的锻造既是历史问题也是现实问题，尤其在后危机的今天，新主导产业还未出现之时。

第一节 产业特定性是领先市场建设的指导思想

利润的来源和经济发展的源泉是经济学研究的中心，在经济思想史中形成了两种不同观点：第一种观点认为利润来源于对更低工资成本的追求（如通过更低的工资率或增加劳动强度），或者降低中间产品价格，或者提高最终产品价格。用新古典经济学的术语来说，利润来源于交换和分配。第二种观点认为利润来源于创新租金，即利润是在生产中创造的。

与此相对应，对于经济质量的看法也存在"产业规模论"和"产业结构论"两种观点。师承重农主义和亚当·斯密的主流经济学建立在"交易论"的基础上，是一种典型的产业规模论。斯密的基本逻辑思路是，经济增长来自社会分工，社会分工受市场规模限制，因而他非常重视交易的发展，在国际国内都主张自由贸易以扩大市场交易量。在他看来，自由贸易是经济增长的根本原因。事实上，主流经济学认为经济学的任务有三个："生产什么""生产多少""为谁生产"，如果说生产要素价格理论是解决"为谁生产"的话，那么主流经济学通篇都是在解决"生产多少"的问题，是不折不扣的"规模论"，解决的只是经济效率问题，而只字未提"生产什么"，即经济结构的问题。以至于赖纳特爆粗口，"傻瓜，问题出在经济结构上"（赖纳特，2010）。即使是凯恩斯的宏观经济学的经典公式"$Y=C+I+G+(X-M)$"，从形式上看似乎很重视结构问题。事实上，凯恩斯对消费（C）、投资（I）、政府购买（G）和进出口净额（X-M）没有进行任何结构分析，在他那里，这四项之和（即规模）达到了，国家经济就好了。事实上，在经济发展的不同阶段，消费、投资、政府购买和进出口净额的作用各不相同，不是一个总规模就可以代替宏观经济分析的。

演化经济学沿袭了重商主义和文艺复兴的哲学基础，建立在生产论的基础上，非常重视经济结构。其认为经济增长具有产业特定性，因为只有特定产业才遵循报酬递增。色诺芬（前427~前355）在《经济论》中提及了报酬递增；安东尼·舍拉（1613）比亚当·斯密更加清楚地描述了报酬递增和由此产生的财富的良性循环现象（舍拉为此被嘲笑、下监狱）；17世纪50年代德国安东尼奥·杰诺维西复兴了报酬递增，经济学家恩斯特·路德维格·卡尔（1682~1743）在其三卷本著作中也描述了报酬递增，用的例证就是亚当·斯密的别针。然而马尔萨斯及其朋友李嘉图完全放弃报酬递增理论，原因在于农业遵循报酬递减规律。19世纪四五十年代两位德国经济学家李斯特和罗雪尔将其重新引入到政策和理论中；19世纪80年代以后，马歇尔提及规模报酬，但之后在新古典经济学中却消失了；1923年弗兰克·格雷厄姆（1890~1949）和阿林·杨格（Allyn Young）使报酬递增在美国复活；30年代美国经济学家雅各布·维纳抛弃了报酬递增，因为它与均衡理论不符；20世纪80年代保罗·克鲁格曼将其重新引入国际贸易理论中，但很快又被贾格迪什·巴格沃蒂相当权威地剔除了。19世纪50年代以来，报酬递增才成为了欧洲大陆工业化的主要观点。

富国之所以富裕，是因为富国的精英们建立、补贴、保护了动态的特定的产业。他们将生产结构带入了报酬递增的领域，通过报酬递增创造创新租金。同时，租金以高的利润惠及资本家，以高的工资惠及工薪族们，以高的税收惠及政府，这种现实就对抗了李嘉图"三位一体"的零和分配理论。而穷国所专业从事的生产活动具有的特点是：报酬递减；没有学习潜力；学习的结果不是创造本地的财富，而是以更低的价格将学习的成果传递给外国的消费者。

经济增长被视为具有"活动特定性"，即经济增长只发生在特定的活动中。"好的"活动推动国民财富提高，而不仅仅是经济增长。可见，国民财富的提高与积极从事"好的"活动紧密联系在一起，这与罗伯特·里奇的"高质量工作"属于同一概念。丹尼尔·笛福在1728年《英国商业计划》中提出了一个关于累积性因果联系的更为简单的体系，其中存在制造业和航海业相互加强的交互作用：制造业提供商品，航海业提供海运服务，制造业是穷人的生活来源，航海是水手的生活支柱，制造业支配海外的金钱，航海将钱载回国内，制造业生产出船舶，航海用船舶进行贸易，所以制造业是财富，航海就是力量（赖纳特，2007）。罗斯托通过大量的经验对比和理性思考后指出，各国近代以来的经济增长，是在各产业增长速度很不相同的情况下取得的，整个经济的增长率常常取决于一些关键产业和部门，这些产业和部门发展的直接、间接效果导致了整个经济的增长。

产业特定性的根本原因就在于不同行业迂回度不一样，即价值链的长短不同，因而有些行业能够产生报酬递增而有的行业却是报酬递减。后来，凡勃伦在1909年提出"累积性因果"的关键概念：因果过程产生的结果成了下一个因果过程的起点，从而产生新的结果……（Jack J. Vromen, 1995），凡勃伦的这种累积性的因果关系表明社会结构和社会制度是演化的。杨格定理（"劳动分工取决于市场规模，而市场规模又取决于劳动分工"）则把迂回生产和产业间的分工结合起来，并用动态分析的方法，拓展了市场与分工的理念。而英国古典经济学家们和现代发展经济学家们都忽视了这些真知灼见。

赖纳特创造出一种由浅入深的区域来表达经济"质量"，通过由"完全竞争"（白）到"垄断"（黑）的变化过程绘制出来（如图9-1所示）。

整个体系处于持续的运动过程之中，一开始，新知识以不同的速度进入顶端的高质量的活动，然后逐渐下移到"完全信息"和完全竞争状态。赖纳特认为该图解释了为什么某些国家比其他国家要富裕，为什么自由贸易在对国家有利之前，国家不得不达到质量指数的顶端。

从产业特定性出发，延伸出几个重要问题。第一，生产结构比生产规模与效率重要。领先市场引发的是产业方向和深层结构变化，而不是在全球一直时多时少地以多种方式持续地支持着传统的发展方式的概念。它可能不是一个单向的积

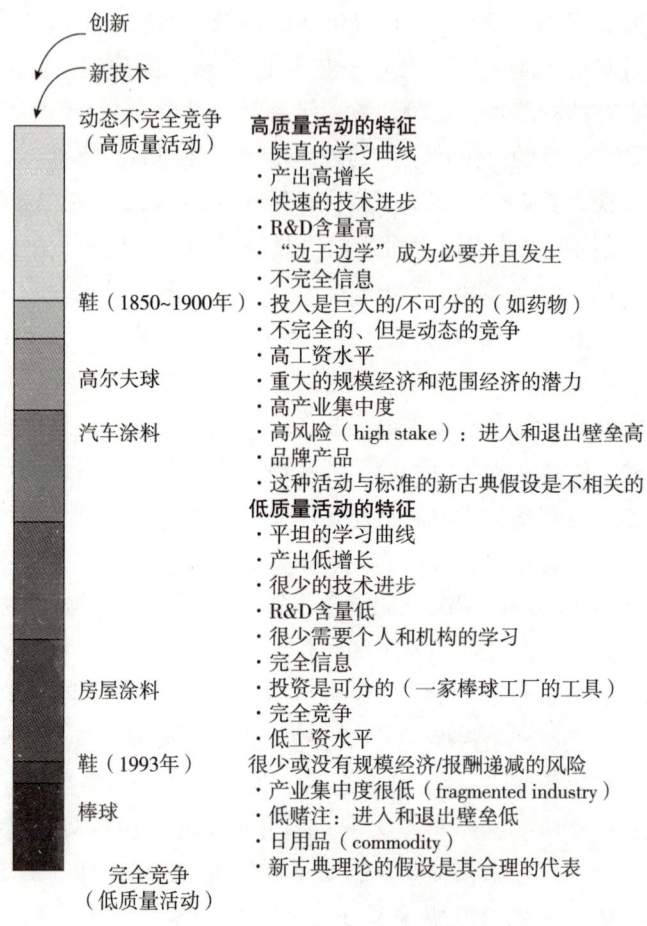

图 9-1 经济活动的质量指数

累过程,而是一场沿着固定跑道进行的比赛,赶超不仅仅是一个相对速度和效率的问题,而是从另一个新方向发展成功达到赶超。从以上我们对各国经济史的考察结果来看,欧美发达国家的经济崛起都离不开特定的主导产业,如纺织工业之于英国,化学工业之于德国,等等。一国的发展不是简单意义上所有工业平衡快速发展,而是以少数几个前导工业的高速发展为特征。同时,在成熟的产业没有赶超的机会;在成熟的产业也没有持续领先的机会。创新大师熊彼特曾经论及经济发展过程中产业部门之间的不平衡性,认为创新不是平均地分布于经济体的各个部门,而是集中于某些部门。即经济增长具有产业特定性,只有报酬递增与高质量的生产活动才能产生创新租金,进而让其他部门分享其创新租金。

所以,产业选择与产业效率的关系是战略与战术的关系,两者应当兼而有之,产业结构比效率重要，满足帕累托效率与卡尔多改善都有可能拉大收入差距。

第二，工业化和领先市场不是一劳永逸的事情，而是一个过程。1229年，圣保罗教堂主教沃特·因革（Walter Inge）经典语录中说道，"亲爱的，我们生活在过渡时代"[①]。经济学的本质是一个历史过程，脱离历史框架的经济学是毫无意义的，而历史就是过渡，所以经济学就是研究过渡和演化的科学。这源于经济的动态性、结构性与特定性。领先市场会随着时代而变化，核心国家更替的根本原因也在于领先市场的变迁。

第三，领先市场时间长短取决于科技发展水平、产业特性和消费者偏好的改变程度。同时，传统产业是否能够重新成为主导产业？答案是肯定的。今天的高铁就已然成为了新主导产业，我国也已经在高铁的领先市场崭露头角，而铁路一段时期以来被认为是传统产业。

第二节 创新研究的核心与领先市场

经济学家长期探索技术创新与经济增长的关系，事实上技术创新本身并不直接促进经济增长，只有技术转化为产业，或者技术促成新产业的形成以后才能促进经济增长。马歇尔认为知识是经济增长的发动机，马克思将技术创新置于资本品的核心地位，亚当·斯密把机器的改进看作分工的前提。其共性是发明导致资本积累从而促进经济增长。主流的经济理论干脆将技术外生化，直接讨论资本积累对经济增长的作用，而对资本积累的投向全然不顾，内生增长理论则把技术与资本积累看作两个单独的要素分别对经济增长起作用。

创新经济学指出发明不是创新，而是往前一步触及了产业领域。但是对当前的创新研究的诟病还有不少。首先，创新概念窄化导致创新系统封闭与单一。关于创新的概念目前还没有一个准确完整的定义，但学术界比较公认的是伦德瓦尔（1992）、纳尔逊（1993）的技术创新论。虽然两人在研究重点上有所差别（前者偏重理论导向，注重用户与生产商的互动学习，力求发展一种不同于新古典经济学传统的新研究范式；后者强调实证案例而非理论重构，聚焦于R&D），但是他们都将创新研究囿于技术创新，否定制度、组织等因素在经济发展中的作用。

[①] 克里斯·弗里曼. 光阴似箭 [M]. 北京：中国人民大学出版社, 2007: 3-4.

这是对李斯特和熊彼特的思想的曲解和窄化，并走向了批判已久的"技术决定论"，毕竟技术领先并不必然导致产业领先。把创新系统局限在企业技术创新上，勉强能够解释工业的发展，但很难解释工农业协调、区域协调与城乡统筹发展等重大问题，更加无法解释整体经济发展这种"宏大叙事"。因此，扩展创新系统研究视角是很有必要的。

其次，创新研究方法论不统一。创新研究倾向于使用演化经济学方法论。虽然演化经济学的发展正成为燎原之势，但是成长中的演化经济学没有形成一种共同的学术研究规范，批评主流经济学方法论多于自身方法论的建设。因此，创新系统研究也没有形成一个完整的理论，缺乏标志性的方法论，容易受到主流经济学的无理攻击。

最后，创新系统目标不明确。不同学者从不同层级都提出了"创新系统"，既有微观角度的企业创新系统，也有中观视野的区域创新系统与产业创新系统，还有宏观角度的国家创新系统。学者们大多进行单一层级研究，并都希望自己所研究的创新系统能够涵盖所有层级创新系统的要素及其功能。有学者甚至认为国家、区域和产业创新系统"或许可以归纳为单一的、一般性的创新系统"。[1] 各个层级创新系统的结构性要素雷同，目标大同小异，这就有违系统层级论的宗旨。

领先市场研究是否可以纳入创新研究？本书认为领先市场研究应当纳入创新研究。但是至少两个地方需要扩充：一是创新的定义。目前大多认同熊彼特关于"首次商业化"的创新定义，但是这种定义无法涵盖五种创新，尤其是市场创新和管理创新。笔者认为创新的界限还要前推：创新是"主导主导产业"的行为，这样定义的创新不仅将技术上可行的边界线外推，更重要的是创新不再囿于"技术创新"。二是要对熊彼特创新类型进行扩充，熊彼特的创新主要包括"熊彼特Ⅰ型创新"（个体企业家创新）、"熊彼特Ⅱ型创新"（大企业集团创新）。而集聚创新（波特强调龙头企业）和国家创新体系（或企业型国家创新），则是熊彼特研究体系无法涵盖的，本书将他们分别定义为熊彼特Ⅲ型创新和熊彼特Ⅳ型创新。这样新的问题就转化为创新与领先市场的关系，即创新是否需要涵盖领先市场？一种是肯定的回答。在这种观点下，可以将创新定义为"主导主导产业的国家或地区"，这就将创新的边界推到领先市场的形成。另一种是否定的回答。这

---

[1] （挪）法格博格，（美）莫利，（美）纳尔逊. 牛津创新手册 [M]. 柳卸林等译. 北京：知识产权出版社，2009：184.

种看法可以将打造领先市场作为创新的后续程序，即领先市场单独于创新。这样事实上还是造成创新概念窄化的问题。本书倾向于第一种观点，但是由于创新研究的成果已经很丰富，所以在行文上创新部分的内容较少。

领先市场建设需要系统性创新以及创新系统性。而在创新系统中，最大的争议在于创新系统的多级体系中哪个层级才是创新系统的核心？在创新经济学中存在两种主流观点：第一种观点以弗里曼、纳尔逊与OECD《国家创新系统》等文献为代表，认为在全球化条件下，多层级的创新系统中国家创新系统是最重要的。马克思也把创新理解为一种依赖国家经济环境和制度的、多元主体参加的过程。但随着创新系统研究的深入，人们逐渐认识到国家创新系统本身存在一些局限性，例如，产业系统的跨国界联系使国家创新系统在分析具体产业时受到一定限制，以社会制度背景分析为主的国家创新系统分析框架很难对与创新活动相关的技术、组织和制度等不同层次之间的内在联系做深入的探讨。第二种观点以迈克尔·波特为代表，认为国家和地区的竞争归根结底还是所在地的企业的竞争，只有企业真正具备了竞争力的国家才具备竞争力，伦德瓦尔、希培尔也持这一观点。

本书认为，创新系统的核心在于（中观的）产业创新系统。波特也曾经指出产业竞争的本质和竞争战略恰恰应该成为研究的核心（波特，2002）。

首先，在宏观角度的国家创新系统方面，其关注的焦点在于经济制度与发展道路、经济管理和决策方式等。但是经济制度与决策方式等差异与一国的创新力并无直接的因果关系。同一种经济制度的不同国家，经济发展与创新会体现出云泥之别。当今一百多个资本主义国家的经济状况占据了从最富裕到最贫困的整个谱系；同一经济制度的同一国家，不同时期的经济表现也是千差万别。几百年来的霸权兴替就是明证。在经济体制方面，同为盎格鲁—美国模式下的英国和美国，经济创新力的差异也很大，运行相同体制的同一国家在不同时期也是"三十年河东，三十年河西"，如今天的日本与其20世纪80年代的经济表现就大相径庭。总体而言，过分重视宏观创新容易落入"中心论""宿命论"等陷阱。

其次，在微观企业的企业创新体系方面，同一制度下的企业在不同时期表现出冰火两重天的景象，曾经盛极一时的日本半导体企业，今天则风光不再。所以企业创新系统与国家竞争力、国家经济表现也不存在必然的因果联系，尤其是技术经济范式的形成不是分散的企业能够促成的。

反观中观的产业层面，它在宏微观之间起着承上启下的作用。产业创新系统上承国家、下接企业，并且可以成为各个区域创新的桥梁，便于知识的扩散与协同，是最核心的层级。一方面，在企业的经营决策中，产品结构即产业选择问题比生产效率要重要得多，即"生产什么"比"生产多少"更加具有战略性。另一方面，国家产业政策与创新政策都要落实在产业层面，因为经济发展具有产业特定性，不同时期的不同产业具有不同的技术机会和创新窗口，而主导产业在当代具有最大的创新窗口和技术机会，所以能够建立当代领先市场的国家就能够领先于时代。弗里曼和波特指出："国家创新能力是指一个国家长期发展新技术并使之商业化的能力。"他们所说的国家发展的本质就是产业发展能力。历史创新体制研究也表明发达国家之所以发达就是因为在赶超时期大力培育和发展了当时的主导产业。

认识不到产业创新系统的核心地位是因为创新概念模糊，仅将创新局限于技术上的创新，甚至在有些学者头脑中的创新概念还没有触及发明的层面。比如有的学者认为"中国创新多却绩效差"，他们所指的"创新"就是大学生人数和比例、学术论文数目、专利数等。这与熊彼特的概念还有很大差距，熊彼特反复强调了发明不是创新，创新是首次商业化。可见，创新概念至少要以熊彼特的概念为起点。不过本书认为熊彼特的创新概念还存在欠缺，因为这一概念将市场创新等排除在外，在检视产业发展史之后，发现"首次商业化"的地区或国家并不必然主导创新产业，如四大发明之于中国和有机化学之于英国。因而本书结合法格博格、莫利和纳尔逊等人的观点，认为创新的定义应当前移，并将其定义为"主导了主导产业"的行为。这样创新系统就必然以产业创新系统为核心，而且可以推演出主导产业的领先市场才是创新所在地。

第三节　领先市场与技术创新的差别

历史学家只谈技术革命以及经济发展，至于两者的关系他们避而不谈；主流经济学则只谈经济增长和效率，他们的研究不涉及经济发展和产业结构的关系问题。对此，威廉·阿伯拉西提出了"生产率—技术两难问题"，即企业在利用已有的组织技术潜力提高效率和投资新的节省劳动的技术来提高生产率之间，存在两难选择。这事实上涉及的是"做正确的事情"与"把事情做正确"的问题，也即技术革命与产业革命的关系问题。

技术创新并不必然导致产业革命。产业发展不一定沿着既定的技术路径发展,技术创新与产业革命经常不同步,就像物理学中"湍流"现象①。比如从技术角度来看,蒸汽驱动的抽水机在 1709 年就由托马斯·纽可门（1663~1729）发明了,可以通过一根管子把水从深坑里直接抽出。但是这种蒸汽机的发电机造价高,并且不能重复自动使用。接着,在 1764 年之后的几年中,瓦特对蒸汽机进行改造,设计出了新型蒸汽机,却因为没有产业与之配套,即没有足够的需求,使瓦特的蒸汽机企业破产。只是在棉纺织业领域的"产业革命"有了对蒸汽机的广泛需求后,蒸汽机产业才起死回生。蒸汽机的"技术革命"与棉纺织业的"产业革命"的关系应验了市场的重要性。事实上蒸汽技术革命横跨第一次工业革命（以纺织业为代表）和第二次工业革命早期。可见,技术创新并不必然使先期从事技术创新者获益,没有达到佩蕾丝所指的"技术经济范式",或者更进一步地达到领先市场之前,无法获益。如果要从创新中获取回报,后继开发要跟上。一是通过多次小的改进而不是大的改动获得,扩大生产,使效率提高。二是在业已存在的技术中降低成本和改进性能,通常胜于通过不连续的跳跃式或者是大踏步的创新来实现技术进步。三是普遍可得性的通用技术的出现。同时,技术只有与市场需求而且是代表未来的广泛需求结合,才有可能形成主导产业,进而产生领先市场。所以只专注于技术创新是不够的,技术创新充其量是领先市场的"前期成果"或前提之一。

这种"前期成果"与"最终成果"——领先市场可能出现在同一国家,如信息技术的主要发明在美国,同时美国也是 IT 产业的领先市场。但更多时候两者不在同一国家,如纺织业的领先市场是英国,但无论是棉纺、毛纺还是棉纺的技术都先期都没有出现在英国,而是分别出现在亚洲、欧洲低地国家和爱尔兰；第二次工业革命中的钢铁、有机化学工业和电力的领先市场是德国和美国,而技术创新大都出现在英国；"二战"后的半导体产业领先市场是日本,而主要技术都是从美国等地引进的。

技术创新与领先市场不一致的原因是多方面的。从主观方面来看,旧产业的领先市场形成了利益集团,他们意在掘取该领先市场的最后利润；从客观方面来看,旧的领先市场存在固定资产更新难、人才转换难等问题,还有其他政治、军事等因素的安排,如美国丧失半导体产业的领先市场是因为冷战中国际新秩序安

---

① "湍流"是指流体的流动线路不再清楚可辨,流场中有许多小旋涡,层流被破坏,相邻流层间不但有滑动,还有混合。这时的流体作不规则运动,有垂直于流管轴线方向的分速度产生,这种运动称为湍流,又称为乱流、扰流或紊流。

排的需要而单方面向日本出售技术和单方面地向日本开放市场。

总之,领先市场在技术创新乃至技术革命面前,具有自身相对的独立性。技术创新本身不是目的,技术不是充分条件,而是必要条件。技术可以引进或模仿,如日本半导体产业的技术就是在引进和模仿的基础上出现的;起初德国的有机染料产业也主要是引进英国的技术和人才的结果;而在《商业的秘密》中就记录着美国早期如何获取甚至盗取大量外国技术。可见技术学习相对容易,这就是贝瑟所说的国与国之间的技术差距不会很大。然而,领先市场建设无法引进,甚至无法模仿和学习,即使学到以后,新的产业所运用的商业模式已经变化。所以,只有以领先市场为核心才是正途,从某种意义说,技术是"科学"而市场建设是"艺术"。

可见,领先市场所需的技术需要与市场结合起来,或者技术创新要以领先市场为导向。美国学者 D. 哈特在谈及美国的国家创新体系时顾左右而言他地指出:"美国经验的重要性来源于美国在全球经济中的领导地位,既在高度创新的工业部门居领导地位,也在科学研究方面居领导地位。除非学者理解美国的创新过程,否则他们从整体上理解世界的创新过程就存在困难。"[①] 这里讲的"整体"值得我们高度关注,即美国创新体系强大的实质在于整体的经济过程,即市场与技术(包括科学)的统一。

第四节 动态的领先市场发生机制

产业周期的不同阶段具有不同的特点。早期阶段,技术性能一般甚至很糟糕,生产成本高,降低成本的措施少,新技术采纳率也有限,与用户的需求不符等。同时,创新投资是以未来为导向的,具有高度的技术与市场不确定性。对利润的负面预期,可能长时间推迟引进具有潜在优势的新技术,而只是运用替代技术或进行旧技术改造,致使新技术的优势慢于旧技术因改进产生的优势。如照相机是19世纪中期的创新产品,但在第二次世界大战之后才经历了快速推广;1799年,英国和法国获得了长网多缸薄页造纸机的专利,1803年第一台机器诞

---

① Hart, D. M. Accounting for Change in National Systems of Innovation: A Friendly Critique Based on the U. S. Case [J]. Research Policy, 2009 (38): 647-654.

生了，尽管经过无数次的改进，其运行原理仍然与1799年的专利技术相同，并且在之后175年的时间里一直是造纸业的主导技术。可见，重大改进通常在创新初次引进后很长时间才出现。蒸汽机引入到新的重大运用中，是蒸汽机发明100年以后的事情；莱特兄弟发明飞机后30年，飞机才具有重大的商业影响。新技术是否能够得到采用还取决于一些支持要素，如汽车需要公路网、加油站和修配厂；电灯需要广泛的发电和输电设备（罗森伯格，2004）。

而当新产品成本大致与旧技术成本平齐时，新技术成本的微小的降低也会带来新技术的广泛采纳。即新产品改进速度与采纳率之间不是线性关系。早期扩散模型的假设之中最不现实的一点就是认为技术具有一劳永逸的静态特性。当一个产品或工艺流程被首次引进后，它不可避免地处在较原始的形式，以后需要不断地渐进性改进。这些改良可以是降低生产成本以及（或）提高质量、性能、可靠性，或是其他对用户有益及有助于扩大市场的措施。这些改进可以很好地符合纳尔逊和温特（Nelson & Winter, 1977）的"自然"轨道或多西（1982）的"技术"轨道。

新的主导产业出现之后，市场规模在新质的基础上得以扩大。在产品生命周期模型中，任何特定的技术从引进到成熟需要连续渐进性创新。起初，改进的成效很慢，然后便加速，最后按照渥尔夫渐进性创新投资回报递减法则，会再次缓慢下来。成熟期以后，产业市场规模只会缩小，而断无扩大的可能（如缝纫机），一味地扩展市场（出口），会在扩大规模的同时挤占国内产业创新的资源与资金。图9-2表示了产品周期4个阶段的情形。

图9-2中，阶段Ⅰ是最初的引入阶段，所有的焦点集中在产品上面。条件是产品应当具备打入市场的功能。对于设计人员、制程工程师、管理部门、工人、营销人员和消费者而言，这是个学习的阶段。这也是熊彼特喜爱的企业家发挥才能的天地。因为这些牵涉原始设计和工程，尽管相关的技艺和经验的阈值（E）可能还较低，但是科学和技术的阈值（E）的下限仍然处在高位。对位置点的要求（X）是十分关键的，而且对引进是否成功至关重要。另外，相对于技术带来的成就，初始投资成本（I）比较低。阶段Ⅱ是市场发展阶段，产品已基本定型，市场发展能力已经经过考验，重点转移到生产程序上，工厂设计变得重要。产品与生产流程通过改良达到最佳配置，工厂规模增大了，产量和生产效率提高，成本降低，需要更先进、更合适的装备，因而当前投资成本也比前期高。这些正是生产工程师和市场营销经理施展才华的天地。当科技问题逐步解决，并应用在产品和生产装备上之后，模仿者的风险便降低了。但生产工艺和市场销售等经验，

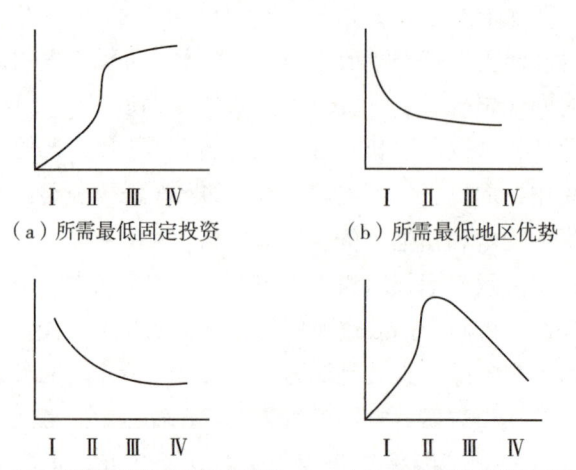

图 9-2 产品生命周期的四阶段

资料来源：Carlota Perez 和 Goetz（1988）。

又使所需的技能阈值大大增高。在阶段Ⅲ，所有的主要条件都已明确。大家都知道了市场的规模和发展速度，工程学意义的产品和生产工艺达到"最佳化"，后继的创新以渐进性创新为主，进一步提高生产率是主要目的，主要工作是加强管理企业和获取市场占有率，工厂和企业都呈比例地增长，也有许多公司会被淘汰。在这个阶段，所需的资本投入和管理技能很高，后进者难以进入。进入的所需知识偏低，但经验和投资则处在最高峰而且还在增长。在阶段Ⅰ，公司旨在垄断技术而使价格趋向于无限大，但在阶段Ⅲ，为保守经验而垄断市场，价格又会回到高位。在阶段Ⅳ（成熟期），产品和生产工艺均已标准化。技术改良再投资反而会减少利润，公司会转让成熟技术而成为供应商，也可能出现技术的买方市场。所以新进者的技术门槛不高，但实际成本不低，尤其是固定投资比阶段Ⅰ高得多。可见在不同阶段，进入的条件和风险都是不同的，企业的目的也是不一样的。

另外，三个产业动态变量（公司数量、单位产品耗时和年度需求）也呈现出类似的情形（如图 9-3 所示）。

在产品周期理论的基础上，赖纳特通过研究某一特定技术的生命周期发现了几个相关的因素。当一个行业发展时，公司的数量将趋于增长——壁垒相对较低，没有哪个公司通过沿着学习曲线和经验曲线积累产量而获得较大的成本优势。公司很多，但是能在产业大调整中存活下来的却没有几个，而且产业调整通

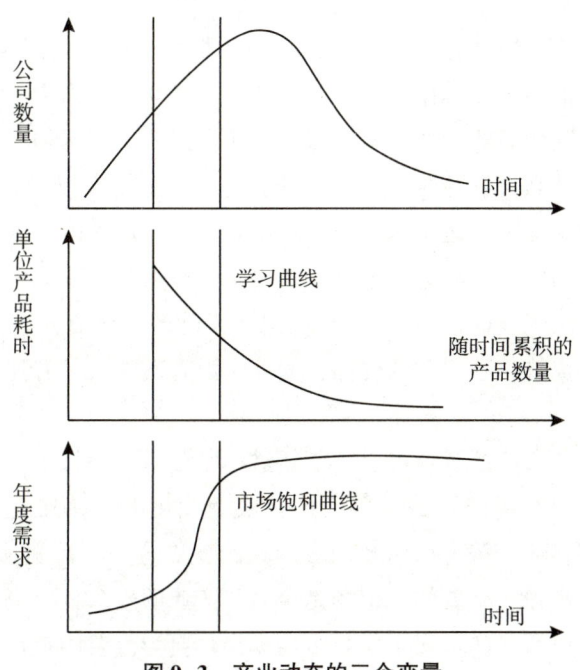

图 9-3 产业动态的三个变量

常与产业成熟相伴随。如 1920 年左右美国大约有 250 家汽车制造商,但 40 年后成活下来的只有 4 家。同时对新产品的需求也一样,先是很缓慢,之后成倍增长,直到市场饱和为止。当每个人几乎都有汽车、洗碗机和电话时,增长曲线就会变得平坦,因为只有更新的产品才能在市场中保留下来。就像是在移动电话市场上一样,通过细小的创新和不断变化的款式,以及加入一些"小花样",把需求维持在一个较高的水平上,是可能的。

第五节 领先市场的形成路径

领先市场的变迁规律探索,包括主导产业变化规律与领先市场的变迁规律两个问题。

首先,主导产业变化规律为搜寻产业提供依据。人类历史每一次阶段性跃迁过程,都对应着特定的技术应用、变迁模式和制度基础。那么技术是通过既定的技术轨迹而有序地展开，还是像"上帝的骰子"一样捉摸不透？主导产业的变迁是否也遵循着阶段性跃迁的原则，强者自动恒强、弱者自然恒弱？研究表明，主导产业在地理范围内，遵循间断平衡原理，从时间角度来看，任何产业都有兴衰的周期，如英国纺织业、德国钢铁与有机化学工业、美国的电力与汽车产业等都提供了丰富的"典型化事实"。要理解这些产业的领先市场为什么会"突然"出现在非传统技术强国，运用比较优势理论是不可能理解的。因为英国成为纺织业领先市场之前的比较优势是养羊业，需要注意作为纺织业原材料的羊毛业的发达并不必然导致纺织业的发达；而19世纪下半叶的德国有机化学工业既无供求优势也无原材料优势；独立后的美国，为什么没有发展其具有比较优势乃至绝对优势的农业？

其次，从领先市场的视角可以将创新过程归结为核心技术与潜在市场两个方面。以往的创新研究局限在技术创新或首次商业化上，勉强能够解释工业的发展，但很难解释整体经济发展以及核心国家的变更这种"宏大叙事"。因而，将研究扩展到市场是很有必要的。市场是企业与产业的生命，市场缺乏是产业早期的致命弱点。本书所指的市场不仅指市场规模，更为重要的是市场质量（市场主导权）和市场结构问题。在这点上，主流经济学所指的市场局限于市场规模，这是有重大缺陷的，不对市场质量进行探究，尤其不对国内市场与国外市场的重要性进行区分是错误的，对国家经济是有害处的。实际上，国外市场对产业发展起重要作用只是个例外（如德国有机化学工业），而如何扩大本国市场才是重点。历史反复证明向海外追求财富虽然重要，但有比这个更加重要十倍的是对国内市场的培养与保卫（李斯特）。在经济全球化的今天，领先市场建设的重点依然要放在市场质量建设上，统一、均质的国内市场更为重要。所以，潜在市场开拓的本质在于如何使核心技术转化为经营优势。

另外，从科学知识到技术发明再到"首次商业化"，最终抵达领先市场，是一个很长的链条：教育—知识—科学—技术—商业化—领先市场。如果像铁路警察一样各管一段，是不行的。这个问题在下面展开。

一、领先市场与教育、人才理念与战略

关于教育与经济的关系，主流的观点是"对接论"。其认为教育尤其是高等教育需要对接经济社会，人才培养要适应社会，因此提出科教兴国的战略。笔者并不反对这一战略，但认为这只对了一半。在研究了英国和德国在19世纪中期

的经济表现以及它们当时的教育状况后，很容易得出一个悖论：教育发展与经济发展呈负相关。因为19世纪中期，英国是世界教育中心，尤其是高等教育方面，至少比德国要强，但是19世纪中期恰恰是英国由盛转衰和德国崛起的节点。为什么英国"阳春白雪"式的绅士教育败给了德国"下里巴人"式的技术教育？理论界对这一悖论没有相关的解释，笔者在撰文认为，问题在于两国的教育结构对当时新产业的适应性不一样。英国注重人文教育和绅士教育的教育结构"适应"当时英国纺织业加金融业的产业结构，而不适应未来第二次工业革命以科学为导向的技术发展，因而这种教育结构虽然规模大但却对新技术发展有阻碍作用，也称为"英国病"，即英国教育与产业之间的联系没有建立起来，导致英国在国际市场失去竞争力。而德国注重技术教育恰恰迎合和引领了新的技术趋势，并开发出了相应的主导产业。这样看来，教育悖论就迎刃而解了：恰当的教育结构而非教育规模才是经济发展的动力。所以，笼统地提"科教兴国"是不行的。

我们说，教育领域集聚和培养着大批人才，如果他们只是纯粹"对接"现实经济，被经济现实牵着鼻子走，那么真正意义上的教育功能就无法发挥。教育的核心作用之一是"引领"经济的发展方向，尤其是引领到指向未来的主导产业和领先市场方面。

李斯特在这方面有深刻的认识。他最先对有形及无形投资进行了区分，其中对精神资本的认识非常深刻。德国在李斯特以后（以至于今天）形成了世界上最优秀的技术教育和技术培训体制，都是源自李斯特。李斯特主张工业界必须与正规的科学机构和教育机构建立联系，"几乎所有的制造商都要涉足物理、机械、化学、数学或设计工艺等各个学科，如果这些学科不能取得进步，或是没有新的发现和发明，那么大量的产业和工艺将得不到改善和提高。因此，在制造领域，必须推广科学和技术"（李斯特，1841）。许多历史学家都认为，这种与产业相一致的教育体制不但是德国在19世纪后半叶超过英国的主要原因，而且也为德国在20世纪各行各业拥有的技术熟练、高生产效率的劳动大军奠定了基础。一个多世纪以来，英国的教育和培训政策实际上已经落后，并且在追赶德国的技术教育和培训体制这方面，英国也从未坚持进行全面成功的尝试。

发展中国家日渐把教育当作致富的关键，并提出"科教兴国"战略。在像海地这样专门从事非机械化生产的国家，提高国民的教育水平对增加社会财富没有太大帮助，因为这些国家的产业对大学生的需求极少，教育反而增加了人们的移民倾向。赖纳特指出今天的移民都是从报酬递减的地区流向报酬递增的地区（赖纳特，2010）。马歇尔同样指出，历史告诉我们报酬递减是绝大部分迁徙的原因。其根本的原因就在于教育与主导产业处于离散的关系。只有与主导产业相结合的教育战略才能获得成功，最终促进国家发展。因为这种主导产业能够为受过教育的人提供就业，同时受过教育的人能够为国家带来财富，并引领经济发展方向。

可见，仅仅强调教育和科教兴国的重要性，而不同时考虑建立一种能够创造对受过教育的人的需求的产业政策，只会增加穷国的财政负担：华盛顿机构促使穷国为教育提供资金，而这些受过教育的人最终只能在富国找到工作。教育必须与产业政策配套使用，才能产生对毕业生的需求（赖纳特，2010）。美国经济学会在1991年也指出了类似的问题，即大学造就了太多的"受过良好教育的白痴"经济学家：(经济学专业的)研究生课程可能培养了一代"低能多专"的人，他们技术熟练，但对实际的经济问题却知之甚少。在名列前茅的大学中的研究生不能理解"为什么理发师的工资会随着时间而增加"，但他们很容易"解决两部门的一般均衡，其中一个部门拥有未物化的技术进步"，这就是华盛顿机构对发展中国家培养出来的一代经济学家（赖纳特，2010）。华中师范大学严鹏在其2017年的著作《富强竞赛——工业文化与国家兴衰》中同样指出，美国教育体系适应不了制造业发展的需求，表现为基础教育和职业教育体系的弱化，高等教育、人才聘用的形式化，大量的优秀人才"逃离"了制造业。在教育结构和人才结构（而不是规模）方面，我国的教育界也是应该高度警惕的。

二、科学知识与技术开发

技术开发对于科学知识具有独立性，同时技术又具有自身的路径依赖。

首先，技术开发的独立性取决于大学与社会的独立性。工业资助大学的危险在于，它可能日益左右大学研究议程；大学将会在研究自主性方面妥协，而将重点放在能够为产业带来短期利益的研究上，从而丧失基础研究领域的主导地位；同时使同行之间的坦诚交流的消失，最终对科技领域的进一步发展和教育本身造成极大伤害。新知识的产生和基础研究虽然是个缓慢的过程，但其最终应用途径却是多种多样的。新知识不可能直接植入新产品，企业完成了基础科学却不一定获得商业利益。因为技术具有独立性特点，合适的技术不可能从科学知识中得到或演绎出来（罗森伯格，2004），可见，从重大的科学突破到技术商业化的转化是一门非常复杂的跨学科科目，这门学科还远未被人理解和得到充分的研究，这正是领先市场研究的中心内容。

同时，由于研究者的知识结构、仪器设备和商业利益所限，不一定能够研究出当下市场认可的产品，而开发活动并不旨在引进全新的产品，而是在于修正和改进现有产品，商品的设计者们在设计新产品时并不直接从科学法则出发，而是在产品各种性能以及性能与成本之间进行大量权衡（罗森伯格，2004）。为此，技术进步在某些方面还可能超越我们所理解的学科前沿。罗森伯格举例说，鼓风机和燃煤发电厂的建设并没有以燃烧的过程知识作为支撑；缺乏涡流理论也没有对飞机机翼设计制造形成障碍（罗森伯格，2004）。赖纳特同样也举了两例：①几千年前的石器时代部落通过咀嚼柳树皮来治疗头痛，而直到拜耳时代才将其中的物质命名为水杨酸并且生产出阿司匹林；②1929年维生素C被分离出来之前的几个世纪中，中世纪地中海的水手就是通过携带橘子和柠檬来预防败血症的。反之，以激光为例，从科学史的角度来看，1916年爱因斯坦就系统地论述过有关激光的基础科学，然而激光在1960年才最初发现。

其次，在技术变化的路径依赖方面，保罗·戴维对于历史有关的路径依赖现象进行了最严谨的分析（罗森伯格，2004），索尔特在《生产力与技术变化》论证了生产方式的可能性只是对现有科学知识体系中所产生的技术选择的确认。要注意的是技术路径无法通过传统的经济分析方法来估算。创新的词源意义就是对常规的离经叛道，不能简化为简单的计算，虽然事后对成功的创新模仿可以进行这样的处理（罗森伯格，2004）。

为此就引出另外一个非常相关的问题，即科技进步的速度与科技进步方向之间、发明技术与采纳技术之间的区别。如果特定的时间和特定的技术知识状态更容易孕育出某种发明，无论出于什么原因，只要这些发明适应它所处的经济环境，那么就更加有望从中产生新技术。

总之，在每一项技术开发活动中，细微的改进是重要的，它们目的在于更好地整合设计和生产，建立用户和供应商之间更密切的反馈途径，并且更有效地"调节"现行的生产方法。这样的改进每次都能单独降低些成本或改善运行。但是，不断改进的功效一方面可能有非常巨大的积累，正如半导体工业从一个芯片上的几个晶体管发展到上百万个晶体管，经历了一步一步的改进而得到发展；另一方面，持续的改进可能由量的积累达到质的跃迁，即达到科学上的提升，当然同时还可能前功尽弃。体现在政策上，科学与技术共同体需要相对自主性和合理分工：大学主要从事知识创造和基础研究，政府的研究机构从事应用研究和大科学研究，企业工业研究实验室从事应用研究和开发。这就是当前协同创新的意义所在。因此，即使大学的基础研究与直接应用有距离，但也是"以使命为导向"——最终目的是产生效益,不是没有考虑应用。① 本·大卫也指出了美国大学创新系统自身的动力——高度分立化的竞争系统和实用化,② 事实上就是强调了基础研究与实用性的结合。同样,万尼瓦尔·布什的《科学——永无止境的边疆》报告的基本思想的第二点就是"基础研究是一切知识的源泉,基础研究的发展必然会为社会带来广泛的利益"。这是我国政府、大学与企业的协同创新应该借鉴的。

三、商业化:技术成果转化

商业化是创新的实现,也是价值实现和利润实现的重要环节。从重大的技术突破到技术商业化的转化是一门非常复杂的跨学科科目,这门学科还远未被人理解和得到充分的研究。这似乎比马克思所谓的"惊险一跳"还要惊险。

人们总喜欢用研发的投入、专利的数量、技术人员的比例和论文的数量来说明一个国家的创新。殊不知,在苏联和日本比较中,我们发现苏联 R&D 投入远远高于日本,但创新产品却远远低于日本。这一 R&D 悖论只能从商业化中得到解释。商业化最重要的条件是需要真正的企业家,因为连接技术与商品之间的是企业家。如果存在大量像巴比奇这样既是经济学家、发明家又是企业家的人,商业化就能够加速(罗森伯格,2004)。在分工日益深化的今天,创新是一个庞大的系统,任何一项创新的成功必然是分工的结果。曼斯菲尔德在《美国和日本的创新》中指出,美国公司把来自外国的技术进行商业化在时间上比日本公司慢得多,而将内部开发的技术进行转化的时间则与日本大致相同。如在录像机生产中,至少有两家西方公司先于日本竞争者推出样品,然而却是日本公司最先对样品进行改进的工程部门获得产品并将其投放市场,改进后的产品涌入市场,并占全世界录像机产品生产的 90%。录像机成为当时世界销量最大的电子类消费品。可见新产品都在日本以外的地方发明,日本人却在新产品的商业化方面拨得头筹。如发明晶体管的科学和技术都在美国,日本公司却第一个将晶体管运用于收音机,并完全摧毁了美国彩色电视机市场的统治地位。日本在半导体产业成功秉承了"开发至上",这使其产生了强大的开发能力。

一国的技术水平不是最终的竞争力,甚至技术水平差的国家也能够利用国外

---

① Rosenberg N. & R. R. Nelson American university and Technical advance in Industry [J]. Research Policy, 1994(23): 323-348.

② 约瑟夫·本戴维. 科学家在社会中的角色 [M]. 成都: 四川人民出版社, 1988.

产生的知识。因为通常新技术应用于市场需花费几年甚至数十年的时间，这足以让大多数国家去拉近彼此间科学知识的差距。经合组织的结论是，一国国际竞争力差距的主要决定因素不是发明而是把发明成功地转化为商业产品的能力（OECD，1968）。然而，一国的公司为何能够比其他工业国家的公司更好地将新技术商业化的机理尚不清楚，甚至某一特殊的技术和产品的需求出现在一个国家时，其他国家的市场却不愿意接受。需要注重科研人员与企业家的协同，这是协同创新效果的关键节点。而政策在科研人员与企业家的协同中起重要的引导作用。比如在我国当前采用课题资助等供给方创新政策，科研人员通过申请、立项、结题就可以获得资助，就没有动力去将研究成果推向市场化，因为与其去找买家还不如搁置在家，转而再去申报新的课题，获取新的资助。

四、形成领先市场

主导产业实现了商业化以后，能否成为领先市场取决于这一创新设计能否适合市场需求，这涉及核心技术和潜在市场的识别两个方面。

首先，要区别先进技术与核心技术。先进技术有可能出现在传统产业，如基于价值链分割的"外包"技术充其量属于先进技术。但核心技术最可能出现在主导产业中。拥有先进技术可以提高效率，但运用于产业后可能出现产业路线错误。发展中国家拥有先进技术，很可能就被锁定在传统产业之中，大部分的对外直接投资都是处于产业周期中成熟期的技术，企业的目的在于攫取最后的利润。对发展中国家而言，运用这些"先进技术"看似赶上了工业化，也在一定程度上进行了产业结构调整，但这只能是"有增长而无发展"。这就是"雁阵模式"和产业梯度转移理论的欺骗性所在。而核心技术由于专利保护等原因，越来越难以引进，想要获得技术溢出更难。因为技术转移并不像将硬件设备从一个地方运送到地球的另一个地方那么简单。所以领先市场是建立在核心技术基础上的。

发展中国家通常通过购买或者"以市场换技术"的方式获得技术，即使能够"获得"核心技术，也不可能真正获得技术能力。一味地购买，就会陷入"温水煮青蛙"的陷阱中，而且技术能力也会倒退。美国特朗普总统上台之后，不断地发起与中国的贸易摩擦，其底气就来自中国对美国核心技术的依赖，最明显的就是对中兴通讯的制裁。中国要从"中兴事件"中痛定思痛，使坏事转化为好事。

核心技术周期与经济周期经常不同步，门施在《技术的僵局》中认为"创新在萧条时期趋于集聚"。① 因为在市场饱和时，商家无法从原有的产品中获取利润，必须求助于新产品，但即使是这样新产品也屡遭拒绝，而在经济萧条中，恶劣的经济环境具备新产品上线的土壤。

因为领先市场成功的精髓在于激进创新之后，对核心技术持续不断的渐进创新。渐进创新没有明确的边界，不会因为新产品"首次商业化"而止步。如在日本半导体领先市场等事例中，就发现开发是永无止境的一项活动。单独的每一项开发可能都不太起眼，也不会引起人们过分的关注。但是，要想成为领先市场，就要生产出适销对路的商品，这是必要条件。当然，辅之以适合新产业的生产模式、生产组织等也是必须的。

其次，在潜在市场方面，领先市场不是简单的扩散和技术的渐进创新，市场和管理创新尤为重要。模仿者并不总是选择与创新者相同的技术，仿效者也并不是在前人技术进化轨道的同一切入点切入。什么样的需求会推动其发展才是重要的，比如互联网进入中国以后，真正起作用的是在流通领域的支付方式，然后才能返回制造业——物联网和人工智能等领域。因为新的主导设计刚刚出现时"物不美价不廉"，其原因可能在于技术不完美、产业链（尤其是基础设施）不完善、成本较高、规模效益差，消费者甚至对这一需求无所谓或者根本没有认识。所以在市场推广方面难度极大，因为消费者存在从众性、盲目性，所以消费者也是技术锁定的重要原因。正如西方谚语说的，"雪崩发生时，没有一片雪花是无辜的"。所以消费者是需要"教育"的。设计适合新产业的商业模式对"既定"偏好的消费者实施"教育"是可以实现偏好跃迁的，这样才可能产生主导产业。生产适应消费者还是引领和教育消费者？也是类似于鸡生蛋、蛋生鸡的故事。

希培尔就非常重视消费者在创新中的重要作用，他认为智慧型消费者（希培尔所指的领先用户）是创新的重要源泉。领先用户固然重要，但是只有将主导设计由小众市场推向大众市场才有可能产生潜在市场。如19世纪中期美国的居民中很多就具备领先用户的特质。如来自世界各地的移民可以在需求方面相互启发，在美国社会中，存在众多的中产阶级农民和工艺者，而欧洲更多的是贫农和农场劳动者。同时，远离城市的农民对农机有大量需求，其意义不只是对农机产业本身的发展起重要作用，更重要的是推动铁路业乃至装备制造业的产生与发展，最终扩大对钢铁

---

① 加拿大经济家凯斯德（Keirstead，1948）的1948年在其关于熊彼特的经济学著作中将不断变化的创新群聚描述为"创新集聚"（克里斯·弗里曼．光阴似箭［M］．北京：中国人民大学出版社［M］．2007：144）。

业的需求，而钢铁业就是第二次工业革命的主导产业，所以美国在19世纪占据钢铁业的领先市场不是没有理由的。再如计算机出现后几十年，微软公司将计算机推向世界的千家万户才成为主导产业，美国挖掘了这样的潜在市场才成为领先市场。当然潜在市场不一定就是本国市场，如马克思就非常强调海外市场扩大所引起的利润增加的机会；李斯特却对国内市场异常强调。领先市场中潜在市场出现的场所，与主导产业的产品周期相关，在产品早期和成熟期，为打开销路，国际、国内两个市场都是很重要的，尤其是统一的国内大市场。如德国的关税同盟、铁路建设和美国"国内改善"都是这一目的；但是到了衰落期，为了找到新的主导产业，关闭国际市场是十分必要的，这在事实上已经转化为领先市场退出政策。如2010年以来，安倍政权不断制造与中国的摩擦。从短期的会计核算来看，肯定是得不偿失的，但其目的着眼于长期的产业结构调整，因为如果中国对其半导体的需求持续旺盛的话，日本国内要进行产业结构提升就非常困难。反之，如果中国对日本的家电市场萎缩，大量家电产业亏本，才能迫使这些企业进行结构升级。当然这种壮士断腕式的调整，风险可能过大，因为它关闭了中国对其半导体产品的市场，而当它的新产业出现以后，再要打开中国这一巨大的市场的难度也会增大。

第六节　领先市场模型

　　发达国家的国际专业化分工的起源仍然是个谜。人们一直认为国家间的专业化分工及其带来的增长是由于国家战略规划和技术能力的不同。但模拟手机是在美国发明的，为什么芬兰的诺基亚曾经一度成为全球手机市场的领导者，而该公司在之前20年还是一家化学品公司；传真机是在美国和德国发明的，但日本却在传真机产业独领风骚。在计算机产业的诞生中，美国和欧洲在科学上具有同等的竞争力，但为什么美国在个人计算机（PC）领域独具优势呢？最新的可能是约翰斯顿的案例研究（1999年），其有足够的证据证明日本半导体产业中许多最成功的创新都是由美国和欧洲研发出来的。

　　我们必须解释为什么需求是在创新设计被某一国家采用后才会在其他国家出现。弗农（1966）、弗兰科（1976）、蒂尔顿（1971）等的史料研究和纳尔逊（1999）的案例研究事实上已经发现，一个成功的全球性创新在国与国之间的扩散是由需求缺口所引起的，而这种需求缺口造成的技术差距，很大程度上是生产力差距。经合组织（OECD）在20世纪60年代就指出，经合组织国家之间在科学能力上差距并不是很明显。所以，从技术和市场的综合角度进行分析显得尤为重要。谨记每个国家有不同的产品线或技术，对创新所采用的意愿不同，需要用领先-滞后市场模式解释（如图9-4所示）。

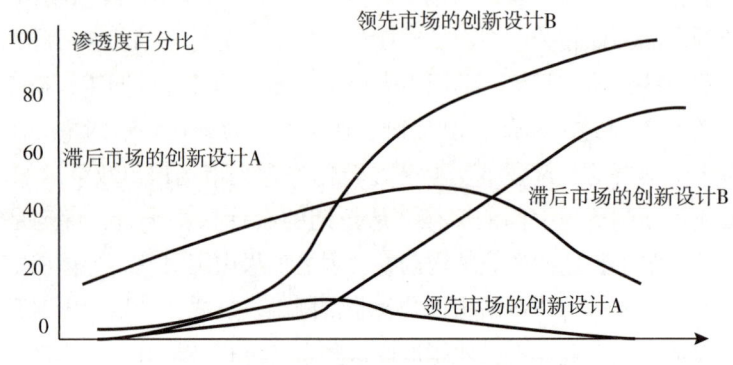

图9-4　相互竞争的国家设计的国际化扩散

一国所推崇的创新设计有可能会很快地出现在世界市场上，从而产生足够的竞争力，我们就说该国形成了该产业的领先市场。许多国家提供的创新设计都在同一技术和质量水平上，往往在技术上不相上下。创新设计之间的竞争出现在不同的层次上。例如，欧洲的蜂窝式电话标准GSM与其他蜂窝式移动电话标准竞争的同时还与传呼机和卫星系统进行竞争；类似地，除核反应堆不同设计间的竞争外，核能也与风能竞争。因此，在这里所使用的创新设计这一术语涵盖了所有大体上能彼此相互替代的技术，同时，不仅包含了有形的技术产品，而且还包含了软饮料配方、技术甚至是技术流程。例如，丹麦选择了一条不同的技术发展路径，从一代风力发电机到另一代风力发电机，这开始于从20世纪80年代小型的发电机型到90年代大型的发电机型（Beise，2003）。

创新设计不仅同其他的创新设计竞争，也与那些性能不断改善的传统设计竞争。例如，在汽车业，新一代燃料电池动力汽车，将与混合动力汽车及性能已升级的内燃机汽车竞争。然而，全球标准化的产品和流程观测数据的存在，并不表明消费者的偏好是均等的。国家特定创新设计之间及创新设计和成熟产品间的竞争，会引发占主导地位的设计的出现[①]，加之出于经济合理性的考虑，

[①] 一个主导设计被定义为大部用户采用的设计（厄特巴克，1994），全球性的主导设计是大多数国家采用，与国家主导设计相比，它只是不仅在一国内采用。

各国将陆续采用或转为相同的设计。在研究几个成功的创新的过程中，我们发现那些迟于成功采用某个全球性创新设计的国家，是源于他们一开始就推崇不同的设计。

图9-4描述的是程式化的国际采用模式，这种模式带有竞争性创新设计特点，在这种创新设计里一种设计会脱颖而出成为一种风靡全球的创新。一个明显的例子就是电传机和传真机间的竞争（如图9-5所示）。

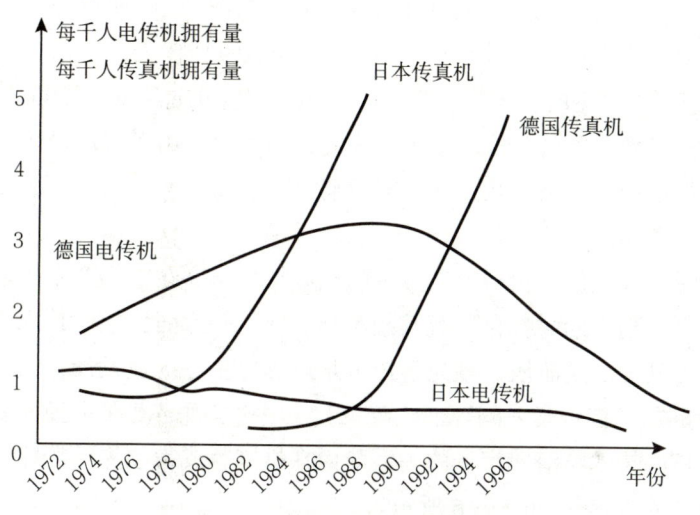

图9-5　传真机和电传机的竞争

根据Peterson（1995）的研究，20世纪80年代的美国、日本和德国在传真机技术领域的技术知识不相上下，而且这些国家的早期产品质量都同样先进。尽管传真机在西方市场出现了很长一段时间，却在日本取得了巨大的市场成功。因为最初人们认为电传机更实用，所以拒绝接受传真机。因此，在全球占主导地位的创新设计意味着一国市场环境已经影响着世界市场。但当创新不能取代成熟产品时[如人造皮革未能取代皮革，见弗里曼和苏特（1997）]，那些选择成熟产品、拒绝创新的国家会因他们最初的技术选择在世界市场盛行而在某种意义上被误认为是领先市场。领先市场更宽泛的定义是其他国家都效仿其技术选择的市场。

对于领先市场的形成原因，过往的分析大体综合为以下几种：价格优势、需求优势、转移优势、出口优势、开放性、客户的偏好、测试的条件等。这些因素都是领先市场的结果而不是原因。这种倒果为因的最大危害就是它会导致宿命论和静态论，即缺乏以上优势的国家或地区，就无法获取主导产品的领先市场。历史表明，只是具备以上静态"优势"的国家或地区的领先市场不会长久的。这些"优势"往往是基于历史的数据，无法预测未来。相反，在未来产业发展中这些"优势"很可能演变成劣势，因为优势是动态的、历史的，所以动态的"人造"优势才是根本。Rainer Walz 的创新导向政策和 Klaus Rennings 的严格管制才称得上是领先市场的原因。这方面的例证很多，如英法重商主义政策是英国纺织品成为领先市场的原因；科学、技术与制度共生演化是德国成为有机化工领先市场的原因；19 世纪的"美国体系"则为美国在多次产业革命中领先奠定了基础；光电转换器（PV）的领先市场没有在日本而是在美国形成，是美国政府补贴的政策使然（Beise，2004）。Thomas Reiss 和 Sybille Hinze（2004）认为德国医药的主要需求来自于公共医疗系统。为此，领先市场的形成原因不能局限于市场规模，要从市场之外去寻找，如国家战略、产业政策、创新政策、教育和培训制度、企业制度等。

综合来说，领先市场包括上述分析的核心技术与潜在市场两个维度，两者相辅相成、不可分割，同时各自又有其相对独立性。一方面，核心技术需要潜在市场的支持，尤其是早期阶段，领先客户不足以支撑主导产业发展，政策的作用在早期就尤为重要（首台套采购等创新政策）。另一方面，潜在市场需要核心技术作为引导。核心技术与潜在市场的关系与内在机制就成为领先市场比较核心和需要有重大突破的内容（如图 9-6 所示）。

有核心技术 非潜在市场	有核心技术 潜在市场	有核心技术
无核心技术 非潜在市场	无核心技术 潜在市场	无核心技术
非潜在市场	潜在市场	

图 9-6　领先市场分类

第七节　由滞后市场到领先市场：领先市场策略

弗里曼将创新战略分为四种：进取型的创新战略、保守型战略、仿制型或依赖型战略、传统型或机会主义战略,并且把这些公司战略类型与国家联系起来。通常认为进取型中大多是美国公司,发展中国家大多数公司是模仿型、依赖型或传统型的,欧洲的国家处于中间状态,比较小的工业国家的公司则是保守型的,因为它不能冒进取型战略的风险,也缺少科学的环境与市场。[①] 这种将企业战略与国家联系的研究属于经验研究,容易导致一种宿命论,欠缺解释力而容易受到攻击。如诺基亚就是来自小国;英国在第一次工业革命中既是小国,也是发展中国家;德国在1871年之前是发展中国家。与弗里曼的企业战略分类不同的是,这些国家在赶超时期大多采取的是弗里曼说定义的"进取型的创新战略"。正确的战略分类要与产业周期联系起来。国家或者企业应该在产业周期的不同的阶段采取不同的战略。正是在这个意义上,格申克隆才提出了后发优势,也就是在产业发展中,为什么强者恒强的现象很少出现。

在地理意义上,在熊彼特的"创造性破坏"中,"创造"和"破坏"常常发生在世界的不同地方,这就是熊彼特发展经济学的核心。例如,曼彻斯特的纺织厂代替了孟加拉的纺织工人,致使英国总督在寄往伦敦家中的信说道,"这一悲剧在贸易史上是史无前例的,棉纺织工人的尸骨正在漂白着印度平原",这意味着在英国出现了"创造"而在棉纺织业的先期领先者印度出现的是"破坏"。

先发国家很容易陷入先发劣势(如路径锁定),后发赶超国家可以通过路径创造而具有后发优势。先发劣势来自对旧技术进行技术改造的成本要小于引入新技术的成本;旧技术的固定资产和基础设施更新困难;对旧技术的改造依然会有较高的利润;教育系统、工程师以及技术人员培训系统的惯性会加强对旧技术的依赖而使探索技术新领域变得困难(罗森伯格,2004)。再者,一项技术"死亡"的过程确实很慢,因为使用旧技术的公司,已经完全收回了投资,所以他们有能力使用削价的方法压倒采取新技术的公司,19世纪的帆船与蒸汽轮船的竞争是这一过程的一个著名的例子,于是这又被称为"帆船效应"。

彼得·霍尔(2008)引用了索尔和拜厄特1968年的研究成果,他们探讨"维多利亚时期"的生产安排对英国机械和电子产业产生的影响。英国的帝国角色使英国企业家们对世界上其他半工业化国家(Semi-industrialized Nations)更感兴趣且更易立足。这些国家对英国旧工业部门(如机床、锅炉和重型机械)的强烈需求使资本流向了这些旧的部门,而不是流向英国国内低迷的现代工业部

[①] 克里斯·弗里曼,罗克·苏特. 工业创新经济学[M]. 北京:北京大学出版社,2004:353-354.

门，如生产轻型机床的这些部门。同时，在19世纪80年代，英国的确也产生了一些电力工程企业，但英国工业长期对蒸汽机（本身是早期工业化的结果）的依赖自然限制了对电力产品的需求。即使是德国西门子在英国的分支机构在1914年前也表现得很糟糕。而与此同时，由于德国和美国的企业没有广泛使用其他（自然）能源，20世纪初两国的电力企业便蓬勃发展起来了。

同时，情景脉络都是特定的。各国历史演化范式、发展阶段和收入水平都不同，导致各国制度结构、技术发展阶段不同。所以，同一时期不同国家的发展战略和创新模式会有所差异，即每一个国家都有自己的国家创新体系和结构。这就是纳尔逊所说的，国家在"产业组合"上的差异强烈地影响着国家创新体系的形态。

由此，滞后市场转变为领先市场的可能性是很大的，政府可以营造良好的政策环境促进技术的商业化、鼓励出口等，使其成为全球性的主导设计。滞后市场到领先市场的策略有以下几种：

其一，技术引进型：直接从国外引进主导产业的技术，加以改造或研究后改进（如图9-7所示）。如日本的半导体技术就是日本利用美国希望建立新的世界体系的软肋，而从美国引进了当时还未成为主导产业的半导体技术，发展成为其领先市场。这种策略的第一步是要引进技术，但是难点在于潜在市场的寻找，而且容易导致过度强调技术引进、忽视基础研究。

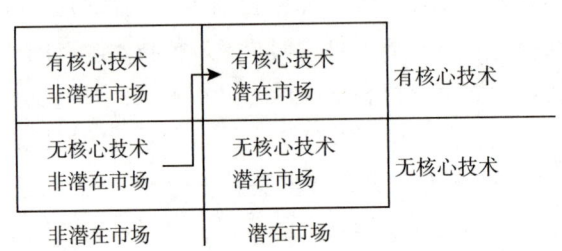

图9-7　领先市场策略之技术引进型

其二，开发市场型：在本国的市场狭小或对新的产业虽有市场但未开发出来的情况下，要成为其领先市场必须开发市场（如图9-8所示）。如英国在第一次工业革命之前，对于纺织业，无论是麻纺还是毛纺、棉纺都没有技术，但尤其缺乏的是市场，于是利用其殖民体系和大西洋三角贸易等措施扩大其市场。这种策略的障碍在于会因市场广阔、利润丰厚而缺乏钻研下一轮新技术的动力。

其三，研发型：不拥有核心技术却是其潜在的领先市场，可以结合自身市场环境利用别国核心技术或通过研发形成领先市场，从而获得国家竞争优势（如图

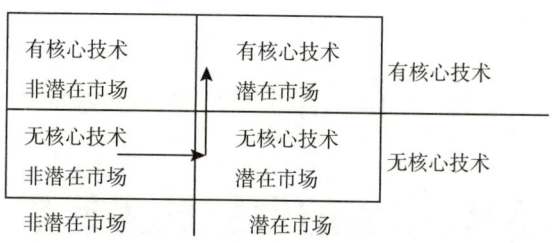

图 9-8　领先市场策略之开发市场型

9-9 所示）。如美国几次在主导产业中的领先和德国在第二次工业革命中的钢铁、有机化学工业以及芬兰的无线通信业的发展都是这种类型。

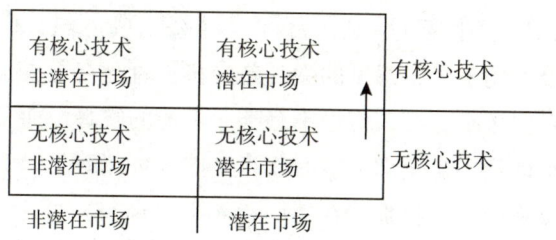

图 9-9　领先市场策略之研发型

其四，输出型：拥有某些核心技术但并非其潜在的领先市场，企业应该首先识别其潜在领先市场，并在领先市场而不是在本国进行研发、生产和销售（如图 9-10 所示）。跨国公司将生产者服务业，如研发、生产和销售向国外输出，就属于这种情况。

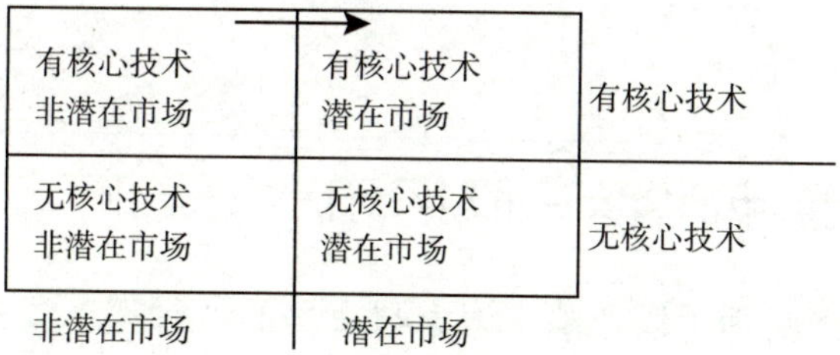

图 9-10　领先市场策略之输出型

第十章

领先市场的创新政策体系

领先市场是一曲曲既无开头也无结尾的乐章,但它仍在奏响。讲到领先市场变更时,熊彼特说,上层旅馆总是满员,只是不同时期享受的旅客不一样。解释领先市场"为什么"发生变更,比解释"是什么"或"怎么样"难度更大。对于任何一个宏大事件的解释,意见的尖锐差异将一直存在下去。任何给定关于事件的解释,无论看似多么真实,都绝不是唯一可能的解释。而且因为学者们也是凡人,在他们当中即使不是全部,也有相当多的人怀揣着自己的偏好和倾向,自然易于选择并无疑将坚持选择那些在他们看来不但真实,而且投合自身情趣的解释(兰德斯,2007)。新的主导产业尤其是要成为其领先市场没有免费的游戏花车,不是偶然形成的,不是被迫的结果,也不是发挥比较优势和自由市场的结果,而是"人造优势"的功劳,必须进行主动政策选择。

第一节 领先市场建设的政策的几点认识

一、产业发展中的国家与市场:对抗还是互补

经济学在经济治理手段上陷于国家与市场的"钟摆"式的"沃尔夫选择"(即道宾所指的国家—市场连续谱)中,总是探讨市场与政府的界限在哪里,这很难概括国家间及其产业发展的差别。亚当·斯密对市场"无形的手"无限推崇,认为政府则是"守夜人",经济学似乎对此无异议。"历史的发展好像一个钟摆"(陈平),当斯密理论无法解决大萧条时,"凯恩斯革命"应运而生,20世纪四五十年代的大部分经济学家都倒向了凯恩斯学派,强调政府的作用。20

世纪70年代的"滞涨",又使人们发现"尽管看不见的手是脆弱的,但是看得见的手却是残废的"(巴格沃蒂,2010)。于是20世纪80年代以来,经济学家们又"迷途知返",进入新自由主义的阵营,有大量反对政府作用的声音,即"凯恩斯革命的革命"。类似的观点还有很多,有所谓"相互替代论""相互补充论""完全排斥论"。即使是"相互补充论"也只是名义上的补充,实则还是对抗论。其实国家与市场就犹如一个家庭的夫妻,融为一体,既不是对立关系,也不是互补关系。西方主流经济学一直局限于微观市场和宏观政府关系的讨论之中,以至于只学习了主流经济学的一些学者居然不知道何为"产业政策",因为在他们看来,产业政策会导致寻租和"挑选优胜者"现象。即使是在探讨政府与市场的关系中,也仅仅停留在交易领域,即把政府当作市场交易手段的补充和弥补方式。事实上,国家与市场之间的对抗只是20世纪80年代以来的突出特征,始终纠缠于"看得见的手"与"看不见的手"这种板块式、形而上学的僵化思维方式中,无论如何也是纠缠不清的。所以,不跳离国家与市场的严格两分法的藩篱,永远也无法找到答案。这里最重要的问题是要澄清国家的本质。

国家是在特定区域内为国民提供公共产品和社会福利的装置。亚当·斯密笔下的"抽象的国家"只是发达国家的骗局。当前的世界,与李斯特所处的时代一样,仍然为各主权国家所分割,各个国家的独立利益依然存在。发达国家凭借政治与经济优势,尤其是明显的技术与金融优势,打着全球化的旗帜,更加牢牢地主宰全球的政治经济秩序。从政府的角度,格申克龙指出德国、美国等国的工业化没有遵循英国发达后的道路来追赶英国,原因就在于它们的政治领袖在筹划自己国家的工业革命时,会选择让政府承担更积极的角色。对格申克龙而言,通过政府投资和政府指导来追求经济增长的决定是具有战略性意义的。19世纪中期,当英国实行单方面的自由放任主义时,其他国家(主要是德国和美国)则更多地采用政府干涉,于是才赶上了英国。

发达国家并非天生就经济发达,几乎每个成功的国家在"追赶"其他国家时都采用了积极的工业、贸易和技术政策,尤其是幼稚工业保护政策。14世纪爱德华三世,18世纪罗伯特·沃波尔、弗兰德·里克、哈密尔顿,19世纪美国、德国或瑞典一直到20世纪东亚和法国的政策制定者们,都被一些共同原理指引着,都是强调组织和制度尤其是国家因素,如国家战略、产业政策、创新政策等对于国家主导产业的形成就具有决定性的作用。伦德瓦尔认为,制度的设定和功能是决定创新体系效率的关键。演化经济学反对交易主义,并不是认为市场不重要,恰恰相反,演化经济学认为真正的金矿是政策引导下的市场,即贸易结构才是市场的真谛。美国 19 世纪以来的经济政策史在数百个参议院演讲中体现：记录了关于经济政策的争论的原始资料不会在经济史和经济思想史中出现。美国自己的历史被意识形态所掩盖。

国家与市场是息息相关的有机整体，统一于一国之中进行交互作用。市场的不稳定会使企业等经济主体无所适从，最终还得将企业推向国家。同时国家可以摆脱各个利益集团的影响，以自己的政策来维护民族利益，因而市场建设是离不开国家建设的。演化经济学从系统的角度，将国家与市场看作交互作用的社会过程。

赖纳特在《国家在经济增长中的作用》中指出，国家在产业的生产中尤其重要作用。认为国家或政府有三种主要作用：一是制度的提供者；二是蛋糕分享和风险分担；三是在增进国民财富（增大蛋糕规模）中的作用。赖纳特强调第三个即国家在生产中的作用，包括：①引导国家进入"恰当的"产业；②在"恰当的"产业中创造比较优势；③国家作为一个基础设施供应商的作用被强调；④制定标准；⑤国家在提供有技能的劳动力和企业家方面负有责任；⑥创造需求；⑦国家作为高级产品需求者；⑧对知识价值和教育本身的强调；⑨国家作为最后的企业家和资本家；等等。

结合本书的案例，国家政策与市场的作用在主导产业上体现为，在主导产业的搜寻与领先市场建设方面政府应该积极主动地作为；主导产业一经进入成熟期，政府的政策则是对其进行消极引导或退出，更多地由企业和市场去发展。

在主导产业的搜寻与领先市场建设方面，政府应该积极主动地作为。原因在于：①主导产业的搜寻事实上是属于激进创新，激进创新需要基础研究的突破，而从历史经验来看政府是基础研究的最大投入者，通过大学或者科研院所进行。②在基础研究的成果与市场的接洽方面政府功不可没。③主导产业搜寻和领先市场建设属于国家战略，不仅仅是经济战略，与政治也息息相关。

主导产业的早期为什么不能纯粹由企业去单打独斗？①利润率方面的原因。由于主导产业早期利润率低甚至为负，在达到有利润前就破产了，企业不愿意投资，而原有的主导产业在衰退期的早期还有很高的利润率，即使是衰退期的后期，由于原有的主导产业属于战略产业，企业通过技术改造、差异化或规模化等市场营销手段还可能活下来。②生产要素转换的困难大，人才问题是首要问题，固定资产更新改造难。③科研实力不济。虽然存在部分企业"用自己的钱做基础研究"[1] 但

---

[1] Rosenberg N. Why do Firms do Basic Research with Their Own Money? [J]. Research Policy, 1990, 19 (2): 165.

毕竟是凤毛麟角。④企业家的战略意识不够。⑤对新行业熟悉程度不够。

我们再回到熊彼特开创的"创新理论"。熊彼特认为创新是资本主义的本质，企业家是资本主义的灵魂人物。熊彼特接下来提出"创新与企业家共同决定了资本主义的兴衰和经济发展的周期"，并强调了企业家精神和创新的重要性。为什么熊彼特匪夷所思地在此将"创新"和"企业家"并列起来？熊彼特并没有作出说明。在普通大众的眼中，创新只是企业家的责任，或者说创新的唯一主体就是企业家。而从熊彼特的行文与逻辑中，是得不出这样的结论的。是熊彼特笔误还是故意留下研究的空间？熊彼特的创新只能涵盖"熊彼特Ⅰ型创新"（个体企业家创新）、"熊彼特Ⅱ型创新"（大企业集团创新），而对于更加强调创新体系和创新政策作用的集聚创新（熊彼特Ⅲ型）和国家创新体系（熊彼特Ⅳ型创新）熊彼特研究体系无法涵盖。笔者认为，领先市场理论可以弥补熊彼特留下的空间，突破熊彼特技术创新的界限，即领先市场理论能够真正涵盖国家和企业家的结合、创新和企业家的结合、国家政策与市场结合的问题。

二、技术、市场与制度共生演化

领先市场建设是个系统工程，涉及技术创新（包括激进创新与渐进创新）、组织与制度创新、管理创新、文化创新、营销创新、思维创新等。尤其是第二次工业革命以来，制度、技术与市场的共生演化一直是领先市场建设的法宝。

制度的特点是具有稳定性和惰性。本书所指的制度包括国家宏观经济政策、经济组织模式和企业生产组织模式。如结合钱德勒的分类，我们将现代工业经济组织模式分为四种类型：美国模式（竞争管理型资本主义）、英国模式（个人资本主义）、德国模式（合作管理型资本主义）和日本模式（政府管理型资本主义），再如企业生产组织模式包括福特制和丰田模式等。这些模式代表了一定时期、一定产业发展模式，当然它们之间也具有一定的承继性质。例如，19世纪70年代到20世纪70年代初美国模式已经逐步取代了英国模式，并深受德国企业家和工程师们推崇和模仿。美国模式领先于旧的"世界车间"并成为全世界的工业标准。美国模式又为德国的发展提供了依据，使美国技术适应德国环境而产生了德国模式，同时德国模式对美国技术和企业组织形式进行了显著的改变，成为一个有德国特色的制造业的组成部分。①

---

① 钱德勒. 大企业和国民财富 [M]. 北京：北京大学出版社，2004：144.

企业制度（包括组织能力）与产业相关，不同的产业需要不同的组织能力，但也有一定的共性，如丰田模式就是在继承了福特制大规模生产的基础上，针对个性化消费创新的产物。所以，夕阳产业生搬硬套新产业的组织方式也是非常错误的。同样地，新产业套用夕阳产业的组织方式也是不能成功的。钱德勒指出，发展组织能力的全面失败削弱了英国工业与英国经济。19世纪中期以后，英国的制造业还是凭借劳动密集型的生产方式参与竞争——相对低廉的成本、勤奋工作的劳动力，但是由于缺乏新的生产组织方式，英国的企业无法仿照、利用甚至抵制美国人的大规模生产技术。因为他们可以不改变生产组织方式，只是通过诱使温顺的工人延迟工时、降低个人工资、降低自己的利润率、技术改造等手段，同样可以适应竞争。所以，英国的经济就倾向于低价值增殖、低技术、高专业化分工，而没能建立起像IBM那种具有强大组织能力的公司去争夺领先地位。

技术作为生产力则具有活跃性，日积月累在进行点滴变化。所以，社会制度的变化常常滞后于生产力的变化，技术和制度之间的冲突也在所难免：技术是动态因素，而制度则是静态因素，技术起决定作用。在新的主导产业出现之时社会制度没法及时调整。究其原因，处于旧主导产业的领先市场，尤其当主导产业处于成熟期或衰落初期时，利益集团已经形成。虽然该产业走向夕阳，但利润率却很高甚至上升，这就是传统产业的舒适区——均衡。企业不会轻言退出，否则就是丢了当下的高利润和高市场化占有率这一"大西瓜"，而去捡一个自己不熟悉的、充满不确定性的"小芝麻"。不仅如此，这时的企业还要通过加大投资或兼并重组，把市场推向寡头或垄断状态以建立进入壁垒，避免新进入者的竞争以独占和攫取最后的利润。同时，这些利益集团还以就业和税收等理由引导国家产业政策来维护这一"支柱产业"，从而挤占创新资金和人才等，进而使国家失去下一轮领先的机会。这就是1860年之后英国走向衰落的主要原因之一。这也是凡勃伦指出的大企业主、金融家以及投资者等有闲阶级的保守性、"恪守利益"和"公道作风"。这是否与熊彼特所说的"资本主义的本质在于创新"相矛盾？事实上，熊彼特又把资本主义比作一家旅馆，总会有人居住在豪华楼层，但住的人总是在变化。

市场不仅仅是商品交易的地方，还是交易关系的总和，市场是"经济学的一个中心概念"，也是"一个难以捉摸的概念"，但它并不是一个抽象的概念，而是要与具体的情境结合才能得以理解的。领先市场中的市场就是一个带有历史性、情境性的概念，它在一国出现与该国的情境和特定产业相关，在某一国家都会有产生、发展和被替换的过程。与技术类似，市场也是动态的，包括交易主体随着交易对象的变化而变更。同时领先市场是一种与市场主权相关的概念,包括两层含义:一是指领先市场在竞争者中占据优势地位甚至垄断,能够赚取持续租金或垄断租金;二是在领先市场与消费者的关系中,两者地位也有不平等性,它可以引导消费者去消费。

如何处理具有稳定性的制度与具有灵活特性的技术、市场之间的关系?类似的研究中,马克思从宏大的历史中给出了生产力与生产关系的关系,佩蕾丝在《技术革命与金融资本》中也给出了制度与技术的分析框架。但是,政策的调节与协调是最重要的。

三、利用先发劣势,发挥后发优势

钱德勒在《规模与范围》中谈及"先行者"在管理组织方面和规模经济或范围经济方面的优势,包括生产工序、管理团队的经验和巨额投资、顾客的数量和顾客的特殊需要、商标包装。总之,先行者不仅在利用规模和范围的成本优势上是领先者,而且在发展所有职能活动——生产、经销、采购、研究、筹措资金和一般管理的能力上都有先起步的优势,或者说先行者具有一种有利的学习曲线。后来者通常还可能从他们的竞争对手(先行者)手中购买专利[1]。其他先发优势理论也认为先发者具有资源、人才、技术、市场等的优势。

这些先发优势理论还是停滞在前一产业之中,对于本书不足为据。在新的产业中,一般认为在新一轮技术周期面前,每个国家所处的情境都是一样的,或者说在新技术经济范式的产业面前每个国家都是新兴产业(或者说是幼稚产业)。所以在前一产业中具有的优势,可能恰恰就成了劣势。

这与格申科龙描述的欧洲后来者居上具有相似之处。他在总结经济追赶成功国家经验后于1962年提出"后发优势理论"或"落后的有利性""落后得益",即后起国家工业化过程中存在很多先发国家不具备的特质性的有利条件。格申克龙指出这种优势根本不是传统比较优势所认为的资源禀赋、人口规模、国土面积等。他提出了一个历史的范畴,认为这种优势"涉及的主要是时间纬度"。格申克龙得出的结论主要有十点:①一个国家越落后,它就越要采取重要的措施去赶超邻国,因此其工业化进程越迅速;②一个国家越落后,它就越有可能从外国进口和仿制最先进的机器而获得完美技术,从而生产效率比老牌工业国家可能还

---

[1] 艾尔弗雷德·钱德勒. 规模与范围:工业资本主义的原动力 [M]. 北京:华夏出版社,2006:31-32.

高，因为老牌工业国家的设备陈旧不堪；③一个国家越落后，它的企业规模将越庞大，因为它们可以采取最现代化的生产组织形式；④一个国家越落后，为了弥补熟练工人的不足，越需要用资本替代劳动；⑤一个国家越落后，它就越具有选择生产资料部门作为工业化启动的倾向，从重工业部门入手进行工业化，以期在较快的时间里缩短和先进国家的差距；⑥一个国家越落后，它的工业化就越是自觉的，通常是在国家的领导或鼓励下进行的，更加具有政治上的动机；⑦一个国家越落后，为了填补国内储蓄的缺口，投资银行的作用就越大；⑧一个国家越落后，对外国的技术和财政的依赖就越强；⑨一个国家越落后，越需要最大限度地提取、积累和提高投资率，大众生活水平提高的压力也越来越大；⑩一个国家越落后，农业对工业化的作用就越小。格申克龙最终的政策建议是后发国家对先进技术的引进和模仿是后发国家获得高速发展的首要保障因素，因为这样可以节约科研经费和时间，快速培养本国人才，高起点地推进工业化。

首先，格申克龙的后发优势理论的核心是"替代性"问题。这个替代性，不限于资源条件和时间节约，更主要的是选择与先进国家相异的发展模式与发展道路。他认为在发展模式上存在殊途同归的可能性。其次，格申克龙的后发优势理论只是专注于"高起点地推进工业化"，即后发国家通过不同于先发国家的发展模式进行技术追赶，而没有认识到后发国家真正的优势是在新的主导产业上的变道赶超。再次，格申克龙在对后发国家的政策建议上的历史观还有欠缺。按照他的建议，后发国家只在原有的产业上有后发优势，这是一种追赶而无超越的建议。事实上，后发国家超越先发国家也是比比皆是，而且一般不是在原有的成熟产业上进行超越的。最后，他关于"技术引进和模仿"的政策建议也是我们所不认同的。其他如罗伯特·巴罗和萨拉易马丁、范艾肯也都是强调技术模仿或引进创新，实现技术与经济赶超。

美国社会学家 M. 列维从现代化的角度，从对现代化认识、组织结构、跳越先发国家的一些必经发展阶段以及获取发达国家的资本和技术支持等角度，将后发优势理论具体化。之后，1989 年阿伯拉莫维茨（Abramoitz）的"追赶假说"认为，社会能力是后发国家经济追赶的内在因素，这种社会能力是教育等形成的不同技术能力以及政治、商业、工业和财经制度等。1993 年，伯利兹、保罗·克鲁格曼等（Brezis, Paul Krugman）在后发优势理论的基础上提出的"蛙跳"（Leap-flogging）模型看似触及了产业结构问题，但其过度强调技术进步，认为后进国可以直接选择和采用某些处于技术生命周期成熟前阶段的技术，以高新技术为起点，在某些领域、某些产业实施技术赶超。所以，"蛙跳"模型事实上就是在原产业上的赶超，是产业梯度转移的"提高版"。同时，他所指的"某些领域、某些产业"指代非常不清楚，况且领先市场都不是"直接选择"的结果，有效的技术赶超和蛙跳式跃进都是非自发性和不可预料的。

以上后发优势理论的共同之处在于，只是认识到技术与效率的后发优势，不同之处在于，有些后发优势理论指的是后发国家在模仿和引进技术方面有后发优势，有些则认识到技术替代性方面的优势。但是，这些理论都没有认识到后发国家在新的主导产业上的后发优势，更加没有从领先市场层面认识到后发国家的优势。上述的后发优势理论充其量只是提及"弯道超车"，但却没有"变道超车"的思路，而后者才是真正的后发优势。因为在原有产业的领先市场上，后发国家没有追赶的可能，因为先发国家具有人才、技术、市场等优势。只有在以下情形才会有追赶的可能性：①先发国家放弃继续领先该产业；②先发国家率先改道追求新的主导产业；③对产业的认识出现偏差。

第二节　重新定位需求方创新政策

研究表明，作为高质量产品的高级需求者，国家对创新产品的需求为创新产品能够进行低成本、大规模生产奠定了基础。同时，国家对技术边界的前移发挥着极为重要的作用，所以需求方创新政策就凸显出来。

需求方创新政策理论认为，创新是供求双方不断进行创造性互动的结果。目前对于需求方创新政策的研究还没有受到足够的关注，也还没有统一定义。Georghiou在《迷失的需求方》中将需求方创新政策定义为，通过增加创新需求、界定新产品和服务的功能要求或更好地联合需求，来诱导创新并加速创新扩散的所有公共措施。通常的看法是，需求方创新政策是用适当的创新需求来引导、激发、促进创新活动，也被称为"鼓励创新的需求方政策"。其目的是促进创新吸收，加速创新扩散，提升公共需求，引导和刺激私人需求，提高创新要求，促进创新供需均衡和领先市场的形成。与供给方创新政策以技术研发投入为出发点不同的是，需求方政策措施主要包括面向创新的公共采购，制定规则和标准，培育领先市场以及推动来自需求方的创新等。

如果说供给方创新政策类似于企业市场营销中的"推"的策略的话，需求方创新政策则是"拉"的策略，着力点不同，效果就会不同。但是在理论和实践中，人们注重研发补贴等供给方创新政策而根本没有重视需求对创新的拉动，用一个恰当的比喻就是，用剪刀的一刃来剪纸，想象一下试图只用剪刀其中的一刃来剪纸的情形，这几乎就是不可能的。然而，当前的政策恰恰就是用"剪刀的一刃来剪纸"的情形。我们过度依赖供给方面的措施来推动技术，忽略了需求方在推动创新过程中所扮演的关键性角色。我们需要运用剪刀的双刃来剪纸。[①] 20世纪70年代以后，众多学者呼吁政府应重视需求——特别是领先市场在创新上所起的拉动作用，并开始了对领先市场的研究。这里笔者以政府创新采购为例重新认识需求方创新政策，就显得特别重要。

一、需求方创新政策的潜能巨大，是领先市场的"发动机"

需求是创新活动的重要潜在源头。需求方创新政策在许多工业部门中发挥的作用比政府提供的相当水平的研发经费支持更加重要。Sfinno数据库收集的芬兰1984~1998年所有商业化创新项目中，有48%的都是公共采购或政府规制激发的。近年来公共采购一直处于创新政策讨论的最中心，如欧盟15个国家的GDP总和中，有16.3%是公共采购拉动的（Georghiou，2006）。很多发达国家和新兴工业化国家和地区都利用政府采购政策来扶持和促进自主创新，如苏联与美国对军事的扶持和北欧对民用产品的需求，日韩的微电子工业、德国的环保产业处于世界领先水平，都与公共采购密切相关。公共采购也是建筑、医疗和交通部门企业需求的关键来源。

芬兰政府对诺基亚的直接采购就是典型的需求方创新政策，这为诺基亚的起步阶段注入了资金。如20世纪70~80年代诺基亚信息产业开始时期，其开发的DXZOO就获得了政府强有力的支持。诺基亚研发支出约占到全国企业研发投资的50%，芬兰创新体系中的公共部门——芬兰国家技术局（芬兰技术发展中心）持续对诺基亚提供研发资金，诺基亚是长期获得研究发展资金的主要公司。诺基亚利用芬兰政府对电信放松管制和积极支持企业发展的政策来发展自己，如1994年电信法修改有利于许多中小运营商，既打破了大运营商的垄断，又促进了企业间的竞争，实现了本地长途和国际电信业务的自由竞争。

---

① Luke Georghiou. Demanding. Innovation：Lead Markets，Public Procurement and Innovation ［J］. London：NESTA，2007.

二、需求方创新政策是领先市场的"接生婆"

创新产品生命周期性特征决定了创新的不确定性，而创新初期的企业经营困难却是确定的。早期领先用户虽然可以获得先用技术的好处，但是从领先用户到领先市场需要无数个领先用户早期采用创新或者由一个拥有足够购买力的单个用户来独立建立一个市场，因而创新者的风险大小取决于领先用户的多寡或领先市场的规模。因为创新产品往往质量不如意或基础设施与配套产业链不完整，普通消费者不认可创新产品是情有可原的。如何将创新需求成功转化成市场需求，需要突破一个很高的需求门槛，亦称为需求阈值（threshold）。而在技术初创阶段，足够多的需求量往往是难以保证的。所以实际上，人们的新奇念头从不间断，创新需求也无处不在；但许多零星的创新需求却因为低于阈值，都被淹没在了短视的市场行为中，而没能转换成实际的市场需求。为此，政府早期的创新性采购，如通过"首台套采购"充当领先用户，一是给企业注入资金和活力；二是促使企业继续研发，改进技术、制度、结构等，为创新扩散寻找更好的突破口；三是引领市场，启示和教育消费者扩大市场需求。所以，需求方创新政策在产品生命周期早期最具有影响力，即如果需求方创新政策能够在一个创新产业早期提供一个稳定的、因而可以做出清晰预期的市场，企业就能够大大降低创新过程中技术与市场的不确定性，即政府充当创新产品"接生婆"意义重大。

三、需求方创新政策加速领先市场形成，是创新扩散的加速器

创新吸收是创新扩散的前提。由于供给方创新政策尤其是对科研院所的研发投入，在专利出现以后企业对其认识不足，市场化的瓶颈非常明显。成功的创新产品采购，凭借在公共服务和基础设施中的广泛使用，往往能够有效地形成技术标准（Georghiou，2007）。技术标准的作用，在于极大地提高技术信息的沟通甚至取代技术信息的沟通——不用经历复杂的性能沟通而直接以约定的技术规格进行交易，这样需求方创新政策就可以极大地简化技术信息在后续传播中的复杂沟通。所以，创新采购有利于技术信息的后续传播和创新扩散，使创新产品迅速成为其领先市场。如日本的"领跑者计划"为汽车、电视、计算机、照明灯和空调等领域的企业制定了目前市场上最高能效水平的节能标准，并要求生产商在 4~8 年内确保其所有产品的平均能效值达到该标准要求，从而使日本一举成为世界节能技术出口大国。

四、需求方创新政策作用于全创新链，避免创新系统效应缺失

需求问题之所以在今天日益受到重视，主要是由于在现今开放式创新网络环境中，信息和通信（ICT）技术迅猛发展，参与创新的终端用户数量日益增多，需求和供给之间的互动和反馈起着越来越重要的作用，这种反馈的质量和效率会直接影响创新的扩散和吸收。供给方创新政策的理论基础主要来源于创新线性模型，存在系统失灵的问题，其关注重点是技术研发领域。需求方政策由于直接作用于创新产品，通过对创新产品的关注，来关注全创新链和强调供求互动反馈，将市场和用户的需求与诉求置于政策制定的逻辑起点，这样供求脱节和"各管一段"式的系统效应缺失问题就得以解决。

五、借助需求方创新政策提升公共需求，刺激私人需求

领先市场的目的在于培育创新产品的市场。需求方创新政策就是通过政府作为领先用户采购那些还没有打开市场的高效技术产品，以此促进其发展，同时带动民间的研发创新与风险资本参与。政府撬动创新活动的杠杆主要是创新导向的采购。如前商业化采购近年来受到多国重视，它一般不是对现有的产品、服务或解决方案进行采购，而是以问题为导向，实施创新采购，形成对创新产品的需求。需求方创新政策通过对市场起风向标的作用，最有效、最直接地刺激私人需求，包括刺激消费者和企业两个方面。刺激消费者需求的政策有财政补贴和税收优惠等，如美国对新能源汽车的购买者最高可免除3400美元所得税，这种创新的财税政策已经为多国所效仿，再如日本100多种节能设备的购买者可获得占购买价的7%税收减免。在刺激企业创新需求方面，主要工具是创新券，即企业运用政府的创新券购买研发人员以及科研成果等。荷兰通过三轮创新券政策试验后，创新券的实施领域不断扩大，效果明显。

第三节 基于领先市场的创新政策的理念与体系

在领先市场政策理念上，第一，政策的原则性要与灵活性结合。战略上需要原则性，战术上需要的是灵活性。原则性是要咬住领先市场，关注国家的持续发

展，在不同产业的不同发展阶段，需要不同的政策才能最终达到领先市场，稍有不慎就会半途而废；灵活性就是在政策及其组合上要因时、因地、因产业的不同而异。通观本书的案例，霸权国家的出现都是因为原则性与灵活性结合得很好，反之就会出现霸权旁落。

第二，政策尽量兼顾科学上的可行性和技术上的可行性，但更加重要的是经济上的可行性。多个国家在赶超过程中政策设计有些复杂，甚至是顾左右而言他，事实上这是对产业间的协调，尤其是在工农业循环累积方面认识清晰以后才能达到的，如美国在西进运动中，对于人口稀少的西部要实现"就地工业化"就是一个匪夷所思的和繁复的设计：首先增地办大学，大学办农学专业，免费对农民进行教育，农学专业导致农业发展，农业发展就有了农机的需求。这样就造就了自我循环的"就地工业化"体系。事实上，增地办大学是当时美国西进运动迫不得已的政策选择，兼具了经济、技术和科学上的可行性。我们在前面提及，美国西部农业对农机的需求的意义还不止于此，因为农机生产促成了农机生产这一装备制造业的发展，与铁路建设等一起产生了对钢铁的大量需求，而钢铁业恰恰就是第二次工业革命的主导产业。在李斯特的建议下，德国大力发展铁路建设也有异曲同工之妙。1957 年，毛泽东在谈到苏联过度重视重工业的教训时，强调发展农业对于工业化的极端重要性，提出了"农业就是工业"的独特命题。这也是今天非常值得回味的。

第三，注重均质化的、统一的国内大市场建设，美国西进运动的"就地工业化"政策同样也是国内均质化大市场建设的典范。德国在国家政治统一之前先实施关税同盟和铁路建设也是统一的国内大市场的经典之作。均质化的、统一的国内大市场建设为这两个国家在第二次工业革命的领先市场建设做好了铺垫。

而现代西方主流经济学认为不需要产业政策，主要原因是难以挑选优胜者，这是对发展中国家的骗局，意欲通过自由化、市场化、国家化使发展中国家的市场和经济"细碎化"，然后任由其跨国公司整合全球市场，控制全球（主要是发展中国家）的经济命脉。

一、教育、人才政策如何引领领先市场

教育培养人才，人才为社会服务。然而何为人才？人才适合社会还是人才引领社会经济发展？现在主流的观点是人才要适合社会发展。笔者从领先市场角度出发，认为人才是个动态概念，教育尤其是高等教育的作用，一方面是要培养适

应社会的人才，除解决当下的民生问题以外，最重要的其实是培养引领产业发展的人才。另一方面是政策应该更加关注"引领性"人才的培养。而任由"市场"选择则必然导致教育结构和人才结构的畸形发展，这对国家经济发展和领先市场建设不利。

德国在19世纪40年代提出了"国兴科教"的国策，政策制定者不仅认识到科教的重要性，而且认为振兴科教是国家的责任，同时他们非常明确"科教"规模本身与经济发展不是一对一的正向关系，振兴科教规模不是目的，教育结构才至关重要，即培养"什么样的人"才是关键。于是德国进一步提出了"教学科研与产业相结合"和重视技术教育的方略。"国兴科教"与重视技术教育的结合使德国的教育本身不至于过度产业化、功利化，尤其不至于为招生规模而进行的恶性竞争。这种教育政策为德国培养了大量技术人才，这些就是19世纪中期对经济起重要引领作用的人才。所以，恰恰是在英国化学家数量上占据绝对优势时，德国却从英国手中抢占了有机化学产业，原因就在于英国具备大量的化学家而德国在有机化学家的数目上占优势。有学者在总结"美国是怎样成为世界科技强国的"一文中也持有类似观点：在19世纪美国最有才华、在电磁学发展最有贡献的科学家亨利，比起同时代的英国科学家法拉第、麦克斯韦仍逊色不少。[①]20世纪80年代我国开始改革开放时，急需大量外语人才，似乎懂得外语的就是人才；20世纪90年代IT产业兴起，计算机专业的毕业生就是人才；21世纪的今天，学金融、会计的就被认为是人才。反之，一些"长线专业"在我国高等教育中已经被冷落多年，这种高等教育就是被动"适应"社会的局面，应当警醒。

二、激进创新与渐进创新循环累积中的政策组合

创新存在两条路径：一是激进创新，即进行基础研究，开辟蓝海；二是渐进创新，如日本发挥模仿创新的优势，对主导产业进行引进、消化、吸收再创新。激进创新在经济中的传播与渐进创新不一样，产品创新往往进入高门槛和利润高，就像是亨利·福特和比尔·盖茨那样。而渐进创新主要是扩大规模、提高效率。当福特的车作为拖拉机进入农业，或者比尔·盖茨的技术用于酒店预订时，其主要作用是降低价格而不是提高工资。激进创新侧重于创新的结果，它的成果

---

① 樊春良.美国是怎样成为世界科技强国的[J].学术前沿，2016（5）：38-47.

主要表现为新产品，所以也叫产品创新。而渐进创新更加重视创新过程，成果表现为对各种生产要素改进或要素组合的新变化，也称为工序创新。激进创新常常形成不完全竞争和高工资，而渐进创新（新方法生产老产品）则常常创造价格竞争，形成工资压力。

创新经济学为技术创新提供了大量素材，但是比较产品创新与渐进创新的交替与重叠是理解领先市场动态性的关键。认识不到这种交替与重叠关系，一国的领先市场充其量也只是会在某一产业昙花一现，无法实现经济的可持续发展。同一产业在生命周期的不同阶段创新的内容不同，早期创新主要是产品创新，后期主要是渐进创新，这就要求国家处理好两者关系。同时，在某一产业成为主导产业时，就应该未雨绸缪进行下一轮主导产业的搜寻与产品创新。

"如果只依靠产品创新而没有相应的加工流程渐进创新，美国是否继续领先还未验证"①。事实上，本书所列举的国家赶超都是建立在产品创新的基础上的，即使有些产品创新不是发生在本国。维奥蒂（1997）认为，美德追赶是通过产品创新而不是棉纺织业上的渐进创新来实现的，甚至当时德国和美国的政策根本就不太重视纺织业；美国20世纪90年代的复苏就是建立在IT产业的产品创新之上的。正确的办法是产品创新与渐进创新交替进行，产品创新与渐进创新没有明显的界限，产品创新中有工序创新，工序创新之中有产品创新。这需要从哲学的质变与量变关系来理解。通常，重大的产品创新需要重大的基础理论创新，产品创新之后需要工序创新将其优越性逐渐挖掘，而当工序创新达到一定量的积累之后，就有可能发生新的产品创新。日本只有工序创新，所以其发展战略为"追赶型"而非"超越型"。日本在电子消费品循序渐进的改进工作已经不仅是追赶的活动，而且能使日本人以完全不同的方式为日本集成电路公司带来超乎想象的利益。日本公司在对家电技术的持续开发中获得的先期经验是很有利的。日本开发成功消费类电子产品后，却被美国公司看作"二流"技术，但最终它却成为日本领先的源泉。需要指出的是，家电的产品创新发生在美国，而渐进创新出现在日本，日本"沉迷"于渐进创新，而无法超越为产品创新。美国公司在20世纪70~80年代对民用产品的重要性认识不足，而是习惯性地依靠政府。最终是微软"救"了美国公司，让美国公司认识到了"民用"的巨大市场。可见IBM等巨头的产品创新和比尔·盖茨对市场的敏感度使个人电脑（PC）成为美国领先市场的又一典范。

---

① 罗森伯格. 探索黑箱：技术、经济学和历史 [M]. 王文勇，吕睿译. 北京：商务印书馆，2004：164.

在以 ICT 为标志的第五次技术革命业已完成，在第六次技术革命初露端倪的今天，通过模仿创新的战略要获得成功几乎是不可能的。不仅因为佩蕾丝所指的"成熟的产业没有赶超的机会"，也由于在新产业的成长期没有迅速跟进并占据领先市场的位置，也是没有成功的可能的。如 20 世纪 80 年代，美国没有通过渐进创新去追赶日本占据领先市场的半导体产业，转而进行激进创新，进入下一轮主导产业的 IT 业，并在 20 世纪 90 年代占据了 IT 产业的领先市场，进而推动了美国的再度繁荣。

三、市场政策

政策的制定者对市场的认识和把握，对于国家的经济走向，无论是正确还是错误，影响都是很大的。

首先，市场不是简单的平等派。平等的市场只在"对称贸易"中才可能出现，在"不对称贸易"中，供给与需求在不同时期有不同性质。同一种产品在不同时期有不同的性质，如农产品在重商主义时期与今日的美国性质不一样；制成品在重商主义时期与今日的中国对国家的重要性也是不一样的。

其次，区别国内市场与国际市场的差异。李斯特在 170 多年前就指出：向海外求财固然重要，但对国内市场的培养与保卫比国外市场重要十倍。因为国外市场存在巨大的不确定性。国内市场才是经济发展的定海神针，尤其是统一的、均质的国内大市场，对于即将起飞的阶段是最重要的动力。美国 19 世纪"高工资战略"和日本 1960 年"国民收入倍增计划"最大的目的在于扩大国内市场规模。在其政策制定者看来，高工资和收入增加是市场规模的扩大。美国 19 世纪提高工资不但使运用资本替代劳动（美国制造业体系和大规模生产）非常有利可图，而且更高的实际工资反过来又增加了需求，也创造了更多的就业机会，工资增长还为新的机械提供了刺激，新的机械化又会带来新的生产率提高，新的生产率提高又再次促使工资增加。同样服务部门的工资增长建立在工业部门生产率提高的基础上……。这样这些部门的福利得到螺旋式的上升。日本出台"国民收入倍增计划"之前的经济背景与中国当前阶段类似。1960 年前后，日本经济经过第二次世界大战后二三十年的高速增长，进入了发展中的市场瓶颈期，其症状为：内需不足，产能过剩，失业率高，收入差距大，通货膨胀和本币升值压力大，工农业、大小企业以及区域间双重结构的矛盾深厚，经济增长过度依赖投资。"国民收入倍增计划"通过扩大国内市场规模，助推了这一系列问题的解决。

即使开放利用国外市场,也需要充分认识进出口的产品结构对于一个国家主导产业和领先市场的重要性。在世界未联盟的今天,完全的自由贸易是乌托邦,但是普遍的保护也是有害的。即使是开放政策也充满智慧,比如中国台湾汽车市场的开放就是智慧的组合。中国台湾在汽车工业发展早期,开放高端汽车的进口而关闭低端汽车的进口,目的是学习汽车生产;在一定时期后关闭高端汽车的进口而开放低端汽车的进口,目的是要迫使台湾汽车工业走向高端,而固守低端汽车的企业必然被激烈的竞争所淘汰。中国台湾通过这种智慧的组合,使汽车工业有所发展。可见国际市场的运用也不能够只是用成本收益法来衡量,而应该成为发展本国先进产业的利器。关于外贸中的自由贸易与保护主义的关系问题,在本章第三节讨论。

最后,市场政策的真正核心是培育主导产业而不是扩大交易规模,通过交易或贸易结构优化,进一步达到提高国民收入和提高公共福利的目的。福格尔从市场交易和交易规模出发,认为铁路在美国19世纪的经济发展中并不重要,因为铁路与运河比较,仅仅提高国民生产总值的2.5%。按照这种规模论的逻辑,我们可以证明人的"心脏"也是不重要的,因为它仅仅占人体重量的2.5%。这种以物理学为基础的经济只能度量经济活动中量的差异,却不能抓住经济行为之间质的差别。同时,美国19世纪的铁路建设带来的整个经济发展是福格尔没有认识到的,福格尔更没有认识到的是,美国的铁路建设"偶然"地促成了美国成为钢铁业的领先市场,而钢铁业才是19世纪中期以后的主导产业。所以美国19世纪的铁路建设的意义在于,铁路建设扩大了国内市场规模,其中最重要的是使美国追逐到了钢铁产业,同时市场规模的扩大又使钢铁产业的领先市场得到加强。可见,美国在19世纪中期,抓住了铁路建设就抓住了我们所说的"牛鼻子",当然也是著名政治家克莱在遭到激烈反对的情况下还是要坚持他的美国体系,坚持发展交通系统,这也是克莱多次参选总统而当选的重要原因。"比起当总统,我宁可选择真理"是克莱对认识模糊的人们的回答。

四、技术政策

对于技术需要摒弃两个极端思想:一是想要在科学技术方面达到完全的自主创新。事实上,没有哪个国家能够在所有领域中都站在技术前沿。即使是最有实力的超级大国也没有这个能力。所以,国际性技术转让的确具有重大意义。二是完全依赖技术引进的思想。在这种思想的指引下,就会出现过度依赖外国技术,从而出现造不如买的思想，对一国经济的持续发展不利。我国曾一度出现的"市场换技术"的思路就存在不少问题，2018年的"中兴事件"为我们敲响了长鸣的警钟。

技术领先的国家限制关键技术外流，在工业化早期主要表现为控制熟练工人外流。如1719年，针对法国和俄国试图从英国征募技术工人的企图，英国政府出台禁止技术人员移民的法令，违者将重罚甚至坐牢。已经移民到国外的熟练工人，六个月内未回国的，英国将剥夺其英国境内的土地、物品和公民身份。这一禁令涵盖了所有工业，尤其是毛纺业、钢铁业、铜和其他金属业、制表业，并持续生效至100多年后的1825年。而当技术体现在机器设备中的时候，英国进一步控制机器出口。1750年，英国出台了禁止毛纺和丝绸工业设备出口的法案，同时加重了对去国外的技术人员的惩罚。1774年，控制棉花和亚麻工业的机械出口法案出台并于1781年重新修订，并扩大了禁止出口的工具范围等。1785年的器械法案禁止多种机械出口，这一禁令持续到1842年。

后发国家尽管经过各种各样合法的和非法的努力，然而技术上的追赶并非是一件易事。因为技术中的知识不会轻易转让，有时甚至引进技术工人也无法获取。兰德斯（2007）指出，即使在工业化时代，科技相对简单，以至于引进技术工人或者关键机械在理论上可以使技术效仿者达到先进国家的水平，欧洲大陆国家还是花费了数十年来吸收英国的技术。但这一说法还值得推敲。

到19世纪中期以后，由于禁令的效力日减和英国提倡自由贸易，以及专利和其他知识产权成为技术转让中的关键问题，英国在19世纪中期就取消了限制技术工人移民和机械出口的禁令。这种"免费的游戏花车"是否还会到来？

知识产权保护是个永远有争议的领域。世界专利的97%掌握在发达国家手中，所以知识产权保护事实上保护的是垄断。这种垄断性的知识产权保护并没有使发展中国家的R&D活动增多。当然，大多数发展中国家最重要的新知识从全世界角度来说不是真正新颖的知识，而是更适合其发展阶段的知识。发展中国家本来可以对幼稚产业进行保护，并运用适当的产业政策来鼓励与其发展阶段相适应的科技，但是这样的措施在WTO协议中也是被禁止的，尽管这些措施对发展中国家可能是有利的。美国总统杰斐逊指出，思想本身不能受限制或据为己有，因而发明不能成为财产实体，所以美国在1836年修订专利法之前，无需任何证明即可被授予专利。

检视当今发达国家的在赶超阶段的表现，我们发现，强有力地保护私有知识产权并不是其经济发展的必要条件。恰恰相反，直到其发展后期，它们对知识产权提供的是不完全的和较弱的保护。直到19世纪中期，英国和美国才出现了较强的知识产权保护制度。其他国家的这种机制出现得还更加晚些。即便如此，发达国家还是通过所谓的技术移民，甚至是有违知识产权保护的不法活动获得国外技术，如工业间谍、走私机械、侵犯商标法等。其中典型做法是，美国既设定了有关知识产权的最高标准——全球创意和新颖性，同时政府又采取多种措施认可并支持违反欧洲国家和个人的知识产权。同期，德国制造商一方面催促瑞士颁布专利法，另一方面却肆意侵犯英国商标。不仅如此，19世纪美国无视知识产权，使美国在欧洲人的智力基础上建立了一个工业强国，其工业机械和科技创新大多来自欧洲。同时在19世纪末，美国一方面强压其他国家改进专利法，接纳巴黎公约，另一方面自己却拒绝保护外国的版权。美国只是口头上服从国际知识产权的原则。可见，发达国家在知识产权保护方面兼具了"狩猎者"和"盗猎者"的双重身份。

所以，在技术政策方面，自主创新是前提，技术转让是补充，知识产权法不是越严厉越好，而是需要灵活机制。

五、创新中的金融政策

创新和领先市场建设是一个昂贵的过程，必须要付出足够的资源来启动、指引和维持。约瑟夫·熊彼特把资源配置尤其是金融资源配置的研究作为他创新研究的中心。熊彼特早期著作中关于经济的看法是，竞争性的资本主义经济会遵循一条倾向于稳固或均衡状态的路径。资源会沿着惯性路径流动，这被熊彼特称为"循环流转"，它们也就不能累积成存量，为此创新资金就没有着落。因此，熊彼特寄希望于不在现有商业体圈中占主流的那些"新"人企业家来驱动，并通过"信誉"的方式解决资金问题。而熊彼特后期创新模型中提出，在动态经济中，创新投资主要通过企业集团内部金融的银行系统作用。事实上，熊彼特企图在静态经济中使经济动态化是做不到的，他没有深刻地认识到利润的真正来源是创新租金。

金融经济学将金融问题看作经济学的核心。在经济思想史中，一直以来，总有经济学家试图透过"货币"的面纱（庇古1949年出版的书名）来捕捉真实的经济力量。演化经济学从创新出发，一直关注商品生产与服务（熊彼特所说的黑箱），而不是货币。安东尼·舍拉1613年就提及，如果经济过程作为一个整体功能正确，货币元素会照顾自己，不需要任何特定的治疗。这个"整体功能"值得我们深入思考，即不宜过度强调金融在经济中的作用。反之，经济脱实向虚必然出现，周而复始的金融危机必然出现，佩蕾丝在《技术革命与金融资本》中的结论是,金融资本脱离产业资本是金融危机的共性根源。总之,没有技术和创新产生的投资机遇,资本也是贫瘠的。正如熊彼特所说,将资本视为推动资本主义的引擎完全是陈词滥调。100多年前德美经济学家就已经理解非洲的生产模式是缺乏工业部门而不是缺乏资本。

为此,我们要理解金融的本质不应该是"财富提取"而是要为"财富创造"服务。金融政策也应该围绕这一思想进行,当前经济脱实向虚与金融思想和政策走偏是息息相关的。

六、外贸和外资政策要为打造领先市场服务

道格拉斯·诺思仅以进出口规模作为判断依据,认为美国在1807年禁运之前和1812~1815年英美战争之后出现了两个"无双的繁荣期",目的就是为自由贸易提供"正面"例证或者证明自由贸易是美国现代化思想的起点。这是很牵强的。自由贸易使美国的外贸规模比战争期间要大,这是毋庸置疑的,但是这是一种"有增长而无发展"式的繁荣,因为这对于美国的经济脱离英国的控制毫无益处,只会使其越陷越深,对于其产业结构调整和建立独立的工业体系更加有害。

笔者撰文予以反驳,认为杰弗逊禁运和1812~1815年英美战争才是美国现代化的起点,因为恰恰是这两次战争期间美国的产业结构和贸易结构得以调整,从而奠定了美国的工业体系。这两次事件的意义还在于,在政治独立以后,这是美国第一次经济上脱离英国控制的尝试。

20世纪60年代中期以前,对于大多数国家来说,总体的经济发展及特定产业、技术的进步都不够迅速。在寻求答案的过程中产生了新的学派,自由市场开始受到怀疑,产业和技术保护成为实现理想的主要手段,出口悲观主义使进口替代成为主导型发展的模式,缪尔达尔和刘易斯成为那个年代经济学的领导者。到了20世纪80年代,一方面实施进口替代路线的国家经济越来越衰弱,经济增长率和特定产业增长率处于低迷状态,另一方面实行出口导向型经济的国家,如亚洲四小龙在当时正在走向富裕。一时间,大批经济学家将"经济奇迹"当成一种公共物品——每位经济学家都可以从中找到对自己经济理论的证实(巴格瓦蒂,2010)。当时,大部分经济学家认为东亚奇迹是自由贸易市场政策的例证,这昙花一现的"奇迹"不得不让经济学界反思经济学及其政策问题。可见,基于交易主义的外贸政策是无法描述国家发展战略这种"宏大叙事"的(见表10-1)。

表 10-1　两个阶段国家发展战略比较

1980 年之前	1990 年之后
进口替代	出口导向
管制技术进口	自由技术进口
在国内投资科学与技术	政府不应该投资科学与技术
不鼓励外商直接投资	鼓励外商直接投资
选择战略部门	开放市场，自由竞争，不要选择赢家
印度、巴西、墨西哥	中国台湾、韩国、新加坡

在产业发展方面，主流观点认为，相较于自由贸易而言，保护主义让无效率的生产者存活的时间更长，因而保护主义阻碍了工业发展。这是对抽象的保护主义的批判。对外保护、对内自由需要相互配合，才能使两者殊途同归——提高本国的技术水平和掌握国家的经济主动权。

在今天产业保护的理由还没有消失，甚至保护主义更为系统化。保护主义不消失的原因包括国际竞争依然激烈、贸易条件尚未改善、幼稚产业仍需成长、国际收支仍要平衡、失业问题更加突出。除了哈密尔顿、李斯特所强调的关税保护外，当今世界保护措施多种多样，包括知识产权、政府补贴、汇率制度、环保标准等。对发展中国家极其不利的是，发达国家口头上大力倡导自由贸易，而发达国家的关税的确已降至很低水平，但是他们却大量运用非关税壁垒，如反倾销、环保壁垒、高筑技术壁垒来提高产业门槛。这样它们就可以在"自由"与"壁垒"之间进行"选择性使用"，一方面它们以"自由贸易的旗手"示人，另一方面却选择性地保护一定产业，尤其是主导产业和价值链高端产业。所以，发达国家的认识是非常清晰的，即国际贸易要服务于产业结构的调整。在起步阶段，英国、美国和德国政府从来不会放心把贸易留给"看不见的手"来操控。其政策共同的基点是对主导产业有利，即对外保护、对内自由，而不是相反。通观本书的案例，我们可以得出的结论是，普遍的自由和普遍的保护都是有害的（邓久根，2015）。

2016 年，在特朗普上台之后，美国就彻底撕下了假面具，走向了赤裸裸的保护主义。如退出 TPP，退出北美自由贸易协定，扬言要退出 WTO，制造与中国的贸易摩擦，制裁多个国家等，不一而足。特朗普将自由贸易的领袖和倡导者让位给了中国。美国企图通过这些措施使美国"制造业回归"，从而使美国再次强大，这还有待时日，因为看不出美国关于下一轮领先市场的政策体系。

另外，外资政策也是领先市场变更的重要原因。例如，美国在第二次工业革命中取代英国的领先市场，主要原因之一就在于实施了不同的外资政策，即不同的资本输出、输入方式。列宁指出资本主义自由竞争阶段的典型特征是商品输出，而帝国主义的典型特征是资本输出。资本输出的原因有主观和客观之分，客观上，在先进的国家里积累了大量的"过剩资本"，这就出现了资本输出的可能性；主观上，过剩资本输出可以获得比留在国内更高的利润。结果是"输出资本的国家已经把世界瓜分了"。对于资本输出的投向，列宁也做了一定研究。英国资本的大量输出以及法国的国外投资主要是在欧洲，德国的国外投资在欧美两洲之间分布得最平均。本书认为帝国主义出现分化的关键之一就在于资本输出的方式，而不是资本输出的总额和地区的投向。列宁只是笼统地指出"资本输出成了鼓励商品输出的手段"，[①] 没有对借贷资本输出与产业资本输出进行区分和深度分析。然而，不同的资本输出方式恰恰是理解核心国家更替的关键性要素之一。作为经济发展的动力，资本的作用是不言而喻的。美国取代英国，关键在于当时两国对待产业资本和金融资本输出的态度不同。

19世纪下半期，伦敦也成为世界金融中心。英国作为世界首富转向了货币资本输出，因为通过货币资本输出可以轻而易举地剪息票，从而获得了大量"财富"。当这种"钱生钱"的思想深入英国人的头脑之后，英国在第二次工业革命中的创新投入却大大地受到抑制。于是就有很多英国人抱怨说，这种投资形式似乎是英国为了短期效益而牺牲长期效益。英国在"金融资本必须向生产资本移交经济的领导权"时刻却走向其反面——金融帝国，导致缺乏产品创新的动力。英国没有汲取荷兰资本输出的教训，而是一味地模仿荷兰的金融制度与借贷资本输出来获取利息的收入，这就是列宁和马歇尔所指的"剪息票"，也是列宁所指的腐朽性。这种借贷资本输出是"亲者痛仇者快"的招数。借贷出去的资本不但培养了产业竞争对手，而且使国内失去了创新资本。

反观美国，它在经济起步阶段也同其他国家一样，经历过低收入进而低储蓄导致的资本缺乏阶段，难以启动经济增长，所以引进外资就成为首选。美国一直遵循亚历山大·汉密尔顿的思想。作为首任财政部长，汉密尔顿对资本缺乏的感受最为深刻，他指出，美国应该张开双臂欢迎外国投资，而不应该只把它视为敌对者，因为它们的进入有利于大大提高劳动生产率，并且能增加大批企业。但是在后来的政策执行中，美国采用的却是汉密尔顿的另外一个思想，"适当的国债

[①] 列宁. 列宁选集（第二卷）[M]. 北京：人民出版社，1995：629-630.

是有益于美国的",即美国大举举债,主要是向英国大量借钱(货币资本输入)而不是大量吸引英国的直接投资(生产资本)。

当然,英国没有向美国输出产业资本的原因与美国歧视甚至憎恨引进FDI有关。美国在赶超一开始就有这样高屋建瓴的外资结构战略,不能不感叹美国战略的深谋远虑。美国外资结构的作用虽然不宜过分夸大,但是它在成就美国产业帝国过程中的作用是不可磨灭的。阿布拉摩维兹和大卫(2000)、大卫和赖特(1997)以及赖特(2007)认为,与欧洲相比,美国19世纪的工业化属于自然资源和资本密集型。诚然,在19世纪尤其是后期,美国的资本形成主要来自高储蓄。在外资流入方面,美国对于外资一直持区别对待的态度:歧视甚至憎恨外国直接投资而欢迎借贷资本的输入。

表 10-2　外国投资在美国的分布状况　　　　　　　　　　单位:%

	1843年	1853年	1869年
政府债券	65	43	72
私人有价证券	23	16	17
直接投资	0	1	2
短期投资	12	40	10

资料来源:恩格尔曼.剑桥美国经济史(第二卷)[M].北京:中国人民大学出版社,2008:523.

表10-2从结构角度列举了外国投资在美国的分布状况,从数据可以看出:19世纪,美国在吸收资本输入中,直接投资比例一直很小,如1843~1869年一直维持在2%以下,即其余98%都是吸收的是借贷资本。仅就长期投资进行分析,在外国对美国投资中,间接投资所占份额最大,1869年达到总投资的89%。

美国一方面利用英国输入的货币资本,另一方面摒弃外国直接投资,目的就在于发展主导产业,因为这样可以使国家想要发展的主导产业(通常都是幼稚产业)免受冲击。美国并没有把从英国借来的资本来与英国在纺织业上形成正面竞争,而是另辟蹊径,投入在新的主导产业上,如钢铁、有机化学和电力产业。运用"比较优势理论"并不能理解,为什么美国没有发挥自己种植业的比较优势,恰恰发展了自己具有"比较劣势"的工业?而且发挥这种"比较劣势"也使美国在立国几十年后就引领了第二次工业革命,最终从英国手中夺过了"产业帝国"的地位,进而成就了世界霸权。美国在19世纪许多行业技术落后于欧洲国家,令人惊讶的是,这些行业中基本没有直接投资,而直接投资是开发优势技术的天然渠道。斯大林在1927年也有过评论，美国靠着外国的借款和长期的信用贷款以及对邻近国家和岛屿的掠夺，才把自己的工业建立起来。

可见，在充分肯定外资作用的同时，更应对外资进行细分，因为不同的外资形式对一国经济发展的作用是不同的。历史证明，有些种类的外资确实能促进经济发展，但有些形式的外资却使一国沦为其他国家的附庸。所以，笼统地对外资进行分析是有欺骗性的、错误的。正确的态度是要对外资的结构进行分析，这对今天发展中国家尤其是中国利用外资具有重大教益：不能开门揖盗，即我们需要利用外资而不能为外资所利用。

第四节 政策退出机制

与政策进入一样，政策退出机制也是领先市场的重要政策之一。在主导产业到达成熟期或者领先市场形成后，政策需要适时退出。这是国家在经济增长中的作用之一"引导国家进入恰当的产业"的另外一种视角。总体来说，这种政策包括积极的退出和消极的退出两种方式。

产业成熟后市场与技术的不确定性大大降低，需要的是工序创新以提高生产效率，这主要是由企业和市场完成，从而获得更大的活力。企业可以百花齐放地进行产品差异化或者规模化发展；而国家投入在工序创新上会因为高利润率导向而导致过度集中于"先进技术"，进而失去对"核心技术"的注意。而对先进技术继续运用政策，就会出现保护落后的问题，挤出效应也会非常明显。政策退出的目的是为下一轮主导产业的培养和领先市场的建设准备条件，或为国家经济可持续发展奠定基础。如果国家此时支持旧主导产业确实能够攫取可观而又可怜的利润，但这是一种短视行为。这种利润不应该是国家层面所看重的，国家的着眼点是引导企业进入具有垄断利润和创新租金的行业。这是国家创新政策退出的积极措施。

主导产业成熟的时候，国家甚至要有序引导企业退出。因为前后主导产业之间存在一定的重叠时期。往往前一主导产业成熟之际就是新的主导产业冒尖之时，如果企业想要长续发展，这时"两只眼"就必须有分工：一只眼睛盯着原有主导产业，另外一只眼睛盯着下一轮的主导产业。企业对重大科学和技术发展的研判可能存在不足，国家就应该一方面支持下一轮主导产业，另一方面引导企业逐渐退出原有的主导产业。尤其是对于在竞争中败退的企业，国家不必为了保持就业而向这种企业注入资本金，养企业不如养人，因为养企业会使沉淀在旧行业的资金无法转化为创新资金，而且与能够存活的企业形成恶性竞争。这些是国家创新政策退出的消极方式。

历史研究表明，在19世纪60年代，纺织业成为英国的领先市场，其运用的"自由"贸易政策事实上保护了"落后"的纺织业，因为当时的钢铁业、有机化学工业和电力产业已经暗流涌动，即将代替纺织业成为主导产业，英国却不为所动，还是运用自由贸易政策助推纺织业攫取高额利润，虽然从经济增长的角度来看，英国接下来还是出现了维多利亚繁荣，但却错过了领导下一轮主导产业的绝佳时机，即使这些产业最早大多出现在英国，如钢铁业和有机化学工业。

当然，创新政策的退出方式还可以有很多，如适时地对上一轮主导产业的产品取消出口退税，不仅如此还可以征收出口税或降低进口税等。需要强调的是，以上无论是积极的政策还是消极的退出政策都是国家领先市场政策的重要组成部分。

第十一章

变道超车：打造中国特色的领先市场

我国错过了第一次和第二次工业革命，是否可以通过抓住第三次工业革命的历史机遇，实现后来居上？发达国家的历史经验以及物种异地形成理论（贾根良，2004）都可以做出肯定的回答。原因在于，赶超并非是沿着既定技术轨迹持续发展，尤其在领先市场转换时期，赶超主要是关乎路径创造的问题，这一经验屡试不爽。第二次工业革命中，领先市场是新兴的德国和美国，而不是老牌帝国主义英国，其秘诀就在于德国和美国不是循着英国已经建立了优势的技术和产业进行深耕，而是另辟蹊径，"偷偷"地主导了钢铁、有机化学和电力等产业。而英国试图通过全球化战略，使第一次工业革命的纺织品占领世界的各个角落，却严重忽视了抢占第二次工业革命的技术领先地位，导致英国企业对新兴工业的投资严重不足。总之，几乎当今所有发达国家在其赶超阶段都无一例外实行了干预性的产业、贸易和技术（ITT）政策，以扶持本国的幼稚工业。反之，亦步亦趋的"雁阵"模式和"产业梯度转移"等滞后市场战略是不可能成功的。目前的中国与19世纪末的英国高度相似，差别在于当时的英国是第一次技术革命领先国，而我国现在并不是技术领先国（贾根良，2013）。鉴于此，中国运用中国特色社会主义道路实行变道超车，需要利用领先市场战略。

第一节 失海五百年：中国领先市场的丢失

中国的国家整体实力在唐宋时期达到巅峰，之后开始缓慢下降，明末下降速度加快，清朝又进一步加速下滑。1433年，郑和下西洋是中国探险的最后一次远航。当时郑和"宝船"①的船桨比西方的大船还长,比其后几十年哥伦布的"圣玛丽亚号"船还大很多倍。这次远航的帷幕降下以后,中国就退出了与世界进行经济海洋竞争乃至领先市场的竞争(如表11-1所示)。

"新航路"的开辟,尤其是美洲的发现、绕过非洲的航行,给新兴的资产阶级开辟了新的活动场所,东方的商品和航海贸易的利润直接加速了资本主义的原始积累,从而揭开了资本原始积累的序幕。海洋贸易竞争是非常重要的,但海航的目的差别以及是否参与海洋竞争还不是中国丢失领先市场的根本原因,造船业在当时就是很重要的主导产业,凭借中华民族的智慧完全可以将这些技术扩散到其他产业而维持中国的繁荣。所以,根本原因还在于对新一轮主导产业的探索并对其领先市场的漠视。

表11-1 西方新航路开辟与郑和下西洋的比较

项目	郑和下西洋	新航路开辟
目的	主要是政治目的:宣扬国威,加强海外联系、寻找珍奇异宝	主要是经济目的:侵占海外殖民地,掠夺财富,进行资本主义原始积累
方式	贡赐贸易,和平友好交往为主	武力抢掠
影响后果	增强了中国与亚非各国的友好关系;但贡赐贸易无益于国计民生,后来由于国力衰退而终止	世界开始连为一体;促进了欧洲资本主义成长,为欧洲资本主义时代到来奠定了物质基础;引发了西欧国家的殖民扩张热潮

积弱积贫的清朝政府也进行了一次旨在科技强国或工业强国的尝试——洋务运动,提出的口号为"中学为体,西学为用",但却走向"造不如买"的死胡同;新建的新型大学——北洋大学,旨在学习西洋技术,可是学生却是不买账,不愿意学习西洋技术,一心指望在北洋大学中求取功名。之后,孙中山的"产业救国"政策和1919年"五四运动"的"德先生""赛先生"都没能够救中国于水火之中。中华人民共和国成立后,我国的工业体系建设与布局有了巨大的进步,如苏联援建的156个项目和"三线"建设对中国工业体系、产业布局都作出了不可磨灭的基础性贡献。

---

① 《明史·郑和传》明确记载:宝船长四十四丈四尺,阔十八丈。

第二节　我国领先市场建设的软肋

一、产业选择战略走向不明

一段时期以来，我国的改革开放奉行的经济发展战略是基于比较优势理论制定的"国际大循环经济发展战略"。历史经验也表明国家在"未开发"时期适度开放是有意义的和必须的。这一战略在特殊的年代确实起了不可估量的作用，释放了市场的能量，经济确实取得了长期增长，从GDP数据来看中国超过日本成为第二大经济体。雷默将中国独特的发展道路称为"北京共识"，即"中国模式"。

该战略的核心是，利用中国丰富而廉价的劳动力"优势"，在沿海地区大力发展劳动密集型的加工业。沿海加工业的特点就是大搞来料加工业，"两头在外、大进大出"，将生产经营的两头——原材料和销售市场放到国际市场，来解决沿海与内地两方面的矛盾；主张的产业升级的顺序是劳动密集型产业到基础工业与基础设施，资金密集型产业再到附加价值高的重加工业。"以市场换技术"就是该战略的通俗说法或具体表现。"市场换取技术"就是通过让出市场，把技术寄希望于引进，通过国外技术的"溢出"，成就发展中国家企业的起步。

但若发展到一定阶段而不及时改变，结果就是把技术继续寄托于他人，就会成为企业进一步发展的阻碍，同时市场也寄托在别人的市场上。从效果来看，一段时期以来，中国虽然让出了市场，但在换核心技术上基本失败，变成了"以市场换资本、换生产线和成套设备"。虽然以"竞争性"价格获取了外国技术，但是花钱买到的只是"先进技术"而非核心技术。长此以往，最糟糕的事情就可能出现：一次次地购买技术，最终就会滑向技术依赖的深渊，从而消灭本国技术研发的能力。为此，国家科技部副部长刘燕华一针见血地指出："以市场换技术"是行不通的，发展科技只能靠自主创新。类似宝钢越来越感到"向国外购买先进技术和设备困难"的企业不在少数，2018年4月的"中兴事件"就是最好的教训。国家信息中心的高辉清也指出，外资给我们带来的是"虚假的繁荣"。可见，由"中国制造"转向"中国创造""中国智造"谈何容易。

随着形势的发展，国际大循环经济发展战略效用逐渐减退，从发展的可持续性与国家、产业和企业的创新力来看，问题不少。一方面是大学生就业难，另一方面是"民工荒"，这就足以说明我国产业的低端化现象还在持续；春运期间一票难求就说明我国区域经济结构不合理。其他问题如经济总量大、人均经济总量小；外贸总量大（外资企业约占进出口的"半壁江山"）、竞争力小（其中加工贸易占50%以上，高新技术出口中外资企业占88%以上）；"三农"问题依然严重；服务业比重依然偏小；企业改革方向不明等。所以，中国经济仍然不容乐观，受制于人的地方还有很多。这些问题都与我国一段时期以来缺乏领先市场战略不无关系。在本次危机中，我国的出口方面遭遇到了以美国为首的发达国家保护主义的堵截，在进口方面也遭遇到原材料、燃料涨价的尴尬。这导致国内经济结构畸形发展，我国外向型发展战略越来越带有依附性、缺乏目的性。历史上成功实现工业化的国家，无论采取进口替代还是出口导向政策，都是百般地呵护和培养国内市场，美国和日本就是明证。当危机到来时，我们没有培育好国内市场，而国外进口突然紧缩。从这个意义上说，所谓"中国模式"还为时尚早，"北京共识"取代"华盛顿共识"，不过是换个新"画皮"而已。所以，转向有中国特色的社会主义势在必行。

二、产业安全与经济结构问题

中国在政治上是主权国家，但需要注意的是新殖民主义的新动向。现代的殖民不再是政治主权的夺取，也不是军事力量的占领，而是经济殖民。拉美就是前车之鉴。经济战争有"对抗形式的经济战争"和"非对抗形式的经济战争"两种，前者包括如禁运、封锁、制裁；全球化属于后者，包括体系融合、体制改造、门户开放、技术封锁和产业打击、财富陷阱（黄树东，2009）。

首先，在没有掌控经济主权的情况下，创新型国家和领先市场建设就是一句空话。有关权威机构曾经公布了招商引资的成绩：在我国开放的28个行业中，外资处于前五位的有21个。此外，商业领域外资的控制也呈加速趋势，等等。因此，如果放任外资企业垄断我国的流通渠道，中国的企业将沦为国外流通企业贴牌产品的加工车间。"在这种情况下，自主创新怎么搞？难道跨国公司是中国自主创新的主体？"

其次，利润是创新投入的动力，市场是创新最宝贵的资源。据报道，外资企业创造了中国约1/3的工业产值，出口却占中国全部出口的60%，中国高新技术产品出口的88%是外资企业实现的。在发展中国家，FDI与本国企业增强自主创新能力是矛盾的。商务部国际贸易经济合作研究院院长霍建国在做客中国经济网时表示，中国每出口1000亿美元产品，美国都可以获益800亿美元，中国仅获得200亿美元。因此，产业结构调整成为了"十三五"规划的核心内容。

最后，技术溢出问题。企图通过外商直接投资来获得技术溢出效应是微乎其微的，尤其是核心技术。西方国家对我国的直接投资由原来的合资转向独资就可见一斑，而且独资化的趋势越来越明显。因为外商直接投资的根本意图是攫取长期而稳定的高额垄断利润，甚至是控制发展中国家的产业乃至于政治取向。事实上，美国20世纪80年代建立的外商投资委员会常常以外国企业具有"战略意图"为由，将外国的直接投资拒于美国国门之外。期望美国等发达国家通过对外直接投资将技术送上门来，那是痴心妄想。

关于产业结构问题，2015年工信部部长苗圩指出："中国制造"不像我们想象的那么强大，在全球制造业的四级梯队中，中国还处于第三梯队，而且这种格局在短时间内难有根本性改变，第三梯队是中低端制造领域，主要是一些新兴国家，包括中国。[①] 以汽车产业为例，从20世纪六七十年代开始，长春、上海等地就有汽车制造厂及其研发团队。自从20世纪80年代引进德国大众以后，我国的国产汽车品牌就被废掉了，研发队伍也散了，研发平台也没有了。一段时期以来，中国的汽车制造业只是不断地购买国外的"先进"生产线。曾经一度，90%的中国汽车市场由国外公司垄断。

反之，中国要对发达国家进行对外直接投资就非常困难。2007年美国出台了《外国投资与国家安全法》，进一步完善了美国的外资并购国家安全审查制度。在我国现行的法律制度中，对于外资并购国家安全审查只有一些原则性规定，尚无一套切实可行的审查制度。

三、对外开放过度，对内市场分割依然严重

目前，我国对外技术依存度高达50%，美国、日本仅为5%左右；我国设备投资有60%以上要靠进口；高科技产品出口中80%为外资企业的出口。向国外支付专利费中，手机占售价的20%，数控机床占售价的20%~40%。国外的核心技术，有些花钱也不卖，有些则只卖产品，不给技术。如被称为航天员的"生命之塔"的神舟六号逃逸塔。同时，国外企业通过对中国直接投资等方式，利用自身

---

① 苗圩. "中国制造"不像想象的那么强大 [EB/OL]. http://guba.eastmoney.com/news, zsgjdjia, 753517314. html.

优势打垮中国的民族品牌（如柯达公司），遏制合资企业开发新产品或新技术，以较为优厚的薪水和待遇"挖走"了我国许多优秀人才，等等。当然，随着"一带一路"和自由贸易区建设，这种状况有望出现改变。

关于外商直接投资对我国当前经济的影响的文章，歌功颂德的铺天盖地，专门谈及其负面影响的不多，主要有贾根良、张敬一、王数、郭飞、曹晓蕾等，本书认为郭飞的看法比较全面，具体体现为：①控制了我国某些行业和市场；②大量民族品牌产品相继被挤出市场；③国有资产大量流失；④加剧资源短缺，恶化生态环境；⑤加剧我国地区经济发展的不平衡。

近年来，外商"独资化"趋势在中国明显增加。外商在华直接投资方式主要有中外合资经营企业、中外合作经营企业、外商独资经营企业和合作开发。其他投资方式包括补偿贸易、加工装配、BOT、投资性公司、外商投资股份公司、购并等。改革开放以来外商对我国的投资明显经过了三个过程：中外合作阶段、中外合资阶段和外商独资阶段。20世纪80年代中期以前，以中外合作为主；从1986年开始进入了合资为主的阶段，如1986年实际利用外资中，合资额为8.04亿美元，合作额为7.94亿美元，独资额为0.16亿美元，合资额开始超过合作额，这之后中外合资经营取代中外合作方式成为最主要的投资方式。2000年以后就进入了独资化阶段。如2000年合资额为143.43亿美元，合作额为65.96亿美元，独资额为192.64亿美元，独资额开始超过合资额。近年来，独资化趋势日益明显，如2003年合资额（153.92亿美元）不及独资额的一半（333.84亿美元），合作额为（38.36亿美元）不及独资额的1/8①，独资额占比达64%。而到2005年独资额就占据76%，这一占比一直攀升。

李向京等撰文指出外商独资化的三重原因：首先，内部化是跨国公司独资化的表层原因。独资是跨国公司实现内部优势最好的选择，实现了内部化也就是提高了跨国公司从事国际生产的水平，退出合资而变为独资只是降低交易费用、加强企业内部化程度的一种行动，是跨国公司的一种理性选择。其次，制度环境对跨国公司经营方式的变化起到了相当大的作用，跨国公司的独资化现象很大程度上受到了这种制度变革的影响，区位变量的变化是跨国公司独资化的一个重要原因。最后，保持垄断优势是跨国公司独资的根本原因。独资有利于跨国公司在新兴行业中的自由发展，提高整个公司的运行效率，形成垄断地位，会给跨国公司

---

① http://wiki.mbalib.com/wiki/%E5%A4%96%E5%95%86%E7%8B%AC%E8%B5%84%E5%8C%96.

带来巨大的经济利益，而盈利是企业经营的根本目标（李向京和廖进中，2006）。历史表明，从创新的角度出发，依赖跨国公司实现技术进步是不现实的。

与此相反，我国在经济发展过程中，市场分割现象依然严重。竞争型政府虽然是好事，能促使积极性政府或者发展型政府的出现，于是各地纷纷出现崛起、赶超的现象。但是官员出于政绩（GDP）的需要，对本地市场的保护依然严重，事实上就产生了对内的壁垒和保护。尤其是在"不为所有，但为所在"的招商引资的政策指引下，各级地方政府展开了比市场竞争更为激烈的竞争。竞争的手段一方面是改善投资环境的竞争，如"四乱"（乱收费、乱罚款、乱检查、乱摊派）、"四多"（会议多、文件多、检查多、培训多），另一方面是给予外商"超国民待遇"的竞争，如给予外商土地、税收等方面的优惠"四最"政策。于是乎降低环保要求，使许多高污染、高能耗的企业也被视为香饽饽而引进，致使当地环境急剧恶化、资源过度消耗，这是一种"自残式"的竞争、"杀鸡取卵式"的增长，是名副其实的"打向低端的竞争"（竞次）。这虽然会产生短时繁荣，从长期来看这绝对不是一条可持续发展之路。这种错误的招商引资思想导致地方政府的恶性竞争，其结果是对外自由，对内客观上形成封闭。

四、对创新政策的认识与实施偏差

创新政策工具选择的主要缺陷是过分注重供给方而轻视需求方创新政策。在支持科技创新产品进入和拓展市场，支持相关产业起步、成长方面，需求方创新政策是促进创新更为重要的手段。一直以来，我国过分重视供给方而对需求方创新政策认识不足的情形还没有得到根本改变（如表11-2所示）。

表11-2 20世纪80年代以来我国主要技术创新政策措施

序号	重要事件	时间	要点
1	国家技术改造计划	1982年	提高国有企业的技术装备水平（其中技术引进是重要的内容）
2	国家科技攻关计划	1983年	国家科技计划——国家五年计划的组成部分
3	国家重点技术发展项目计划	1981年	扶持国有企业的重点产品和关键技术
4	民营科技型企业	20世纪80年代	新生的R&D生产经营实体，结束了国家从事R&D的单一体制
5	国家重点实验室建设计划	1984年	加强基础性研究

续表

序号	重要事件	时间	要点
6	国家重点工业性试验项目计划	1984年	与科技攻关、研究开发计划相衔接,以年度计划滚动安排
7	技术市场	1984年	改善技术交易的环境条件
8	国家科技进步奖	1984年	加强对科技成果的应用和推广的奖励
9	专利法和专利制度	1985年	开始引入专利制度
10	风险投资	1985年	建立专门的科技风险投资机构
11	星火计划	1986年	开发与扩散用于农村的新型和适用的技术
12	改革科研拨款制度	1986年	改变单一的国家拨款制度,扩大R&D资金渠道,实施合同制
13	国家自然科学基金	1986年	引入竞争机制支持基础研究
14	实施聘任制	1986年	实行专业技术职务聘任制度
15	国家高技术研究发展计划	1986年	支持若干重点领域的高技术研究开发
16	改革国防科研拨款制度	1987年	单一行政管理体制改为项目管理的合同制
17	高新技术产业开发区	1987年	创造发展高新技术产业的良好环境
18	国家星火奖	1987年	奖励适用技术的开发,促进实施星火计划
19	技术合同法	1988年	国家培育技术市场发展的政策和规范
20	国家级新产品试产计划	1988年	采用减免税收、银行贷款方式鼓励企业试产国家级新产品
21	火炬计划	1988年	开发与扩散高新技术,促进其发展
22	国家科技成果重点推广计划	1990年	扩散重点科技成果
23	科技开发贷款	1990年	支持科技成果的推广
24	国家工程(技术)研究中心建设计划	1991年	加速科技成果转化
25	生产力促进中心	1991年	为中小企业及乡镇企业提供技术服务、信息服务和人员培训等支持的服务机构
26	攀登计划	1992年	重大基础性研究和应用研究
27	"产学研"联合开发工程计划	1992年	促进科技成果转化、高技术产业化
28	企业技术中心建设计划	1993年	增强企业研究开发机构的能力
29	科学技术进步法	1993年	以法律手段促进科技进步
30	中国21世纪议程	1994年	我国的可持续发展战略、政策和行动计划

序号	重要事件	时间	要点
31	《国家中长期科学和技术发展规划纲要（2006~2020年）》	2006年	激励企业技术创新的财税政策；加强对引进技术的消化、吸收和再创新；促进自主创新的政府采购；实施知识产权战略和技术标准战略；促进创新创业的金融政策；加速高新技术产业化和先进适用技术的推广；完善军民结合、寓军于民的机制；扩大国际和地区科技合作与交流；提高全民族科学文化素质，营造有利于科技创新的社会环境

资料来源：石定寰. 国家创新体系：现状与未来 [M]. 北京：经济管理出版社，1999：108-109.

其他的创新政策还有很多。中共中央关于科学技术体制改革的决定（1985-03-13）、《国务院关于深化科技体制改革若干问题的决定》（1988-05-03）、《中共中央国务院关于加速科学技术进步的决定》（1995-05-06）、《中共中央国务院关于加强技术创新，发展高科技，实现产业化的决定》（1999-08-20）、《中共中央国务院关于实施科技规划纲要增强自主创新能力的决定》（2006-01-26）、《国家中长期发展规划纲要（2010-2020年)》（2010-04-01）、《国家中长期教育改革和发展规划纲要（2010-2020年)》（2010-07-08）、《国家"十二五"科学和技术发展规划（2011-07-04)》、《国家中长期科技人才发展规划（2010-2020年)》（2011-07-26）、《关于深化科技体制改革加快国家创新体系建设的意见》（2012-09-23）、《"十三五"国家科技创新规划》、科技部办公厅《国家科技企业孵化器"十三五"发展规划》（2017-06-29）、《国务院关于税收等优惠政策相关事项的通知》（国发〔2015〕25号）、《国家产业创新中心建设工作指引（试行)》的通知（2018-01-19）、关于支持中央单位深入参与所在区域全面创新改革试验的通知（2018-01-18）、关于在全面创新改革试验区域深入推进知识产权保护体制机制改革的通知（2018-01-18）、2018年"互联网+"、人工智能创新发展和数字经济试点重大工程拟支持项目（2017-12-27）、关于推动发展一批共享经济示范平台的通知（2017-12-18）、关于组织实施2018年新一代信息基础设施建设工程的通知（2017-11-27）、关于组织开展"互联网+"行动实施效果评估工作的通知（2017-11-21）、关于开展政务信息系统整合共享应用试点的通知（2017-10-26）、科技部发展改革委财政部关于印发《国家科技重大专项（民口）管理规定》的通知（2017-06-27）、国务院办公厅关于建设第二批大众创业万众创新示范基地的实施意见（2017-06-23）、中共中央办公厅国务院办公厅印发《深化科技体制改革实施方案》（2017-01-17）、中共中央国务院关于深化体制机制改革加快实施创新驱动发展战略的若干意见（2017-01-17）、国家创新驱动发展战略纲要（2017-01-17）、中华人民共和国科学技术进步法（2007-12-29）、《国务院关于深化"互联网+先进制造业"发展工业互联网的指导意见》《增材制造产业发展行动计划（2017-2020年）》《促进新一代人工智能产业发展三年行动计划（2018-2020年）》。

以上创新政策林林总总，但大部分都属于供给方政策，需求方创新政策严重缺失。2006年到2010年11月上海推出的119条创新政策中，涉及需求方创新政策的只有5条，仅占4.2%。由于追求供给方创新政策的指标，如大学生的比率、研发的投入、专利的数量、技术人员的比例和论文的数量，我国这些指标很高，但是这些与创新有关的"高指标"都还没有到达"创新点"，更加不用说领先市场。因此，供给方创新政策造成了创新资源极大的浪费，挤占了创新资源。我国运用大量资金所取得的科研成果仅有10%转化为生产力，只达到美国的1/8。结果很多新技术成为"汇报技术"、新产品成为"礼品"，最终沦落为废品。

五、创新能力不足

谈到我国的技术水平，近些年的发展确实可圈可点，例如，研发人员在全世界占据第一；SCI文章占据世界第二；发明专利授权到达世界第二；高科技产业总产值达10万亿元。但是我国出口产品中拥有自主品牌的只占10%，而重要技术装备则主要靠引进。这与出口第一大国和制造大国的地位是不符的：一是我国技术转化为生产力的水平低。虽然我国的专利技术总量偏少，90%以上集中在美国、日本等发达国家，但最严重的问题是我国的科技成果转化率仅为10%左右，与美国的80%相距甚远。二是高端技术装备制造业还很落后。三是没有灵活运用专利的强制许可制度。事实表明，强制许可制度是发展中国家赶超的一个重要武器。1985年，我国施行了第一部《专利法》，1992年、2000年、2008年的三次修改都涉及强制许可问题，其中2008年修改的重要内容之一，就是专利实施强制许可的改进。专利实施强制许可办法于2003年7月15日起施行。但是到目前为止，我国尚无一例专利被强制执行。主流的观点有：强制许可制度不只是中国没有执行过，很多国家都没有用过……不要总觉得只有中国有问题（李明德，2010）；专利强制许可的实施率为零，形同虚设（杨为国，2001）。

由国务院发展研究中心等机构共同发布的"2017年全球技术创新指数

（GTII2017）"指出，美国院校评价结果位于"高学术评价—低雇主评价"区域，日本集中在"高学术评价—高雇主评价"区域，而中国院校则位于"高雇主评价—低学术评价"的区域内。学术层面的"低学术评价"说明我国的基础研究薄弱，以上提及的创新"高指标"以数量取胜，质量不高；同时，应用层面的"高雇主评价"说明，高校能够以获利性强的低技术服务社会。

大学生是未来创新的主力，而我国当前的大学教育中，重招生规模轻专业结构；专业结构上，重视适合社会型的短线专业而无视引领社会发展的长线专业。大量低层次的适应性人才涌出社会，对于经济发展是不利的，尤其国家为了"解决"这些人才的失业问题，会进一步使国家的产业结构锁定在低端产业。因此，教育尤其是大学教育进行大讨论和大改革是历史的必然。

第三节　中国领先市场建设的优势

事物的发生发展都是演化的过程，经济现象和产业发展也不例外。但事物的发展不仅仅是渐变的和"一条道走到黑"，而是存在转折和剧变，基于产业周期原理的领先市场理论的精髓就在于此。强者恒强和弱者恒弱的"宿命论"是不存在的。从领先市场的更替就可以看出，新的物种通常会在异地形成。因为先发的或竞争激烈的场所存在大量固定资产投资和诸多的先发劣势，尤其是当竞争达到白热化时，价格战、广告战、烧钱战此起彼伏。路经锁定通常强过路径创造，新的创新设计通常因为"物不美且价不廉"的特性以及基础设施差、产业链不完善而无法与旧的创新设计进行竞技。而竞争不激烈的地方犹如"一张白纸，好写最新最美的文字，好画最新最美的图画"。如硅谷取代128公路的主要原因之一也在于此。中国在打造领先市场的过程中存在哪些独特优势？

一、制度优势

首先，民本政治应当是我国领先市场建设的最大优势，"民贵君轻""民可载舟亦可覆舟"等民本思想是中国历来强大的一致原因。今天中国共产党的根本宗旨是"全心全意为人民服务"，永远把人民对美好生活的向往作为奋斗目标和最高价值理想。与精英政治保护集团利益不同，民本政治（也只有民本政治）

才是国家发展目标的制度保障,这是其他任何国家都不具有的优势。其次,治理能力方面。约翰·奈斯比特指出,重点在于,一个国家是否真正想取得进步,是否有一个清晰的发展路线,是否具备制订与国家发展方向相匹配的计划,是否有能力去实现这些计划。中国共产党的齐心和恒心是国外制度无法比拟的,是治理能力的保障。我国几代领导人的现代化目标和规划进行着"一张蓝图绘到底"的接力。20世纪中期,我党提出了到20世纪末实现"四个现代化"的目标;改革开放以后,提出了"小康社会"目标和"三步走"设想;党的十五大提出了跨世纪战略和"两个一百年"设想。而在党的十九大上,党中央又进一步规划了未来中国的发展目标和设想:到2020年,中国共产党建党一百年的时候,消除贫困,实现全面建成小康社会的目标;到2035年,实现中国的现代化;到2050年,实现共同富裕,把中国建设成为现代化强国。这种长期设想与五年规划和年度计划动态调整相结合,发挥了社会主义长期、中期和短期目标有机统一的优越性。① 这种制度优势相较于英国体系和美国体系,具有更大的连贯性,经过几代人的艰苦努力,更加有利于领先市场的形成,而且领先市场一经形成,相较于非民本政治下的领先市场会具有更强的持续性。所以复旦大学孟捷教授指出,中国共产党的领导也是一种经济制度。

从经济学的角度来看,社会主义制度的优势在于人本经济。共同富裕的政治理念对于经济有极大的促进作用,"精准扶贫"作为一项伟大的脱贫攻坚计划,意义重大,尤其是对于扩大市场方面的作用不可小觑。任何经济学理论都支持收入分配与市场扩展、经济增长乃至发展之间的互动影响。马克思主义政治经济学和演化经济学非常重视均质市场的重要性,这是主要目的之一。我国一度在经济增长的过程中出现了发展"不均衡不充分"的现象,使经济发展出现减速,为此从人本经济出发,缩小收入分配的差距是经济发展的新动力和新引擎。

我国具备执行奈斯比特所指出的发展计划的能力,同时还有一个独特的制度保障,那就是社会主义国家是典型的企业型国家。在制度、技术与市场共生演化的多层级体系中,政府的作用就不会停留在主流经济学所认为的弥补市场不足的层面。近年来,我国的产业政策也发生了一些可喜的转变:从部门政策向综合政策转变,意在加强政策的协调性;从供给方政策为主向供求结合政策转变,更注重投入的效率;由整体制度改革向完善发展机制转变,目的是建立产学研相结合

---

① 李扬,武力. 一张蓝图绘到底——中国共产党的现代化目标和规划演进研究 [J]. 毛泽东邓小平理论研究,2017(11).

的创新体系。

二、后发优势

一段时期以来,学界和业界都认为,廉价的劳动力是我国的后发优势。这种认识是有偏颇的。劳动力的价格确实是商品价格的组成部分,劳动力便宜的确能使商品获得一定的价格优势。但是商品的价格竞争属于企业竞争力的低层次竞争。因为从另外一个方面来看,劳动力的价格又是市场规模的重要组成部分,劳动力价格低意味着市场规模的狭小。纵使廉价劳动力是竞争优势,但是在21世纪的今天,中国的劳动力价格与南亚等一些国家相比并不占优势。所以我们还得从领先市场的要素上重新认识先发劣势与后发优势。罗森伯格指出:先发劣势是替代新技术引入和广泛采用,即持续存在的新旧技术之间生产成本的差别;服务于旧技术的基础设施和固定资产更新困难;旧技术的改进利润高;教育系统、工程师以及技术人员的培训系统的惯性会加强对旧技术的依赖而使得探索技术新领域变得困难。[1] 在这里,罗森伯格指出的"基础设施和固定资产更新困难"和"人才在新旧技术之间转换困难"属于先发劣势大家好理解。但是"旧技术生产成本低"和"对旧技术的改进利润高",在主流经济学看来属于先发者无可辩驳的优势的部分,难道也是"劣势"吗?这得从演化经济学动态竞争力的角度去认识问题。在主流经济学看来,"成本低""利润高"(从中引申出效率高、价格低等命题)属于优势。但是从演化经济学的角度来看,在旧的产业和技术上的"成本低""利润高"却是先发者的劣势,因为这使先发者容易锁定在旧技术和旧产业上,从而也就成为后发者开拓新产业和打造领先市场的后发优势。

所以,演化经济学的新物种(本书指新产业的领先市场)异地形成就是情理之中的事情,也就是后发者的机会所在,这也是核心国家变更的根本原因。富强竞赛使人们历来也像着了魔一样去寻求富强的基因,对于这种基因的归纳,阿西莫格鲁等人在《为什么国家会失败?》中的归纳算是比较全面的,有"地理假说""文化假说"和"无知假说",之后又提出了"制度假说",但是这些都没有找到问题的实质,我们只有通过先发者的劣势和后发者的优势来理解领先市场,才能找到富强的基因,最大的成功要素还隐藏在政策智慧中。

我们作为后发国家有许多后发优势,中国人民善于学习、善于创造。事实

---

[1] 罗森伯格. 探索黑箱:技术、经济学和历史 [M]. 北京:商务印书馆,2004:87.

上，我国的后发优势已经显现，西方国家所指的中国"新五大发明"就是后发优势的成果：支付宝、微信、快递、高铁、天网。几年前我们还在羡慕一些发达国家出门不用带现金，只要带银行卡即可。但是在今天，国外人羡慕中国人出门连银行卡都不用带，有手机就可以。微信的社交功能比国外的"推特"等要快捷许多；在中国，快递满街跑；中国的"高铁"令世界震惊，美国至今还没有一条高速铁路；天网工程在震慑犯罪和提高破案率等很多方面效率奇高。

三、市场优势

张维为在比较研究的基础上指出，18 世纪、19 世纪英、法、德等国崛起时人口是千万级的；20 世纪崛起的美、日等国，其人口是上亿级的；而在今天，21 世纪中国的崛起，其人口是十亿级的。这指的是 21 世纪中国的人口优势，但这种比较过于简单，因为单从人口角度来看，18 世纪、19 世纪千万级人口的国家也不止于英、法、德等国，而为什么不是亿级人口的中国呢？20 世纪上亿级人口的国家也不止美国和日本；而 21 世纪如果是人口十亿级国家崛起的话，为什么不是印度？其实，张维为要表达的是，21 世纪中国有市场规模优势，人口多是市场规模大和中国崛起的前提之一。同时，我国邻国众多，使我国的市场具有战略纵深和地缘优势，这些市场也有利于我国"一带一路"战略的实施和领先市场的建设。

关于市场规模的论述，没有经济学家比亚当·斯密更加重视，斯密在《国富论》中指出，分工是社会财富的源泉，而分工受市场规模的限制，可见其对市场规模的重视。不过，亚当·斯密再向前推理：世界市场的规模最大，因而自由贸易就是情理之中的事情了。这样亚当·斯密经济学就具有了"世界经济学"的嫌疑，李斯特因此针锋相对地提出了"国民经济学"。主流经济学对亚当·斯密经济学的市场观念的发展有过之而无不及，使整个经济学成为纯粹的市场交易经济学，或者说只要市场规模够大，经济就可以"自然"发展。

没有哪种经济学理论不重视市场规模，领先市场理论当然也一样。本书前面几章列举的领先市场的国家都是如此，尤其是 19 世纪追赶中的德国和美国。但是，领先市场观念下所指的"市场"是建立在优化结构基础上的市场，即市场结构要优先于市场规模，因为市场规模大很可能转化为先发劣势。如英国在第二次工业革命中，积极主动地单方面推行自由贸易政策，还一味地追求第一次工业革命中的主导产业——纺织品的市场规模，最终纺织品的市场规模扩大了，而且

"无人能敌"，但却错失了对新主导产业的领先市场的追求。

我国在改革开放的过程中，一度也对市场结构认识不清楚，甚至曾经企图牺牲市场去换取技术，结果市场让出了，技术并没有换回来。我国改革开放的取得的成绩与市场力量的释放密不可分，2000年前主要是国内市场力量的释放；加入世界贸易组织之后，国际市场力量又得到了充分释放。随着市场的开放，人们对于市场结构与市场规模的关系的认识更加深入。事实上，经济发展的动力在于产业结构和市场结构，而在政策的制定上，对国情的清楚认识是基础。"实事求是"是政策制定的最高境界，"实事"就是国情，"求"就是探求，"是"就是事物发展的规律。例如，鉴于我国进入中国特色社会主义新时代，社会主要矛盾由"人民日益增长的物质和文化生活的需要同落后的生产力之间的矛盾"转化为"人民日益增长的美好生活需要和不平衡不充分的发展之间的矛盾"，这一转变由"规模论"转向"结构论"，根本原因就在于国情的转变，同时也是对市场结构认识的提高。同时，重新审视我国当前的经济形势，提出经济"新常态"理念，强调结构与质量而不是经济总量，这说明我们对经济发展有了新的认识。接下来要提出具体的改革方式，从提高供给质量出发，用改革的办法推进结构调整，矫正要素配置扭曲，扩大有效供给，即"供给侧结构改革"。假以时日，有了这些制度保障，我国市场结构终将得到改善。

第四节　中国领先市场的政策体系构建

正如"政治都是地方的"一样，领先市场的政策也具有情境特定性，因为各国发展阶段不一样，所要打造的主导产业所处的生命周期阶段不一样。

我国经过40年的改革开放，国际国内形势和产业形势都发生了巨大变化，国际金融危机的阴影还未散去，新一轮的技术周期和新的主导产业还不是很清晰，国际政治经济新秩序尚未形成。在国内经济方面，我国已经进入新常态。所以国家战略尤其是创新政策的转向势在必行。

一、中国方案：经济发展的新引擎

任何国家在建设领先市场时都是立足于本国和时代特色之上的。今天的中国站在时代的交叉路口：世界性的金融危机已经十年，还没有完全好转；新技术革命和产业变革才初露端倪；中国经过40多年的改革开放和快速发展，已经走过了李斯特所说的第一阶段，"起飞"在即，中国雄心勃勃地提出了中华民族伟大复兴的梦想。要整体解决以上诸多难题，需要整体方案。

首先，中国特色社会主义理论引领下的中国特色社会主义政治经济学，旨在建立"现代化经济体系"，并提出具有领先市场导向的"供给侧结构性改革"。供给侧结构性改革是从供给、生产端入手，积极干预供给，通过调整供给结构促进经济社会持续健康发展，主要涉及产业结构、区域结构、经济增长动力结构和收入分配结构等方面的结构调整。具体来讲，产业结构方面是将产业方向瞄准新兴领域、创新领域，创造新的经济增长点；区域结构方面是要求各区域有自身的产业特色与定位，做到"各美其美，美美与共"；经济增长动力结构方面指国家经济各动力系统齐头并进，共同促进经济增长；收入分配结构方面指通过克服改革开放以来的收入分配弊端，更好地促进经济发展。因此，供给侧结构性改革不是一个简单的短期供求"对接"的权宜之计，而是站在中华民族伟大复兴角度的重大策略。供需错配、产能过剩、库存积压等仅仅是表象，供给侧结构性改革是通盘规划的系统工程，是全局长远创新，是我国瞄准下一轮主导产业并建立其领先市场的重要切入口。

其次，习近平提出的"人类命运共同体"推进全球治理变革、构建世界新秩序，这是马克思的"真正的共同体"思想与中国"世界大同"思想的结合与发扬。在经济上来看，旧的世界经济秩序拉大东西方的差距并且还在持续。人类命运共同体旨在建立"合作、共赢、共享"的新型国际经济关系，本质为"利益共同体"，可见这是中国传统义利合一的新表达，以义制利历来是中国的优良传统。同时，人类命运共同体这种共商共建共享的全球治理观，可以突破旧的世界经济秩序，建立新型国际经济关系，它是中国道路引导的经济全球化，是摒弃资本主导的经济全球化，通过全球产业布局的调整，形成新的产业链、价值链、供应链，也是2008年以来金融危机的解决之道。"一带一路"的国家战略就是这一理念的具体化，体现了中国新时代地缘经济属性和经济合作行动，是中国参与全球经济治理的方案、模式与智慧的体现，是中国开放政策的重大调整，令世界瞩目。目的是经济共同繁荣和共同发展，而不是外界所诬陷的新殖民主义。

同时，国家还出台了大量经济发展创新战略：中国制造2025战略、"一带一路"建设战略、"互联网+"战略、航天强国战略、军民融合发展战略、网络强国战略、海洋强国战略、长江经济带发展战略、京津冀协同发展战略。

可以预见，这一整套中国方案做好了，能够为中国经济发展和领先市场建设找到新的动力和引擎。

二、产业发展战略调整为领先市场战略

趋势不可违。追赶不是一种与落后相联系的自发过程，也不是自由经济中市场力量的必然结果，"雁阵模式"和产业梯度转移发展模式也已经宣告失败。要避免依赖于人、受制于人，提高竞争力，就必须把战略产业确定为新一轮的创新浪潮的主导产业。由于国家经济发展具有产业特定性，国家在"产业组合"上的差异强烈地影响着国家创新体系的形态。因而国家发展战略的核心就是对产业的搜寻，即产业结构优化。

因此，国家制造强国建设战略咨询委员会正式发布《〈中国制造2025〉重点领域技术路线图（2015年版）》，明确提出了十个重点大领域及重点方向发展方向（如表11-3所示）。

表11-3　中国制造2025战略路线图

重点领域	重点方向
新一代信息技术	集成电路及专用设备、信息通信设备、操作系统与工业软件、智能制造核心信息设备
高档数控机床和机器人	高档数控机床与基础制造装备、机器人
航空航天装备	飞机、航空发动机、航空机载设备与系统、航天装备
海洋工程装备及高技术船舶	
先进轨道交通装备	
节能与新能源汽车	节能汽车、新能源汽车、智能网联汽车
电力装备	发电装备、输变电装备
农业装备	
新材料	先进基础材料、关键战略材料、前沿新材料
生物医药及高性能医疗器械	

这个路线图与七大战略性新兴产业（节能环保、新一代信息技术、生物、高端装备制造、新能源、新材料、新能源汽车等战略性产业）没有本质上的不同。从长期来看，突出问题在于对产业周期判断不甚明了，前瞻性不够，聚焦不够，即没有从产业发展周期或更大的历史视角来判断产业周期，短期的问题导向明

显。在这点上,《2030年人工智能规划》重点更加突出,领先市场的导向更加明显:到2030年,我国在人工智能理论、技术与应用总体达到世界领先水平,成为世界主要人工智能创新中心。为此,我们还得深刻理会习近平同志关于主导产业的论断:牢牢把握科技进步大方向;高度关注的趋势;发展科技要有全球视野;把握产业革命大趋势;牢牢把握产业革命大趋势;坚持产业化导向。

三、统筹国际国内两个市场,共促领先市场

经济理论与经济政策的关系的讨论核心是市场问题。市场不仅是交换的场所,还是交换关系的总和。只要国家没有联盟,就存在市场主导权竞争的问题。"天然的平等派"的市场只会存在于对称市场,反之在"不对称贸易"中谈论"公平交易"那只是一种美好的愿望,那种自由贸易只是跨国公司和金融帝国的意识形态。今天穷国的工业结构变得越来越像以往那些殖民地国家,一些穷国正在被依据不同的贸易协定分割为复杂的区域网络,形成"意大利面条"——自由贸易协定像碗里的面条,一根一根搅在一起,剪不断理还乱。

我国经过改革开放40年,国际、国内两个市场力量释放后,动力缺乏。需要清楚地认识到问题:①市场主导不够。随着跨国公司大量进入发展中国家的各个经济领域,发展中国家的生产与流通组织权都有让位于跨国公司的危险,那么发展中国家丢失的就不仅仅是市场。②产业低端化。我们长期以来精于GDP的数量计算,利用比较优势原则,把高端市场让位于发达国家,却去占领国外的低端市场。③国内市场统筹水平低。尤其是区域统筹中形成了明显的东中西不均质的市场,不利于主导产业形成。形成的区域经济结构是,沿海地区为国外加工低端产品,内陆地区则为沿海地区输送廉价的劳动力与资源,造成国家总体产业结构低端化,技术创新、西部开发难以展开等,其结果只能是国内需求不足,又反过来进一步依赖对外贸易。发达国家则坐享我国廉价的、附加值低的商品,同时运用货币结算霸权和逆差政策套牢中国,使中国人民"劈柴担水"的血汗钱化为乌有。

因此,我们需要充分吸取拉美等新自由主义经济学"重灾区"的历史教训,充分认识国际市场时时处处的不确定性,从而认识到国内市场比国际市场重要很多倍,要用国内经济大循环战略替代出口导向型的国际经济大循环思想,精心建设国内统一大市场,辅之以相应的发展政策,提高本国生产能力,做到产业协调、区域协调、城乡协调发展和国家经济的可持续发展。可行的方案是,统筹两

个市场，大力进行产业升级和区域调整的"内部改善"，产业方面转向资本品产业和新兴产业，即高质量生产活动的生产与出口；区域结构方面则要借鉴美国19世纪均质化市场的建设，大力提高农民收入以缓解城乡结构，更重要的目的是以此提高农民的消费升级，逐渐扩大农村市场；将开发中西部提到突出的地位，缓解区域矛盾，扩大贫困地区的需求；以国有企业为龙头将主导产业内移，而不是把低端的、污染的企业转移到内地。通过高新技术产业的迂回生产和中西部城市化，创造更多本地化的就业机会。对外则抛弃出口导向型经济，使用美元储备收购国外资源性企业或回购外资企业，限制引进外国直接投资；保护民族产业和国内市场。

四、做大、做强、做优国有企业

改革开放以来，国有企业改革一直被认为是我国经济体制改革的中心环节。黄群慧总结了国有企业改革大致可以分为四个时期：1978~1993年的放权让利时期，1993~2003年的制度创新时期，2003~2013年的国资监管时期，以及2013年至今分类改革新时期。① 国有企业的改革史同时也是一部争论史，这些争论集中于国有企业的性质和功能定位、实现形式和改革路径、国有经济管理体制和治理结构与运营机制。

多年以来，主流经济学引领的国有企业改革的核心是关注产权、效率（如国有资产保值增值）和寻租问题。首先，纠结于国有企业产权中"国退民进"还是"国进民退"的实质是经济改革的利益争夺，尤其是所谓"国退民进"本身就是新古典经济学推行老掉牙的"华盛顿共识"的一贯手段。其次，人们对国有企业的诟病还在于资源的垄断、低效率和寻租。国有企业的效率问题涉及的是"经济特征决定还是所有制决定？"这一问题。只关注国有资产保值增值问题的实质是将注意力仅仅集中于"切蛋糕"而非"做大蛋糕"尤其"做大好蛋糕"上面。效率问题或者利润问题是自由主义经济学攻击国有企业最为"锐利"的武器，因为其看得见摸得着，而且最能够为老百姓所接受。其实，利润问题不应该成为国有企业最关注的问题，因为国有企业最应该存在于两个领域：一是微利或者亏损的行业，而民营资本不愿意进入这些行业；二是关系到国计民生的行业，同时国有企业需要承担很多的社会责任。

---

① 黄群慧．"新国企"是怎样炼成的——中国国有企业改革40年回顾 [J]．中国经济学人（英文版），2018（1）．

如何"做大、做强、做优"国有企业，使其成为共和国的"顶梁柱"？如何助推中国领先市场的形成，其作用有多大？这些是十分值得深思的问题。笔者认为国有企业改革的核心问题是国有企业产品结构的问题。企业的战略是产品结构战略，国有企业如果只是长期垄断着人们的生活必需品产业，攫取老百姓口袋里的利润，那么这样的国有企业即使很"有效率"，也很难谈及"做大、做强、做优"。因此创新尤其是产品创新就应该是其真正的历史使命，国有企业应该成为领先市场的主力军。

五、以打造领先市场为指针实施军民融合

以往的军民融合思路都是富国强军，并且以强军为先。历史表明，富国、强军甚至富国强军都无法保持国家的长治久安，否则大国霸权的起起落落就无法得到说明。不应该忘记的是，在 1900 年前后中国还是世界经济总量第一。事实上强国才能强军，在和平时期，武器的现实需求较小，我们在保持军事领先的前提下，应当以强国作为军民融合的指针。而强国的秘密隐藏在领先市场之中。以往以美日为首的军民融合方式有一定效果。但是，一方面其军民融合的方式不可复制，另一方面军民融合尤其是国防科技工业具有创新友好型特征，应该有更好的思路，即强国的思路。应与当前我国的供给侧结构改革一致，作为供给侧结构改革的先导。反之，满足于普通商品的军民融合，则古已有之，不仅无益于军事技术的进步，也无法助力供给侧结构性改革来打造主导产业，最终富国和强国都没有希望。军民融合具有创新友好型特征，是国家打造领先市场的有效途径。领先市场通常经过"军用—民用—家用"的路径。马祖卡托的《企业家型国家》所说的"创新领域是政府出现最多的地方"与当前我国提出的军民融合战略也是不谋而合的，或者说军民融合打造领先市场是企业家型国家最集中的体现。当然军民融合促进领先市场的形成中应当从产业早期的三个阶段的三个界面递进展开：技术资助、市场创造、组织塑形，同时需要注意以下几个方面：

第一，评价体系与标准上的概念转变。军民融合是由军转民到军民一体化的一次制度性变迁过程，是军民一体化的高级发展阶段，所以需要思路的大转变。首先，在评价标准上要围绕军民融合的实质展开。军民融合的利益源于经济利益，但又高于经济利益。由于国家产业战略与创新的不确定性，军民融合深度的评价标准不应该停留在利润等会计指标上。20 世纪 90 年代的军队经商乱象的根源就在于以利润为导向。因为这种军民结合有融合之名而无融合之实，甚至相

反。其次,军民融合主要是通过军事科技产生溢出效应,而不是挤出效应。如果国防企业针对普通产品,就会与民争利,产生的后果是对民用经济的"挤出效应",反之,如果投资到新的主导产业就会在不久的将来产生"挤进效应"。最后,军民融合如果着眼于利润算计就会失去其战略性,单纯的专利转让的后果也是如此。所以军民融合的决定因素是国家产业的战略方向与产业结构调整,而不是短期的成本与效率,因而通常可以不计成本与利润,如日本军民融合中天价军购,当然有其"武器出口三原则"等因素的限制,但主要考虑的还是国家军事和民用产业的长远战略。当然区分创新采购与常规采购是前提。

第二,军民融合中避免挑选优胜者,形成竞争态势。主流经济学反对任何形式的产业政策的主要理由之一,就是产业政策必然会导致"挑选优胜者"的状况。需要指出的是,产业政策尤其是创新政策并不是必然导致"挑选优胜者",经济史研究表明,几次产业革命都是国家计划性投资于创新产业的创新链上,没有出现"挑选优胜者"的状况,如产业革命前后英国扶持纺织业以及19世纪美国、德国对钢铁业和铁路建设的支持。借鉴历史经验,今天的军民融合应该来自促进新的主导产业转换,它的着力点在于产业而不是企业。因此造成竞争局面是其成功的前提,尤其在"商业化"之后,竞争对于加快创新速度和扩散速度,加快领先市场的形成具有重大作用。那么对多家发包技术和多家采购等反垄断措施就是阻止"挑选赢家"的重要措施。如美国军民融合中的"众包"和支持"创业平台"就非常值得借鉴。

第三,军民融合着眼于主导产业的早期,适时退出并转向新的主导产业。政府在经济增长中的作用毕竟有限,主要体现为引信作用,尤其是在创新产品的早期。因为新的主导产业形成之前或形成初期,主要价值在军事系统。如晶体管起源于民用通信业,但起初对晶体管的民用通信需求要远低于军事通信的需求。军队愿意为最早研制的设备支付较高的价格,愿意对早期产业发展提供技术支持,在成本降低以及降低技术和市场不确定性方面都有巨大作用。如美国在"冷战"时期滋养了主导产业的创新幼年期,1955~1958年政府采购了半导体产量的36%到39%,1959~1960年这个份额是45%~48%。所以,军民融合应当注重主导产业的早期,当主导产业成熟之后,军民融合就要退出该产业,要交由市场进行工序创新,军民融合则着眼于下一轮新产业,这样才能维持一国产业的动态竞争优势。

六、用需求方创新政策统领领先市场政策

作为高质量产品的高级需求者,国家对产业结构的调整和对技术边界的前移

发挥着极为重要的作用。所以需求创新政策就凸显出来。

我国现有创新政策的一个重要缺陷在于过分依赖供给方创新政策而忽视需求方创新政策，不能达到自主创新的预期目标。本书认为需求方创新政策（尤其是创新采购）可以通过国家创新政策促进高质量的生产活动，通过诱导创新或加速创新扩散来建设领先市场，形成国家竞争力。所以，从历史的角度考察发达国家在领先市场建设中的需求方创新政策是创新政策研究的重点。

长期以来，我国政府采购法没有转换为创新政策。最新修改的《政府采购法》还是采信"重效率"和"阳光采购"的原则，注重节约资金和避免寻租，对创新能力提高的原则丝毫没有提及。国外政府采购政策的目标大多是保护本国产业，尤其是高新技术产业，提高外国产品准入门槛等。《国家自主创新产品申报说明》引起美国高度关注，认为"中国本土创新政策成为美国难题"而对中国施压。美国秉承双重标准：在危机后一方面倡导"采购美国货"，另一方面又干涉中国的国货采购。如何通过公共采购促进创新既是理论问题，也是我国当前一个紧迫的现实问题。

我们要进一步深挖需求方创新政策（尤其是创新采购）对刺激创新和领先市场建设的意义，如政府作为领先客户捕捉创新产品的作用、引领市场的作用直至扩大内需的先锋作用，对产业结构调整乃至发展方式转变都能够发挥重大作用。具体做法是，将公共采购区分为常规采购与创新采购。常规采购遵循"效率原则"和"阳光采购"。创新采购中遵循"阳光采购"和"创新原则"，有时不必遵循效率原则甚至不求效率，如对国内高新技术产品进行大份额、高价格的采购，充当领先客户，尤其是在搜寻主导产业方面的作用是其他创新主体无法替代的。韩国政府就曾经以高于市场十倍的价格对环保汽车进行采购，使对科研基金供给的资金转化为政府购买的需求资金，从而使科研院所的人才进入企业，生产创新产品。企业政府采购企业创新产品带来的教、学、科研、政府四螺旋，才是最有利于创新的良性循环。

需求方创新政策的运用需要注意几个问题：第一，需要考虑市场预测的难度，这取决于技术的路径与缺口的不确定性、市场的接受度和生产者的水平等。在20世纪70年代，由于模拟技术领先和路径锁定，日本错误地将"高分辨率模拟高清电视"作为下一轮电视的发展重点。16年研发不但无果而终，更为重要的是错过了数字化电视的发展。第二，需要考虑创新创业的阶段性，即政策何时运用、何时运用何种政策、何时退出都是带有艺术性的工作，需要灵活性和精确性的高度统一。否则运用政策过早则可能导致风险过大，政策退出过晚则很可能出现保护落后，退出过早又可能使领先市场还未形成。第三，加强政策的协调力，需求方创新政策的政策性强，涉及多部门和利益相关者，协调不力则容易出现事倍功半甚至浪费现象。

虽然我国的经济政策重心还没有完全转移到领先市场上，但已经越来越重视需求方拉动创新。例如，我国财政部颁布的《政府采购进口产品管理办法》和《自主创新产品政府首购和订购管理办法》《国家自主创新产品申报说明》等就是开始从需求方面加强中国自主创新能力的文件，政府采购开始为自主创新撑腰。期待这些思路的调整会对创新和领先市场起到应有的作用。

参考文献

[1] Bartlett Christopher A. Sumantra Ghoshal, Managing Innovation in the transnational Corporation [M]//Bartlett C H. , Y. Doz, G. Hedulund. Managing the Global Firm. London: Routledge, 1990.

[2] Beer J. The Emergence of the German Dye Industry [M]. University of Illinois Press, Urbana, 1959.

[3] Beise Marian, Klaus Rennings. Lead Market of Environmental Innovations: A Framework for Innovation and Environmental Economics [R]. ZEW Discussion Paper, Mannheim, 2001.

[4] Camille Burel. Eruopean Lead Market on Biobased Products [EB/OL]. http://www.suschem.org/, 2007-05-15, 16.

[5] Cimoli M. , Dosi G. Technological Paradigms, Patterns of Learning and Development: An Introductory Roadmap [J]. Journal of Evolutionary Economics, 1995 (5).

[6] Cohen W. , Goto A. , Nagata A. , Neison R. , Walsh J. R&D Spillovers, Patents and the Incentives to Innovate in Japan and the United States, Research Policy, 2002 (31): 1349-1367.

[7] Commission of the European Communities. Putting Knowledge into Practice: A Broad-based Innovation Strategy for the EU [EB/OL]. http://eur-lex.europa.eu/LexUriServ/site/en/com/2006/com 2006_0502en01.pdf.

[8] Consultations for the Lead Markets Initiative [EB/OL]. http://www.europe-innova.org/index.jsp.

[9] Council Report to the European Council. Improving the Implementation of the Stability and Growth Pact [EB/OL]. http://www.eu2005.lu/en/actualites/documents _travail/2005/03/21stab/.

[10] Dekimpe Marnik G. , Miklos Sarvary. Staged Estimation of International Dif-

fusion Models: An Application to Global Celluar Telephone Adoption, Technological Forecasting and Social Change, 1998 (57): 105-132.

[11] Dosi G. Technological Paradigms and Technological Trajectories: A Suggested Interpretation of the Determinants and Directions of Technical change [J]. Research Policy, 1982 (11): 147-62.

[12] European Commission. Creating an Innovative Europe [EB/OL]. http://europa.eu.int/invest-in-research/.

[13] European Commission. Creating an Innovative Europe [EB/OL]. http://europa.eu.int/invest-in-research/.

[14] European Commission. Growth and Jobs [EB/OL]. http://ec.europa.eu/growthandjobs/faqs/background/index_en.htm.

[15] European Commission. Lead Market: State of Play [EB/OL]. http://www.euractiv.com/en/innovation/lead-market-gateway-growth/article-167684, 2007-03-29.

[16] European Commission. Lead Markets: State of Play [EB/OL]. [2007-03-29]. http://www.euractiv.com/en/innovation/lead-markets-gateway-growth/article-167684.

[17] European Council Brussels. Presidency Conclusions [EB/OL]. [2005-03-22]. http://consilium.europa.eu/cms3_fo/showPage.asp?id=432&lang=en&mode=g.

[18] European Technology Platforms: Commission Organized Seminars [EB/OL]. http://cordis.europa.eu/technology-platforms/seminar_en.html.

[19] European Trend Chart [EB/OL]. http://www.trendchart.org/.

[20] Gatignon Hubert, Jehoshua Eliashberg, Thomas S. Robertson, Modelling Multinational Difusion Patterns: An Eficient Methodology [J]. Marketing Science, 1989, 8 (3): 231-247.

[21] Georghiou. Effective Innovation Policies for Europe-the Missing Demand Side [M]. Helsinki: Prime Ministers Office Publications Finland, 2006.

[22] Giovanni D. Technological Paradigms and Technological trajectories: a suggested interpretation of the determinants and directions of technical change [J]. Research policy, 1982, 11: 147-162.

[23] Hartwell R. M. The causes of the Industrial Revolution in England [M]. Methuen, 1967.

[24] Henderson R., Kim B. Clark. Architectural Innovation: The Reconfiguring

of Existing Product Technologies and the Failure of Established Firms [J]. Administrative Sciences Quarterly, 1990, 35 (1): 1.

[25] Hippel V. E. Lead User: A Source of Novel Product Concepts [J]. Management Science, 1986, 32 (7): 791-805.

[26] Hodgson G. M. A Modern Reader in Institutional and Evolutionary Economics: Key Concept [J]. Edward Elgar Publishing Limited, 2002: 269-277.

[27] Jiugen Deng. Historical Innovation System and the Construction of Innovative Nation [D]. Renmin University of China, 2011.

[28] Joel Mokyr. The Industrial Revolution in the Low Countries in the First Half of the Nineteenth Century: A Comparative Case Study, The Journal of Economic History, 1974, 34 (2): 365-391.

[29] Johann Peter Murmann. Knowledge and Competitive Advantage: The Coevolution of Firms, Technology, and National Institutions [M]. New York: Cambridge University Press, 2003.

[30] Johansson Johny K., Thomas W. Roehl. How Companies Develop Assets and Capabilities: Japan as a Leading Market [M]. London JAI Press, 1994.

[31] Kalish Shlomo, Vijay Mahajan, Eitan Muller. Waterfall and Sprinkler new-product Strategies in CompetitiveGlobal Market [J]. International Journal of Research in Marketing, 1995 (12): 105-119.

[32] Kotabe Masaaki, Kristian Helsen. Global Marketing Management [M]. New York: Wiley, 1998.

[33] Kotable Massaaki, Kristiaan Helsen. Global Marketing Management [M]. New York: Wiley, 1998.

[34] Leonrd-Barton. Core Capabilities and Core Rigidities: A Paradox In Managing New Product Development [J]. Strategic Manage Journal, Vol. 13, 111 – 125 (1992).

[35] Luke Georghiou. Demanding Innovation: Lead Markets, Public Procurement and Innovation [M]. London: NESTA, 2007.

[36] Lundvall. B-Å. National Innovation System: Analytical Focusing Device and Policy Learning Tool [A]. Center for Tillväxtpolitiska Studier, 2005.

[37] Malerba F., Orsennigo L. Technological Regimes and Sectoral Patterns of Innovative Activities [J]. Industrial and Corporate Change, 1997 (6).

［38］Marian Beise. Lead Market, Innovation Differentials and Growth ［J］. International Economics and Economic Policy, 2005, 1 (4): 305-328.

［39］Marian Beise. Lead Market: Drivers of Global Diffusion of Innovations ［J］. Research Policy, 2003, 33 (6-7): 997-1018.

［40］Marshall A. Principles of Economics (8th ed.) ［M］. New York: Macmillan, 1948.

［41］Nelson R., Winter S. An Evolutionary Theory of Economic Change ［M］. Cambridge MA: Harvard University Press, 1982.

［42］Patricia Postigo Mclaughlin. Lead Markets: State of Play, European Commission, DG Research ［EB/OL］. http://www.forestplatform.de/download.php?Id = 140, 2007-3-29.

［43］Pavitt K. Sectoral Patterns of Technical Change: Towards a Taxomony and a Theory ［J］. Research Policy, 1984 (13).

［44］Porter Michael E. The Competitive Advantage of Nations ［M］. New York: Free Press, 1990.

［45］Raffée Hans, Ralf T. Kreutzer. Organisational Dimensions of Global Marketing ［J］. European Journal of Marketing, 1989 (235): 43-57.

［46］Rainer Walz. Innovation and Sustainable Development: Lessons for Innovation Policies With 24 Figures and 6 Tables ［M］//Friedcr Meyer-Krahmer. Heidelberg: Physica-Verl, 1998.

［47］Robert C. Allen. The British Industrial Revolution in Global Perspective: How Commerce Created the Industrial Revolution and Modem Economic Crowth ［EB/OL］. http://www.nber.org-confer/2006/SECs06/allen.pdf.

［48］Sakakibara Mariko, Michael E. Porter. Competing at Home to Win Abroad: Evindence from Japanese Industry ［J］. Review of Economics and Statistics, 2001, 83 (2): 310-322.

［49］Tushman M. L., Anderson D. Technological Discontinuities and Organizational Environments ［J］. Administrative Sciences Quarterly, 1986, 31 (3): 439-465.

［50］Utterback J. Mastering the Dynamics of Innovation ［M］. Boston, Mass.: Harvard Business School Press, 1994.

［51］Veblen Thorstein. The Place of Science in Modern Civilization and other Essays ［M］. New York: Huebsch, 1919.

［52］Winter S. G. Knowledge and competence as strategic assets［C］//Teec D. The Competitive Challenge. Cambridge：Ballinger，1987.

［53］Yip George. Total Global Strategy：Managing for Worldwide Competitive Advantage［M］. Englewood Cliffs：Prentice Hall，1992.

［54］埃里克·冯·希培尔. 民主化创新：用户创新如何提升公司的创新效率［M］. 北京：知识产权出版社，2007.

［55］艾尔弗雷德·钱德勒. 规模与范围：工业资本主义的原动力［M］. 北京：华夏出版社，2006.

［56］爱德华多·加莱亚诺. 拉丁美洲被切开的血管［M］. 北京：人民出版社，2001.

［57］安格斯·麦迪森. 世界经济千年史［M］. 北京：北京大学出版社，2003.

［58］彼得·霍尔. 驾驭经济：英国与法国干预经济的政治学［M］. 南京：江苏人民出版社，2008.

［59］波梁斯基. 外国经济史话［M］. 北京：三联书店，1963.

［60］布罗代尔. 15至18世纪的物质文明、经济和资本主义（第三卷）［M］. 北京：三联书店，1996.

［61］布罗代尔. 资本主义论丛［M］. 北京：中央编译出版社出版，1997.

［62］查尔斯·P. 金德尔伯格. 世界经济霸权［M］. 北京：商务印书馆，2003.

［63］查尔斯·沃尔夫. 市场或政府［M］. 北京：中国发展出版社，1994.

［64］陈海玲. 谋退税挤破头也要出口［N］. 广州日报，2012-12-15.

［65］陈劲，王飞绒. 创新政策：多国比较和发展框架［M］. 杭州：浙江大学出版社，2005.

［66］陈劲，张学文. 创新型国家建设［M］. 北京：科学出版社，2010.

［67］陈志宏. 跨国公司与中国企业的自主创新［N］. 经济导刊，2007-03-23.

［68］崔维军，李廉水. 欧盟创新指数演化分析［J］. 科学学与科学技术管理，2009（2）.

［69］道格拉斯·诺思. 经济史中的结构与变迁［M］. 上海：上海人民出版社，1994.

［70］邓久根，贾根良. 英国因何丧失了第二次工业革命的领先地位？［J］.

经济社会体制比较，2015（4）.

[71] 邓久根，李泉. 创新政策及其评价——基于演化经济学的视角 [J]. 今日中国论坛，2014（2）.

[72] 邓久根，梅红霞. 领先市场比较研究——比较经济学的突破点 [J]. 经济社会体制比较，2013（6）.

[73] 邓久根，王全义. 两次英美战争与美国产业崛起 [N]. 中国社会科学报，2013-09-16.

[74] 邓久根. 历史创新体制与创新型国家建设 [M]. 北京：科学出版社，2013.

[75] 邓久根. 领先市场：国家创新体系建设驱动力 [J]. 商业研究，2011（2）.

[76] 邓久根. 十九世纪美国利用外资的结构及其意义 [N]. 中国社会科学报，2014-07-16.

[77] 邓伟根. 产业转型：经验、问题与策略 [M]. 北京：经济管理出版社，2006.

[78] 多西（G. Dosi）. 技术进步与经济理论 [M]. 北京：经济科学出版社，1992.

[79] 恩格斯. 英国工人阶级的状况 [M]. 北京：人民出版社，1956.

[80] 弗兰克·道宾. 打造产业政策：铁路时期的美国、英国和法国话 [M]. 上海：上海人民出版社，2008.

[81] 高柏. 经济意识形态与日本的产业政策：1931-1965年的发展主义 [M]. 上海：上海人民出版社，2008.

[82] 高德步. 世界经济史（上中下）（第二版）[M]. 北京：中国人民大学出版社，2005.

[83] 顾晓敏. 促进创新政策，要防"挤出效应" [N]. 文汇报，2011-02-14.

[84] 哈罗德·福克纳. 美国经济史 [M]. 北京：商务印书馆，1989.

[85] 赫希曼. 经济发展战略 [M]. 北京：经济科学出版社，1991.

[86] 黄树东. 选择与崛起 [M]. 北京：中国人民大学出版社，2009.

[87] 黄阳华. 寻租真的总是阻碍经济发展吗？给李斯特和熊彼特一个机会 [J]. 演化与创新经济学评论，2011（2）.

[88] 加里·皮萨诺，威利·史. 制造繁荣：美国为什么需要制造业复兴 [M]. 北京：机械工业出版社，2014.

[89] 贾格迪什·巴格沃蒂．贸易保护主义［M］．北京：中国人民大学出版社，2010．

[90] 贾根良，梁正．东亚模式的新格局［M］．太原：山西人民出版社，2002．

[91] 贾根良，王晓蓉．国家创新能力测评的缺陷与体制研究的重要性［J］．中国人民大学学报，2008（6）．

[92] 贾根良．保护民族产业与内向型经济：中国崛起的唯一选择［J］．当代财经，2010（12）．

[93] 贾根良．第三次工业革命与新型工业化道路的新思维［J］．中国人民大学学报，2013（2）．

[94] 贾根良．国际大循环经济发展战略的致命弊端［J］．马克思主义研究，2010（12）．

[95] 贾根良．演化经济学：经济学革命的策源地［M］．太原：山西人民出版社，2004．

[96] 贾根良．中国"高技术不高"悖论的成因与政策建议［J］．当代经济研究，2009（5）．

[97] 杰拉德·库特．英国历史经济学：1870-1926［M］．北京：中国人民大学出版社，2010．

[98] 杰里米·里夫金．第三次工业革命［M］．北京：中信出版社，2012．

[99] 金志霖．英国行会史［M］．上海：上海社会科学院，1996．

[100] 卡萝塔·佩蕾丝．技术革命与金融资本［M］．北京：中国人民大学出版社，2007．

[101] 克拉潘．现代英国经济史（中卷）［M］．北京：商务印书馆，1986．

[102] 克里斯·弗里曼．光阴似箭［M］．中国人民大学出版社，2007．

[103] 克里斯·弗里曼等．工业创新经济学［M］．华宏勋等译．北京：北京大学出版社，2004．

[104] 拉尔斯·马格努松．重商主义经济学［M］．上海：上海财经大学出版社，2001．

[105] 拉法尔·卡普林斯基．夹缝中的全球化：贫困和不平等中的生存与发展［M］．北京：知识产权出版社，2008．

[106] 拉斯列特．工业化之前和工业化时期的英国人口与社会结构［M］．南京：南京大学出版社，1989．

［107］赖纳特，贾根良. 穷国的国富论：演化发展经济学论文选［C］. 北京：北京出版社，2007.

［108］赖纳特. 富国为什么富，穷国为什么穷［M］. 北京：中国人民大学出版社，2010.

［109］兰德斯. 解除束缚的普罗米修斯（第2版）［M］. 北京：华夏出版社，2007.

［110］李泉. 演化经济学视角下的领先市场转移分析——以诺基亚为例［D］. 江西师范大学，2016.

［111］李斯特. 政治经济学的国民体系［M］. 北京：商务印书馆，1981.

［112］列宁. 列宁选集（第二卷）［M］. 北京：人民出版社，1995.

［113］刘凤义. 新自由主义、金融危机与资本主义模式的调整［J］. 政治经济学评论，2010（2）.

［114］刘易斯. 经济增长理论［M］. 北京：商务印书馆，1996.

［115］罗伯特·吉尔平. 全球政治经济学［M］. 上海：上海人民出版社，2006.

［116］罗森伯格. 探索黑箱：技术、经济学和历史［M］. 北京：商务印书馆，2004.

［117］马克·布劳格. 经济学方法论话［M］. 北京：北京大学出版社，1992.

［118］马克·道格森等. 创新聚集——产业创新手册［M］. 北京：清华大学出版社出版，2000.

［119］玛丽安娜·马祖卡托. 企业家型国家：破除公共与私人部门的神话［M］. 北京：商务印书馆，2017.

［120］迈克尔·波特. 国家竞争优势［M］. 北京：华夏出版社，2002.

［121］迈克尔·赫德森. 保护主义：美国经济崛起的秘诀［M］. 北京：中国人民大学出版社，2010.

［122］梅俊杰. 自由贸易的神话［M］. 上海：上海三联，2008.

［123］门罗. 早期经济思想：亚当·斯密以前的经济文献选集［M］. 北京：商务印书馆，2011.

［124］莫厄里，纳尔逊. 领先之源——七个行业的分析［M］. 北京：中国人民大学出版社，2003.

［125］纳谢德·福布斯. 从追随者到领先者［M］. 北京：高等教育出版社，2005.

[126] 佩蕾丝. 技术革命与金融资本: 泡沫与黄金时代的动力学 [M]. 北京: 中国人民大学出版社, 2007.

[127] 奇波拉. 欧洲经济史（第一卷）[M]. 北京: 商务印书馆, 1988.

[128] 钱德勒. 塑造工业时代——现代化学工业和制药工业的非凡历程 [M]. 北京: 华夏出版社, 2006.

[129] 乔尔·莫基尔. 雅典娜的礼物: 知识经济的历史起源 [M]. 北京: 科学出版社, 2011.

[130] 秦升. 中国企业创新和产业升级面临的新挑战: "模块化"全球价值链 [J]. 中国流通经济, 2011 (8).

[131] 日本经济企划厅. 国民收入倍增计划（1961-1970年度）[M]. 北京: 商务印书馆, 1980.

[132] 施瓦茨著. 国家与市场——全球经济的兴起 [M]. 徐佳译. 南京: 江苏人民出版社, 2008.

[133] 石定寰. 国家创新体系: 现状与未来 [M]. 北京: 经济管理出版社, 1999.

[134] 斯塔夫里亚诺斯. 全球通史: 从史前史到21世纪 [M]. 北京: 北京大学出版社, 2006.

[135] 斯坦利·恩格尔曼等. 剑桥美国经济史（第二卷）[M]. 北京: 中国人民大学出版社, 2008.

[136] 托马斯·K. 麦克劳. 现代资本主义: 三次工业革命中的成功者 [M]. 南京: 江苏人民出版社, 2006.

[137] 托马斯·里佩代尔. 德意志史, 1800~1866 [M]. 北京: 商务印书馆, 1983.

[138] 托马斯·麦格劳. 现代资本主义: 三次工业革命中的成功者 [M]. 南京: 江苏人民出版社, 2006.

[139] 王攀, 范超. 中国手机出口10亿部换不来1%利润 [EB/OL]. [2012-10-23]. http: //media.people.com.cm/n/2012/1024/c40733-19368780.html.

[140] 维斯塔尔. 杰拉尔德·福特 [M]. 上海: 上海人民出版社, 1974.

[141] 温珂. 奥巴马时代的美国科技政策展望: 从保守走向积极务实 [N]. 科学时报, 2008-11-11.

[142] 吴家喜, 吴贵生. 领先市场研究文献综述 [J]. 软科学, 2008 (2).

[143] 吴家喜, 吴桂生. 领先市场: 分析国际竞争优势的新视角 [J]. 科学

学与科学技术管理，2006（6）.

［144］吴家喜等．领先市场导向的科技资源配置方式［J］．中国科技论坛，2010（9）.

［145］武建东．奥巴马经济振兴计划的命脉［N］．人民网，2009-4-24.

［146］W.W.罗斯托．从起飞进入持续增长的经济学［M］．成都：四川人民出版社，1988.

［147］雅柯比（Klaus Jacob）．针对环境创新的领先市场［M］．北京：机械工业出版社，2010.

［148］亚历山大·格申克龙．经济落后的历史透视［M］．北京：商务印书馆，2009.

［149］杨轶．试论创新驱动型产业政策［J］．改革与战略，2008（4）.

［150］伊曼纽尔·沃勒斯坦．现代世界体系［M］．北京：高等教育出版社，1998.

［151］于晓宇等．创新客户、领先市场与大都市圈创新体系［J］．现代管理科学，2009（10）.

［152］曾陈明汝．两岸暨欧美专利法［M］．北京：中国人民大学出版社，2007.

［153］詹·法格博格，戴维·莫，理查德·纳尔逊．牛津创新手册［M］．北京：知识产权出版社，2004.

［154］张家治，邢润川．历史上的自然科学学派［M］．北京：科学出版社，1993.

［155］张静中，曹文红，黄芬．发达国家政府采购扶持自主创新的经验借鉴［J］．中国政府采购，2007（9）.

［156］张文杰．部门创新系统［D］．中国人民大学，2010.

［157］张夏准．富国陷阱：发达国家为何踢开梯子？［M］．北京：社会科学文献出版社，2007.

［158］赵弘，蔡卫星．政府采购支持自主创新的经济学分析［J］．经济问题，2007（8）.

［159］周华东．科技政策研究：嬗变、分化与聚焦［J］．科学学与科学技术管理，2011（11）.

［160］周青等．创新系统理论演进及其理论体系关系研究［J］．科学学与科学技术管理，2012（2）.